基于科研助理培养模式的大学生科技创新实践导引

(第三版)

主 编 张玉峰 王开宝 王 月

哈尔滨工业大学出版社

内 容 简 介

高等院校如何发挥大学生创新潜能,并采取适当的方式、方法予以引导,为社会培养出更多的创新型人才,是当今高校面临的重要课题。本书主要阐述北华大学大学生机电集成技术科技创新实践基地一线创新人才的培养模式,旨在进一步凝练人才培养特色,让社会了解科研助理的培养模式,为同类院校培养高水平一线创新型人才提供参考。

本书适用于高等院校热爱创新教育、从事创新教育的教师和学生阅读。

图书在版编目(CIP)数据

基于科研助理培养模式的大学生科技创新实践导引/张玉峰,王开宝,王月主编. —3 版. —哈尔滨:哈尔滨工业大学出版社,2024.11.—ISBN 978-7-5767-1784-6

Ⅰ.G649.2

中国国家版本馆 CIP 数据核字第 20244SZ220 号

策划编辑	杨秀华
责任编辑	杨秀华
封面设计	刘 乐
出版发行	哈尔滨工业大学出版社
社　　址	哈尔滨市南岗区复华四道街 10 号　邮编 150006
传　　真	0451-86414749
网　　址	http://hitpress.hit.edu.cn
印　　刷	哈尔滨久利印刷有限公司
开　　本	787mm×1092mm　1/16　印张 18.25　字数 436 千字
版　　次	2024 年 11 月第 3 版　2024 年 11 月第 1 次印刷
书　　号	ISBN 978-7-5767-1784-6
定　　价	68.00 元

(如因印装质量问题影响阅读,我社负责调换)

序

2002年3月,3名教师、6名学生组成了一个团队,成立了"北华大学机电集成技术中心",地点就在北华大学的第三教学楼803房间。这群人有高昂的斗志、远大的理想、踏实肯干的作风。这群人凭借着有力的双手,开始了从无到有的奋斗。凡事都要高标准、高质量去完成,这是他们的作风。他们深知,没有一棵棵稚嫩的小草,就不可能有一片片浩荡的绿洲。他们从培育一棵棵小草开始,一点一点地汇集成了一撮撮草,一撮撮草又一点一点地凝聚成了一片片草……这群人受到过挫折、遭遇过别人的不解,但是他们一直没有放弃。为什么?他们在艰苦的工作中获得了成就感,他们秉承一种信念,成就了一个集体,一个有思想、有干劲、讲合作、甘于奉献的团队!这群人在创造的征程中成长为一群意志坚定的人,并取得了卓著的成绩,最可喜的是,他们带动了更多的人。

从最初的"机电集成技术研究中心",到"机电集成技术研究所",到"大学生机电集成技术科技创新实践基地",再到现在的"吉林省示范性大学生科技创新基地",这一次次的改变诉说着我们这个团队历史进程的真实写照——"发展是硬道理"!

从最初的1个研究室、几十平方米面积、3个老师、6名学生,到现在的16个研究室、900多平方米、30多名老师、200余名科研助理——我们的培养规模在变化!从最初的师傅带徒弟培养模式,到现在大规模推广本科生科研助理培养模式,科研助理、实验助理、教学助理齐头并进的人才培养层次多样性——我们的教育思想、培养模式在变化!从最初的感情维系型管理模式,发展到今天的网络化、信息化——我们的管理模式在变化!从最初的单纯培养学生,到今天这里是教师培养基地、科研基地、人才培养模式实验基地——我们的功能在扩大!从最初的"没事找事做"的以预研为主的单调研发模式,发展到今天的科学研究、工程开发、教学研究、实验室改造等多维互进式团队攻关模式,我们争取到了为国家经济建设和社会发展贡献力量、发挥聪明才智的机会!我们有了863项目、有了教育部人才支持计划项目、有了一大批省级项目,我们为企业解决了难题,我们成了若干家企业的研发基地——我们的科研层次在变化!经过几代人的努力,我们逐渐凝练出了"主动寻找差距、敢于承认差距、努力缩小差距"的基地文化!这一文化内涵是团队生生不息的根本,是未来发展的坚实底蕴,是我们这群人的骄傲,是我们这群人的精神财富!

创新基地的今天,是一群"北华人"携手创造的!创新基地的明天,需要更多英才的加盟,需要更多的变革与优化!我们坚信:高一个层次看自己,必成大器!

今天,我们已经成为"吉林省示范性大学生科技创新实践基地"。明天,我们还有很多路要走,还有很多事情要做,我们会秉承和发扬"803"精神,以"主动寻找差距、敢于承认差距、努力缩小差距"为动力,勇往直前!只要我们鼓足干劲,我们就不会落后,永远的"803"精神,永远的"803"人!

沸腾的时代,飞扬的青春,有梦想就该去追寻;科技是自强之本,创新乃发展之魂,挑战自我是永恒的精神;差距意识,铭记你我心间,直面困难,奋勇向前,不惧艰险,勇敢登攀;创新基地,我们的家园,师生同心,携手攻关,抓住机遇,共创明天。

——基地之魂

前　言

教材建设是铸魂育人的重要依托，是事关未来的战略工程、基础工程。习近平总书记强调，要"用心打造培根铸魂、启智增慧的精品教材，为培养德智体美劳全面发展的社会主义建设者和接班人、建设教育强国作出新的更大贡献"。深入推进党的创新理论进教材，是贯彻落实创新创业教育最直接的方式，是构建中国特色高质量教材体系的重大原则。深入贯彻落实习近平总书记的重要指示要求，教材建设必须始终牢记为党育人、为国育才的初心使命，坚持不懈用习近平新时代中国特色社会主义思想铸魂育人。教育部坚持以习近平新时代中国特色社会主义思想为指导，全面贯彻落实党的二十大精神，把教材建设作为深化教育领域综合改革的重要环节，经过不断深化对做好这项工作的规律性认识和实践探索，能够及时把马克思主义中国化时代化最新成果体现到人才培养中，教育引导广大学生打好人生底色、赓续红色基因，坚定不移听党话、跟党走。也确保了党的二十大精神进教材落到实处、取得实效。

本书主要依托北华大学大学生机电集成技术科技创新实践基地一线创新人才的培养模式，旨在进一步凝练人才培养特色，让社会了解北华大学大学生科研助理的培养模式，为兄弟院校培养高水平一线创新型人才提供参考。

北华大学机械工程学院高度重视大学生综合能力的培养，认为大学生的培养应在全面发展的基础上注重个性化发展，鉴于机械类专业具有较强的工程实践性，因此更注重培养学生的创新精神和实践动手能力。从2002年起，在充分考虑到机械学科的发展趋势以及机械行业对人才的需求情况后，结合学校实际情况，北华大学机械工程学院在吉林省高校中率先创建了大学生机电集成技术科技创新实践基地，并创造性地招收优秀本科生担任科研助理。由教师作为研究团队方向负责人和科研助理学生组成研究团队，共同学习、共同进步。创新基地成立以来，我们秉承"厚学科专业基础、重实践能力、个性化培养"的教育理念，树立"主动寻找差距、敢于承认差距、努力缩小差距"的差距意识，师生携手、共谋发展。学院在大学生创新实践能力培养方面积极探索、勇于实践，在北华大学、在吉林省高校大学生创新实践活动的史册上谱写了自己的隽永篇章。二十多年来，一批又一批优秀学子进入我们的创新基地，卧薪尝胆、奋发图强；一批又一批优秀学子毕业后在国家建设中顽强拼搏、努力进取，为北华大学、为机械学院、为创新基地争得了荣誉。他们受到工作单位的普遍赞誉，踏实、认真、坚韧、不屈不挠是他们的优秀品质。

十年磨一剑，创新基地的历程表明，保持一种信念，秉承一种精神，一路坚持下去，不论道路多么坎坷，总会有收获的时刻，总会享受到成功的喜悦！

本书是在前期出版的两版教材基础上，加入积累的素材及多年运行的经验完成的第三版。第一版主要是根据科研助理培养流程完成的记载及总结，经过多年的实践及总结，科研助理培养流程也在不断地完善，对此决定修订。在进行本次修订过程中，始终坚持正确的教育方向，用习近平新时代中国特色社会主义思想铸魂育人。注重以文化人、以文育人，追求春风化雨、润物无声的效果。习近平总书记强调的"浇花浇根，育人育心"，深刻阐明了这个道理，揭示了教材建设的基本规律。在如何推动教材铸魂育人开创新局面过程中，我们重点深入研究了教给谁、怎么教的问题，怎样真正做到让学生入脑入心，对此主要抓三个问题：一是抓住教师为主导这个关键。"欲人勿疑，必先自信"，教育者需先受教育。提高教师队伍的整体素养，推动教师表率作用。二是调动学生学习的主动性。变革教与学方式，注重启发式、互动式、探究式教学，引导学生主动思考、积极提问、自主探究，让教育过程充满真诚的对话、切身的感悟、理性的思辨，吸引学生主动学、融入学。三是发挥评价的引导作用。以检验育人效果为目标，丰富创新评价手段，鼓励广大教师注重过程性评价、实践性评价和发展性评价，引导学生做到"学思用贯通、知信行统一"，深刻领悟"两个确立"的决定性意义，增强"四个意识"、坚定"四个自信"、做到"两个维护"，成长为堪当民族复兴大任的时代新人。

本书由北华大学机械工程学院张玉峰、王开宝、王月担任主编。同时，创新基地张耀娟、高兴华、罗春阳、刘华伟、甘新基、魏巍、王明旭等多位指导老师参与了相关资料的整理和撰写工作，黄志杰等多位在校学生参与了资料收集、插图绘制等工作，并参与了书稿完成后的校对工作，在此一并表示感谢，本书是大家共同努力完成的结果。

书中附有大量学生作品案例和形象生动的插图，增加了本书的趣味性和可读性。

由于编者知识和认识水平所限，疏漏之处在所难免，恳请广大读者和同行批评指正！

感谢所有对北华大学大学生机电集成技术科技创新基地作出贡献的人。感谢所有在本书成稿过程中给予我们帮助的人。

《基于科研助理培养模式的大学生科技创新实践导引》编写组
2024 年 9 月于北华大学

目 录

第一章　科技创新实践的重要性 ·· 1
第一节　创新实践能力培养是高等教育的重要内容 ····················· 1
第二节　大学生创新实践能力的培养 ····································· 3
第三节　大学生创新实践能力的提高 ···································· 11

第二章　常用科技创新实践技法 ·· 16
第一节　群体集智法 ·· 16
第二节　系统分析法 ·· 20
第三节　联想类比法 ·· 28
第四节　转向创新法 ·· 35
第五节　组合创新法 ·· 40

第三章　机械类创新设计基本创造原理 ································ 46
第一节　综合创造原理 ·· 46
第二节　分离创造原理 ·· 49
第三节　移植创造原理 ·· 52
第四节　物场分析原理 ·· 57
第五节　还原创造原理 ·· 60
第六节　价值优化原理 ·· 61

第四章　科技创新实践能力培养平台——省级大学生科技创新实践示范基地 ········ 64
第一节　北华大学大学生科技创新实践基地的发展历程 ··············· 65
第二节　北华大学大学生科技创新实践基地的组织机构 ··············· 71
第三节　北华大学大学生科技创新实践基地的管理与运行 ············ 77
第四节　北华大学大学生科技创新实践基地的文化 ···················· 81

第五章　北华大学机械类大学生科技创新实践能力的培养 ·········· 86
第一节　以创新及实践能力培养为目标,优化人才培养方案 ········· 86
第二节　以创新人才培养为定位,构建全新教学体系 ················· 88
第三节　以机制创新为基础,激发学生的学习兴趣 ···················· 92
第四节　以创新基地为依托,搭建自主创新学习平台 ················· 93

第六章　科技创新实践能力培养模式——科研助理培养模式 ·············· 96
　第一节　科研助理培养体系 ·············· 96
　第二节　本科生的招聘 ·············· 99
　第三节　优秀本科生的培训 ·············· 105
　第四节　准科研助理的选拔 ·············· 116
　第五节　准科研助理试用期的学习 ·············· 123
　第六节　对科研助理的培养 ·············· 124
　第七节　科研助理培养模式的拓展 ·············· 129

第七章　科研助理培养模式的评价及激励机制 ·············· 131
　第一节　大学生创新能力评价的意义 ·············· 131
　第二节　大学生科研助理培养模式的评价与激励机制 ·············· 132

第八章　科研助理培养模式的实践成果 ·············· 140
　第一节　优秀科研助理 ·············· 140
　第二节　典型项目解析 ·············· 162
　第三节　创新竞赛成果 ·············· 197

思索与感想 ·············· 206

附录1　北华大学机电集成技术大学生科技创新实践基地各创新室情况 ·············· 209

附录2　创新与素质拓展选修学分计算表 ·············· 217

附录3　2016—2019年主要获奖情况统计（省级以上） ·············· 220

附录4　2020—2022年主要获奖情况统计 ·············· 231

第一章 科技创新实践的重要性

2014年,习近平总书记在《努力在新一轮科技革命和产业变革中占领制高点》上做出重要批示,他强调:"科技创新作为提高社会生产力、提升国际竞争力、增强综合国力、保障国家安全的战略支撑,必须摆在国家发展全局的核心位置。"

2016年,习近平总书记发表题为《为建设世界科技强国而奋斗》的重要讲话,重点强调:"科技创新是核心,抓住了科技创新就抓住了牵动我国发展全局的牛鼻子。"

2023年,李强总理在北京市调研专精特新企业发展情况座谈会上指出:"希望大家聚焦主业、咬定青山、苦练内功,大力推动科技创新,坚持走精耕细作之路,不断向高端化智能化绿色化转型,向产业链创新链价值链高端攀升。"

人类进入21世纪,知识的创新、科技的发展和人才的竞争越来越决定一个国家的发展进程和国际地位。它不仅是一个民族、一个社会富有生机与活力的前提,也是衡量一个民族、一个社会文明发展水准的标尺。创新实践能力的培养对个人品格的养成具有重要作用,因为它激发的是一个人最具有价值的能力和向人生更高层次发展的直接动力。

现在的大学生是我国各项事业迅猛发展的排头兵,肩负着中华民族复兴的伟大使命。对在校大学生进行创新精神和创新实践能力的培养,可以使之真正成为与时代潮流相适应,引领时代发展的一代高素质人才,这样我们的国家才有可能在新的世纪里缩短与发达国家在知识创新和发展方面的差距。所以,创新实践能力培养不仅仅是大学生个体成长成才的内在需要,更是民族兴旺发达、建设创新型国家的紧迫召唤。

第一节 创新实践能力培养是高等教育的重要内容

一、创新是人类社会巨大进步的前提

纵观人类历史的发展和文明的演进,每一次巨大的进步无一不是人类创新的杰作!每一次人类社会的巨大进步都与创新紧密相连。技术的创新,如蒸汽机的发明,推动了工业革命;信息技术的发明,推动了信息革命;教育的创新,推动了教育制度的改革,无数事实已经证明,每一项科技成果,无不和创新教育、人才培养有关;社会制度的创新,如中国的改革开放政策,将中国从传统的计划经济一步步地推向社会主义市场经济。

创新是推动社会进步的巨大力量。创新之所以是人类社会巨大进步的前提,是因为创新本身就代表了先进的生产力和先进的生产关系。蒸汽机的发明、计算机的发明、生物技术的发明等,本身就代表了先进的生产力,使之具备很强的竞争力,从而在竞争中不断发展壮大。中国改革开放,解放了先进的生产力,并不断促进新的先进生产力的产生与发展,从

而使新的生产关系受到人们的喜爱,最后被人们选择,并使这种体制不断向前推进。

我们已进入21世纪,相比过去经济发展的水平,不得不承认人类的文明已远比从前任何时候都要发达。从衣食住行各个方面,人们都在享受着工业化信息化社会创造的文明成果。从城市到农村,从国内到国外只要你随意看看周围世界,就会轻易地发现:我们生活的每个角落都打上了科技创新的烙印,每个细节都展示着人类的智慧。

二、创新战略是21世纪的必然选择

21世纪是人类进入全球化知识经济和可持续发展的时代,这一时代的突出特点就是"创新"。21世纪是科学技术发展日新月异的知识经济时代,知识经济是以不断创新为主要基础发展起来的,它依靠新的发明、研究和创新。世界各国都已认识到创新的重要性,都在抓紧制定和实施面向21世纪的发展战略,都在抢占科技和产品的制高点。只有不断创新,才能使一个国家在激烈的全球性竞争中始终立于世界强国之林,走向繁荣昌盛。所以创新既是竞争的需要也是时代的需要。

创新是一个民族进步的灵魂,一个没有创新能力的民族,就难以屹立于世界民族之林。面对世界科技飞速发展的挑战,我们必须把增强民族创新实践能力提到关系中华民族兴衰存亡的高度来认识。然而,我国目前的民族创新能力令人担忧。科技创新对美国经济增长的贡献率达到了80%,而我国尚不足30%。因此我国已经制定了创新发展战略,目的就是建立健全国家的创新体系,推进社会发展。

三、党和人民对大学生创新实践能力培养提出了期望

党和人民对高校人才创新实践能力的培养提出很高的期望。2016年4月,习近平总书记曾在中国科学技术大学考察时强调:"青年是国家的未来和民族的希望。希望同学们肩负时代责任,高扬理想风帆,静下心来刻苦学习,努力练好人生和事业的基本功,做有理想、有追求的大学生,做有担当、有作为的大学生,做有品质、有修养的大学生。大家要向我国老一辈杰出科学家学习,争取青出于蓝而胜于蓝。"美国哈佛大学校长普西曾经讲过:"一个人是否具有创造力,是一流人才和三流人才的分水岭。"高等教育历来是推动科技进步与技术创新的主力军,随着高等教育管理体制改革的不断深化,一些高校将科技创新和办学质量同等重要地视为学校建设发展的"生命线",我国名牌大学在制定"十一五"规划时,都将培养创新人才列为重要的目标,并采取措施制订创新人才培养计划,学生创新实践能力和创新素质的培养是评价和衡量办学质量和水平的重要环节。创新已经成为中国现代社会发展的基础和生命力所在,已成为高校可持续发展的基础和生命力所在。

高校要强化创新人才培养战略。为贯彻党的"科教兴国"的战略决策,高等教育必须转变教育理念,改革教学方法,从着重传播知识的教育转变为创新教育,把培养学生的创新精神、创新能力摆在重要位置。创新实践能力是衡量人才素质的一个重要指标,培养具有创新素质的优秀人才是我们的重要任务和课题。

四、我国大学生创新水平急需提高

多年来,在应试教育体制下,高校教育都是教师教、学生学的模式,学生基本是被动地接受教师的观点,学习方法基本是记忆和模仿,而不是真正的理解。每一个问题只有唯一的正确答案,使得学生普遍重视书面知识,轻视实践、探索;重视考试成绩,忽视整体素质的提高。从小学到中学以至于到大学,这种做法是导致学生创新实践能力低的主要因素。

大学生创新实践能力较低主要表现在以下几个方面:一是缺乏创新意识和创新激情。许多大学生虽然是不满足于现状,但往往只是满腹牢骚,缺乏行动的信心和决心。二是缺乏创新的毅力。创新需要坚强的毅力,虽然有些大学生也能认识到毅力在创新活动中的重要性,但在实际工作中往往虎头蛇尾、见异思迁。三是缺乏创新的兴趣,现在大学生的兴趣广泛,但往往随着时间、环境、心情而经常变化,缺乏深度和广度。四是缺乏创新所需的观察力。在观察的速度和广度、观察的整体性和概括性、观察的敏锐性和深刻性、观察的计划性和灵活性等方面,大学生普遍存在着不足。五是缺乏创新性思维能力。有些人也想创新,但不知道如何去创新,他们在逻辑思维能力、联想思维能力、发散思维能力、逆向思维能力等方面都还比较稚嫩,需要加强培养和锻炼。尽管如此,大学生仍具有巨大的创新潜能,只要采取适当的方式、方法去启发,他们的创新能力是可以大幅度提高的。相反,如果不进行创新教育,大学生的创新潜能很可能萎缩以至消失掉。

第二节 大学生创新实践能力的培养

一、大学生创新实践能力培养的主要内容

创新包括创新意识、创新思维、创新能力和创新成果,除此之外创新实践能力培养的主要内容还包括培养学生个性、培养学生的团队精神等,如图1-1所示。

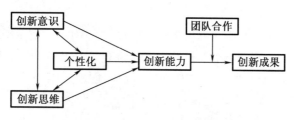

图1-1 创新能力培养内容关系图

创新意识是指人们根据社会和个体生活发展的需要,引起创造前所未有的事物或观念的动机,并在创造活动中表现出的意向、愿望和设想。它是人类意识活动中的一种积极的、富有成果性的表现形式,是人们进行创造活动的出发点和内在动力,是创造性思维和创造力的前提。

创新思维是人类思维的最高表现。在思维的类别中,与常规性思维相对,创新思维是

指以新颖独创的方法解决问题的思维过程。这种思维不仅能揭示客观事物的本质及规律，而且，在创新思维的驱动下，人类的物质文明和精神文明将会极大程度地提高。不过，在进行创新过程中只有在正确认识自己的前提下才能建立起创新思维理念，进而产生创新的行为。

创新能力有广义和狭义之分：广义的创新能力包括创新意识、创新思维、创新成果等；狭义的创新能力，就是指基于创新意识和创新思维基础上，运用各种信息进行创新活动的生产函数。创新能力与创造者的个性、团队精神息息相关。

任何创新都带有创造者的个性特征，因此大学生个性的发展有利于创新。个性的实现实质上就是一种冒险，因为否定人们习惯了的旧思想，所以个性可能会招致公众的反对。没有冒险精神就难以去挑战现有的权威、习惯，难以使个性变为现实。个性的发挥也是形成团队精神的基础。团队精神的形成，是基于尊重个人兴趣和成就，让每一个成员都拥有特长，表现特长，创造成果。

现代科学的发展已经让任何一个人都无法在其一生当中涉足各个方面的科学技术，而创新恰恰需要不同学科的交叉与融合。这就要求学生要学会和别人协同合作，无论在学习或工作中都要发扬团队精神，提高团队的工作成效。创新成果就是创新主体综合运用各项要素进行创新活动的成果。对于社会而言，创新最后的贡献就是要看创新成果。

二、大学生创新实践能力培养的特点

（一）大学生创新培养主体的阶段性

从理论上讲，创新可以发生在人的一生中任何一个时间，创新的培养液可以在任何时间孕育人的创新思维。但必须清楚，不同时间的人有不同的特点，他们处在不同的环境下，因此创新培养的内容也不同。比如在幼儿园时期、小学时期、中学时期、大学时期、研究生时期、工作后，不同时间的条件不同，任务要求不同，因此创新培养的内容大相径庭。比如在高校，大学生创新培养的重要内容是创新意识、创新思维和创新能力的培养，而创新意识和创新思维的培养尤为重要。

大学生处在知识和能力的全面累积阶段，处于创新思维的形成阶段，实践机会少，学习时间有限。因此对大学生的创新培养要针对这一特点，着重针对创新意识和创新思维的培养，适度重视创新能力和创新成果。只有创新意识和创新思维培养好了，创新这棵树苗才能茁壮成长，毕业后的创新能力才能在实践中不断提高，创新成果才能源源不断地涌现。

（二）大学生创新培养的系统性

创新培养的主体是创新教育的根本。因此，必须提高创新主体进行创新活动时所需要的基础素质。创新培养需要授予创新的主体，授予创新主体的创新素质越高，创新培养的效果就越明显。创新需要一个环境，其中包括硬件和软件。创新所需要的实验条件越丰富，创新培养的成果就越好；创新需要的软件越有优势，创新培养的效果就越明显。总之，创新培养是一项系统工程，需要进行系统协调才能取得良好的效果，需要大学生本人、学校和社会的通力配合。

(三)大学生创新培养的授予主体多元化

创新实践能力培养需要有良好创新能力的授予主体。授予主体的多元化是创新随时随地可能发生的必然要求,也是创新综合作用结果的必然体现。创新没有必然的公式,但其具有很强的偶然性、即时性。因此,提高创新培养的能力有赖于社会各个主体。

对于大学生,创新实践能力培养中最主要的授予主体是老师,他们承担了大学生教育的重要内容,他们的教学培养占用了大学生大量的时间,因此教师是大学生创新实践能力培养授予的最主要主体。企事业单位也可能成为创新实践能力培养的授予主体。学生在大学期间,可以利用课程实习和假期实践参与社会活动,他们在实践中发现问题、不断地探索创新,在这个过程中,实习单位自然就成了创新实践能力培养授予的主体。同时学生家庭成员、朋友也可能成为创新实践能力培养授予的主体。

三、大学生创新实践能力培养的主要途径

(一)影响大学生创新实践能力的三要素

按照当代人本教育的观点,"创造性"可以分为"特殊才能的创造性"和"自我实现的创造性"两种。前者是科学家、发明家、艺术家等特殊人物所表现出来的创造性,它可以产生出新的具有社会价值的事物。而后者是指开发的可能性,自我潜在能力在这一意义上的创造性,这是每个人都具有的,能激发出其自身特有个性活动的创造性,大学生的创新主要是这种意义上的创新。这是符合素质教育关于重视学生个性发展的原则要求,即不要求所有学生都按统一标准达到同一发展水平,而是使其在本身已有的发展范围内得到充分发展。如上课时,学生不拘泥于书上或老师所讲的结论,而是提出具有独到见解的观点和方法;做作业时不是照抄现成答案,而是通过自己独立思考,提出新的与众不同的解题途径和方法等。这种在接受知识时像前人创造知识时那样去思考、去发现,在解决问题时努力提出有新意的甚至是创新的见解和方法的活动,是学生阶段创新的具体体现,是为特殊才能的创造性打基础。

当一个人在某一活动领域中的经验达到谙熟精深的程度时,他就有可能从后者过渡到前者。所以创造力并不神秘,人人都有创新的潜力。对此教育家陶行知就有"人类社会处处是创造之地,天天是创造之时,人人是创造之人"的观点。那么人的创新能力由什么因素决定呢?这是我们培养大学生创新能力的前提。多年来人们从不同的方面进行了研究,得出了侧重各自学科的一些结论。创新能力主要是三个基本要素相互作用的结果,即:创新欲望、科学素质和想象能力。创新欲望是创新的前提,也是创新的动力;科学素质是创新的基础,是创新的实现空间,没有科学素质,创新就可能失去现实性;想象能力是创新的潜力空间,它为创新开辟各种可能的前景,没有想象能力,墨守成规,就不可能有创新。

1. 创新欲望

创新欲望来源于对事业的强烈追求,而这种追求又来源于强烈的创新意识,来源于对祖国、对人民和对生活的深切热爱。没有这种强烈的追求、强烈的意识,不可能产生持久的创新欲望。"两弹一星"的成功充分证明了这一点。在"两弹一星"研制过程中,国家比较

穷,科研能力、技术水平也不高,但科技人员为了祖国的强大,人民生活的安定,不计较个人得失,埋头工作,克服了一个又一个困难,终于取得巨大胜利。诺贝尔奖获得者杨振宁先生就曾对朱丽兰部长说:"现在美国都在研究我们的两弹一星,在当时的艰苦条件下是怎样搞上去的。"这一点正是我们不同于其他国家之处,是民族精神和对先进文化的追求所决定的。当然我们不否认个人志趣的影响,这种个体的欲望与冲动,在一定程度上或在某个时期会驱使人们产生巨大的创造价值。从创新欲望的含义看,大学教育对创新欲望的激发,应着重培养好大学生的三个品质:

(1)思想政治品质。这决定了我们培养的学生今后发展方向和服务方向,这是现在大学德育教育和思想政治工作着重强调的内容。

(2)科学道德品质。就是热爱科学、追求真理的进取精神。任何一次创新都不可能轻而易举,其中会遇到无数的艰难险阻,甚至会有牺牲。正如马克思所说:"在科学的道路上是没有平坦大道可走的,只有在崎岖小路的攀登上不畏艰辛的人,才有可能达到光辉的顶点。"而勇于创新是进取精神最集中的表现。这就要求我们必须解放学生的思想,使学生要敢于向传统挑战,不迷信权威,不轻信已有的结论。

(3)个性心理品质。这是个人在实践中表现出来的意志、兴趣、情感、性格、专注力等,创新活动需要充分发挥高度的创造力和主观能动性。要能主动地发挥创造力,必须有优良的心理品质作为基础,这是创新的内在动力和保证,对人们掌握科学创造的内在规律,充分发挥人们的积极性、创造性,提高科学研究效率有着重要意义。优良的个性心理品质表现为有高度的事业心,有持之以恒、百折不挠的意志和毅力,有广泛的兴趣和强烈的好奇心等。培养和形成良好的心理品质,是大学教育的重要任务。

在这三个品质中,高尚的科学道德品质和良好的个性心理品质是现在大学教育中所忽视或未引起重视的一面。

2. 科学素质

科学素质来源于对合理知识体系的吸收、理解和运用。这里所说的合理知识体系包括一个专门领域的理论知识和实践知识,也包括这个领域内必要的专业知识和相应的社会知识,以形成一个人在这个领域从事创新活动所必需的知识结构。

联合国教科文组织在"学无止境"的报告中提出:人类学习有两种模式,一种是继承性或维持性学习模式。这种模式就是通过学习获得已有的知识、经验、观点、方法和原则,来提高解决当前已发生的问题的能力,即"学会";另一种形式就是创新性学习或自主创新性学习模式,其特点在于通过学习提高一个人发现、吸收新知识、新信息和提出新问题的能力,以迎接和处理未来社会发生的日新月异的变化,即"会学"。学习固然有继承,但主要是为了创造新社会、创造新生活、创造新文化,这是一种可以带来变化,可以创新、重建和重新系统地阐述问题的学习。

现代社会知识更新的速度越来越快,我们不能指望也不可能教给学生终生不变的知识。所以大学教育应在加强基本理论与基础知识教学的同时突出学生学习能力、研究能力、表达能力和组织管理能力的培养,实现从"维持性学习"向"创新性学习"的转变。

学习能力不单指课本知识学习能力,还包括阅读学术著作和科技期刊的能力、检索数据库的能力、查阅计算机网络信息的能力及使用工具书的能力;研究能力包括观察能力、分析能力、实验能力、设计能力和动手能力;表达能力指的是语言、文字表达能力、曲线图表的表达能力及数理计算的表达能力;而组织管理能力则包括计划能力、决断能力及指导管理能力。传统教育的不足之处就是轻视了这些能力的培养,这正是我们教育改革所面临的任务。

3. 想象能力

想象力是通过对已有的知识或已有的形象进行加工制作,从而产生一种新的形象和新的假定知识。想象力引导人们开拓新的领域,探寻新的知识,是人的主观能动性高度集中的表现。想象不能凭空产生,需要丰富的知识和生活经验作基础,但想象又是超出已有知识的一种探索。想象能力来源于思想的活跃,来源于思想的主动性和探索精神,培养想象力是培养创新能力的关键。大学教育要注重培养学生创新意识、创新精神,要为学生提供自由想象的空间,提供思想驰骋的天地,锻炼学生勤于思维的品质。对一种科学理论、一次科学实验、一个工程设计,不仅要求有求同思维、顺着教师的思路走,更要大力倡导求异思维、逆向思维,使想象力不受已有知识的禁锢。当然求异思维必须接受理性的调控,这是一种严肃的思维活动,绝不是随便反其道而行之。求异思维超过了一定范围性,就失去了科学性,失去了正面价值,求异思维的归宿必须是创新。

(二) 高校内加强大学生创新实践能力培养的途径

1. 充分尊重学生的主体地位,发挥学生的主观能动性

人才是高校的产品,人才质量的高低直接影响着毕业生的就业和未来的发展,也影响高校的声誉和社会地位。但与物质产品不同的是,人才是有生命的,其培养过程是教学互动的过程,只有充分尊重学生的主体地位,调动其学习的主动性和积极性,才能培养出高质量的创新人才。学生的主体性地位反映在人才培养的各个方面,其中最重要的是让成才的选择权回归学生手中,培养创新素质和能力是体现学生主体地位的重要内容。要满足学生成才的选择需要,关键着力解决以下两方面问题:

首先,需构建其创新人才培养体系,给学生发展提供多次选择机会。长期以来,在人才培养的全过程中,学生通常只是服从、执行,很少有选择的机会,学生知识结构单一,创新实践能力不足,适应性及发展后劲不足。随着我国高等教育从精英式教育阶段向大众化教育阶段的转变,高校必须时刻紧跟社会变化,切实转变教育理念,将高等教育的目标从培养"专业人才"转变为培养"全面创新型人才"。以人为本,把学生的发展作为高等学校培养的中心,围绕学生的发展设计人才培养模式及体系。

其次,要切实加强教学建设,为学生成才提供丰富的内容。高校要切实加强课程建设、专业建设,为学生提供丰富的选择内容;加强实验室建设和实践基地建设,为学生的实践能力培养提供必需的硬件条件;加强图书资料和校园网络建设,为学生自主学习提供丰富的资源和快捷便利的渠道。

2. 增强教师责任心，发挥其主导作用

首先，教师要积极转变以知识继承为中心的传统教育观念，树立创新教育理念，将大学生创新实践能力培养放在重要地位，使学生不但获得扎实而深厚的专业理论知识，更要使学生学会如何发现问题、分析问题，使其具备探索、研究和解决问题的实践能力，在解决问题的实践中不断创新。其次，教师要切实增强育人的责任感和自觉性，对教学工作和学生负责。教师的职责是根据学生的特点和兴趣，对学生的发展方向提出建议，指导学生制订个性化培养计划，帮助学生合理安排学习进程，对课程学习、毕业论文、自主择业等教学环节和成长过程提供正确的指导和帮助。再次，教师要积极改善自身知识结构，不断提高创新实践能力。其主要体现在三个方面：

（1）掌握某专门学科领域的专业知识以及运用专业知识发现和解决实际问题的专业能力；

（2）在该学科专业领域开展科学研究、知识创新和技术开发的创新能力；

（3）教师教育培养学生的教学水平。

教师必须树立终身学习的观念，通过不断学习来改善自身的知识结构，提高自己的知识水平；要勇于接受各种新的挑战，用积极主动的态度去改革教学内容和改变教学方法，不断提高自己的教学水平；要积极开展产学研合作，主动走向经济建设的第一线，通过为社会经济发展的直接服务提高教师自身的创新实践能力，拓宽大学生创新实践能力培养的舞台。

四、科技创新是工科大学生创新实践能力培养的重要形式

大学生科技创新是工科大学生创新实践能力培养的重要途径和方式，国家教育部门在各个时期通过举办各种赛事来推进大学生科技创新实践能力的培养，在这里，对我国的大学生科技创新的情况进行简单的论述。

（一）大学生科技创新活动的历程

自改革开放以来，我国大学生科技创新活动大致经历了五个阶段，每个阶段都是在具体的历史条件下产生的，而且各自具有鲜明的时代特点。如图1-2所示为大学生科技创新实践活动内容发展图。

第一个阶段，20世纪80年代的校园科技创新活动涌动期。20世纪70年代末，伴随着高考制度的恢复和高等教育的发展，党中央和全国学联做出了一系列有益的学习、文化、娱乐、体育活动的决议和号召。大学校园文化逐步活跃，学生科技活动开始启动。但这时的大学生课外科技活动是以文体活动为主，局限在娱乐性文化活动的层面上，科技创新的内容不多，而且不深入。

第二个阶段，"挑战杯"课外学术科技活动期。以"挑战杯"大学生课外学术科技竞赛活动为标志，中国大学生课外科技创新活动走上了系统化、规范化轨道。其目的在于引导和激励高校学生实事求是、刻苦钻研、勇于创新、多出成果、提高素质，培养学生创新精神和实践能力，并在此基础上促进高校学生课外学术科技活动的蓬勃发展，发现和培养一批在学

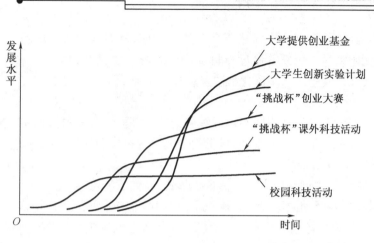

图 1-2 大学生科技创新活动内容发展图

术科技上有作为、有潜力的优秀人才。以"崇尚科学、坚持真理、勤奋学习、迎接挑战"为宗旨的"挑战杯"大学生课外学术科技作品竞赛，具有很强的导向性、示范性和群众性，提高了课外学术科技创新活动在校园文化中的地位；也引导了高校重视大学生科技创新，从而促进了全国大学生科技创新活动的发展。在这十几年里，有100多万人次直接或间接参与了这项赛事，产生了一大批优秀学生学术科技成果。

第三阶段，"挑战杯"创业大赛期。以"挑战杯"中国大学生创业计划竞赛的举办为标志，中国大学生科技创新活动取得总体突破，创业计划竞赛时借助风险投资的实际运作模式，要求参与者组成的竞赛小组以"获得风险投资家的投资"为目的而提出一项具有市场前景的技术或者服务。竞赛的意义在于促进高等院校与现实社会、大学生与企业之间的互动与沟通，使大学生开始研究和关注国民经济和社会发展重大问题的学术理论和科技发明，使大学生从单纯受教育和知识传承，逐渐成长为社会财富的创造者。这一活动使很多高校把创业培养作为大学创新活动的一项重要内容来抓。

第四阶段，大学生创新性实验计划时期。以大学生创新性实验计划实施为标志，大学生创新性实验计划由学生创新性实验项目和学校创新性实验计划组成，是高等学校本科教学质量与教学改革工程的重要组成部分。其旨在促进高校探索创新性人才培养的新模式，促进高校探索并建立以问题和课题为核心的教学模式，倡导以学生为主体的本科人才培养模式和研究性学习的教学改革，调动学生学习的主动性、积极性和创造性，激发了学生的创新思维和创新意识，同时使其在项目实践中逐渐掌握思考问题、解决问题的方法，提高其创新实践的能力。实现"兴趣驱动、自主实验、重在过程"的培养理念。

通过开展大学生创新性实验计划，带动广大的学生在本科阶段得到科学研究与发明创造的初步训练，增强高校人才培养过程中实践教学环节的比重，增强学生的动手能力，推广研究型学习和个性化培养，形成创新教育的氛围，进一步推动高等教育教学改革，提高教学质量。

第五阶段，大学提供科技创新基金阶段。一些名牌大学学习国外知名学府的经验，根据知识经济发展的需要，建立科技创新基金，资助一些项目的研发。这些大学将创新培养作为大学生培养的重要内容之一,从资金上给予资助,从教学上进行改革来适应这一变化的需要,建立激励大学生创新的制度。目前一些名牌大学已经建立了这项制度,但还存在许多问题,需要在发展中进一步深化解决。科技创新基金为大学生提供了一个很好的创业平台。

需要说明的是,上述五个阶段不是截然分开的,实际上前一个阶段的内容,在后一阶段不但没有被埋没,反而是更加丰富,但其占整个大学生科技创新活动内容的比例下降了。

(二)大学生科技创新的特点

科技创新是大学生创新培养的一种重要形式,有如下特点:

大学生科技创新活动的层次性。首先,大学生群体有不同的学历层次,既包括专科、本科生,也包括研究生(硕士生、博士生)。其次,高年级与低年级学生科技创新活动的内容是有差别的,具有层次性。

大学生科技创新活动的专业性。一般而言,大学生的科技创新都是在其所学专业领域内进行的,这是因为创新要以一定的知识为基础。从这个意义上说,牢固掌握专业知识、技能并且能灵活运用是大学生进行科技创新的前提和基础。

活动成果以"小""巧"为主,偏重于实用性。首先,大学生的科技活动只是其课外实践活动的一个组成部分,其不可能把整个身心和精力全部用到科技创新活动中去,而是往往根据灵感,利用课余时间,进行小范围、小规模的科技创新。其次,大学生科技创新活动受到资金、设备和知识经验等各方面条件的限制,他们只能把科技创新限定在可以控制的范围内,深奥的理论探索和复杂的大规模的科技创新都超出了大学生的能力范围。因此,大学生科技创新成果多是小发明、小制作和小论文。

科技创新活动目的的多重性。大学生科技创新活动具有多个目的:首先是自我教育的目的。大学生科技创新活动目的是培养大学生的创新意识、创新思维和创新能力。其次是文化的目的。科技创新活动营造了浓厚的学术氛围和高层次的文化品位,塑造了具有时代特征的精神文化环境。再次是将科学技术转化为生产力。作为高校科技创新体系的重要组成部分,大学生科技创新活动要求多出科技成果,并把科技成果转化为现实生产力,创造出更多的经济和社会效益。

创新活动的趣味性。大学生科技创新,都带有浓厚的趣味,即大学生根据自己的兴趣进行创新,创新任务往往来自兴趣而不是别人委托。同时参与创新的人也是趣味相投的人。

重视创新活动的道德维度。对于正在成长时期的大学生,在培养其创新精神的过程中,坚持成才的道德导向至关重要。通过创新活动,教育大学生创新活动来之不易,教育他们尊重别人的劳动;通过团队合作进行创新活动,教育大学生团队合作精神;通过创新活动,激发大学生树立崇高的理想信念;通过创新活动,激发大学生对人生价值的认识;通过创新活动,树立他们热爱科学技术事业的情怀。创新活动,对提高大学生道德水平有重要的作用,比纯粹的说教具有更好的效果。

第三节 大学生创新实践能力的提高

大学生创新实践能力的提高不仅是个人发展的需要,更是国家创新战略的要求,高校应把创新教育作为高等教育的核心内容,努力提高大学生的创新实践能力。学校教育在认识上的误区和教育手段的不当,影响大学生创新实践能力发展。因此,提高大学生创新实践能力还是要从高等院校的教育教学入手,通过树立创新教育理念、改革课程体系、调整教学内容、创新教学方法等有效途径促进大学生创新意识、创新思维的培养,进而构筑新的创新实践能力培养模式。

一、教学质量的改革

(一)树立创新教育的理念

创新教育是全面素质教育的具体化和深入化,是以加强学生的创新精神、创新能力、创新人格的培养为基本价值取向的教育。作为培养创新人才的重要基地——高校,教师应转变教育理念中那些不利于创新人才培养的价值观,要以树立创新教育观念为先导,以加强学生创新精神和实践能力的培养为重点,以培养创新人才为核心目标,改变过去以传授知识为主的教育模式,构建新型教育体系,将创新教育贯穿于人才培养全过程,落实到每个教学环节。为此,刘树仁先生早在2001年就提出高校要尽快转变传统僵化落后的教育理念,摆脱传统培养模式的桎梏,以科学先进的教育理念为导航,实现由"承传型""标准件型"教育观念向"创新型"教育观念转变;由"应试教育"价值观向"素质教育"价值观转变;由偏重培养学生认知能力的观念向重视学生情感与更加协调发展的观念转变;由"师道尊严"向"师生民主平等"的观念转变;由重视培养学生竞争的观念向重视培养学生团队合作精神的观念转变。

(二)改革课程体系

针对目前我国高校基本上实行以专业为单位构建课程体系而产生的诸多弊端,本着"厚基础、宽口径""淡化专业,强化课程"的改革目标,打破以专业设置课程的传统体系,将相近专业合并共同构建新的课程体系,使相邻和相近专业的各学科有更大的空间互相渗透,增加跨学科、跨专业、跨年级的选修课。这样通过各学科知识的融合、渗透、转化,使学生形成多学科、多视角的创造思维能力,为其个性发展、创新能力的提升提供更大的空间。

具体操作可以以下几方面进行尝试:

(1)拓宽课程选择面,完善课程转换体系,使学生可以跨专业、跨院系学习。

(2)开设相关选修课程,加强对学生的文化素质教育,为学生的创新活动提供深厚的文化底蕴。

(3)实施主辅修学习制度,加强复合型人才培养。鼓励学有余力的学生跨学科、跨专业修读喜欢的辅修课程、辅修专业和第二学位专业。

(4)实施第二课堂培养计划,将第二课堂开展的思想教育活动、科技创新活动、文化体育活动、社会实践活动等纳入创新人才培养体系,将课内培养与课外培养相结合,全面提高学生的创新能力和综合素质。

(5)开设"创新系列"课程,如《创造性思维与创新方法》,训练学生的灵活性思维、求异型思维、发散性思维和逆向思维;开发他们思维的灵活性、精确性、敏捷性及变通性,激活他们的创新潜能和创新的主动性,掌握创新思维的策略。

(三)调整教学内容,改革教学的方式方法

教学内容改革,本质上就是为学生提供最新的内容,使学生呼吸新鲜的学科空气,唤醒其捕捉创新机会的意识,激发其创新的能力。教学方法改革的目的,实质上就是通过启发式教学、参与式教学等方式,促进学生探索性学习的能动性。

(1)学校应构建一个创新型的教学内容体系,将最新的科学研究成果和科学概念及时地融入教学实践中,体现教学内容的时代性、开放性、多元性与全面性;有意识地培养学生,以发展的观点看待客观物质世界,引导他们去探索新的知识。

(2)采取主体参与型的教学模式,改变传统的"满堂灌、填鸭式"教学模式,树立以学生为主体的教育观念,采取启发式和讨论式教学,激发学生独立思考和创新的意识。利用课堂辩论、学生讲课和专题讨论等方法,激发大学生的求知欲与想象力,培养他们的求异思维和探索精神。

(3)加强教学的实践环节,鼓励学生参加科技活动,培养他们的创新能力和实践能力。学校可以设立开放型实验室,建立创新教育实验基地,为大学生提供实践的机会和场所。

(4)在教学内容中适当增加创新能力培养的内容,使学生了解创新能力的形成过程及特点,有意识地进行创新能力的训练。

(5)积极利用多媒体等现代化的教学手段,通过声音、图像等多种表现形式,使学生对知识掌握得更加透彻、形象,激发学生的学习兴趣和创新激情。

教学手段、教学内容和教学方法的改革,奠定了学生独立分析与解决问题的能力,同时由于教学的改革使理论授课时数下降,使学生有一定的时间参与课外活动,开展科技创新活动使学生明白,只有争取多学一些知识,并在科研实践中锻炼自己,才能具有一定的创新能力。在这个过程中,使学有余力的学生相对稳定地进行课题研究,通过课题研究,使大学生将学习到的知识应用到平时的课堂讨论中来,激发并带动其他同学学习的热情,形成生动活泼的教学局面。

(四)构建合理的评价和激励机制

合理的评价和激励机制是培养学生创新能力的制度保障。

首先,在教育评价上,教师要改变以往把一次考试成绩作为评价学生唯一标准的考核方式,建立一套综合评价体系,将学生的考试成绩、学生在实践中发现问题、分析问题、解决问题的能力以及学生的实践能力都纳入评价体系中,进行综合衡量。

其次,在激励机制上,一方面学校要拿出切实可行的措施促进教学中创新成果的转化。同时,学校应建立专项奖励基金,对培养学生创新能力成效特别突出的教师实行专项奖励,并对教师指导学生进行的创新活动提供资金支持。另一方面,学校通过奖学金、创新基金、

奖励学分、创新学分、素质拓展学分等多种措施激励学生开展创新活动，并为学生的创新活动提供经费支持以及专业辅导。

二、创新意识的培养

（一）克服创新畏难思想

虽然人人都知道创新是一件于国家、于集体、于个人都有利的事，却又苦于创新无门。其实不然，正如教育家陶行知先生所说："人人都是创新之人，天天都是创新之时，处处都是创新之地。"认为创新是一件复杂的高级心智活动，是神秘莫测、高不可攀的，仅属于少数天才人物的"专利"，这种思想是不对的，大学生要克服这种把自己与创新主动隔离的思想。

（二）对所学习或研究的事物要有好奇心——培养提出问题的意识和能力

科学家都有好奇心，比如牛顿，他在少年时期常常在夜晚仰望天上的星星和月亮，好奇星星和月亮为什么挂在天上、星星和月亮为什么都在天上运转而不相撞，等等。这些疑问激发着他的探索欲望。后来，经过专心研究，终于发现了万有引力定律。由此可见，要提出问题首先要有好奇心。因为其包含着强烈的求知欲和追根究底的探索精神。正像爱因斯坦说的那样："我没有强烈的天赋，只有强烈的好奇心。"

（三）对所学习或研究的事物要有怀疑的态度

许多科学家对旧知识的扬弃，对谬误的否定，无不自怀疑开始的。始于对亚里士多德"物体依本身的轻重而下落有快有慢"的结论的怀疑，伽利略发现了自由落体规律。大学生在接受教育，但不能完全满足于现有的结论，要对学习的知识进行分析。老师不是万能的，任何老师所传授的专业知识不能说全部都是准确的。对待我们所学习或研究的事物应做到不要迷信任何权威，应该大胆地怀疑。

（四）对所学习或研究的事物要有求异的观念

求异实质就是换个角度思考，从多个角度思考，求异者往往要比常人看问题更深刻、更全面。培养创新思维就要对所学习或研究的事物有创新的欲望。如果没有强烈的创新欲望，那么无论怎样谦虚和好学，最终只是模仿或抄袭，也只能在前人划定的圈子里周旋，因此，创新思维就是具有求异的思想，不局限于现状。

（五）对所学习或研究的事物做到永远不自满

只有不满足于现状，才能不断思索未来、探索未来。任何事物都是发展变化的，变化是永恒的主题，而变化的本身就要求我们在学习或研究事物的过程中适应变化的环境，因此要求我们在动态中追求卓越，永不自满。

（六）要有"敢为天下先"的气质及承受挫折的勇气

现代社会多种文化观念的冲突，多元的价值取向，竞争的压力要求大学生要有开拓进取的勇气，坚忍不拔的意志，要有"敢为天下先"的魄力。创新也不是一帆风顺的，困难总是存在的，因此要创新首先就要有受挫的思想准备。要坚持不懈地努力，勇敢地面对困难，要有克服困难的决心，不要怕失败，要坚信"失败乃成功之母"。

三、创新思维的培养

(一)创新思维的基本过程

创新思维的过程如图1-3所示。

创新思维可通俗理解为:人们从事创新时头脑中发生的思维活动,具有主动性、目的性、预见性、求异性、发散性、独创性、突变性等特征。创新思维表现形式有:正逆向的线性思维、纵横向的平面思维、三维立体思维与空间思维。创新思维方式主要有:纵向深入的精细思维、反面求索的反向思维、异同转化思维、分和翻新的分和思维、诱发想象的启发思维、对应联想的联想思维、直觉出发的灵感思维、收敛求同的定向思维等。

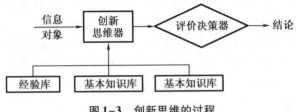

图1-3 创新思维的过程

(二)创新思维培养要提高三种思维能力

法国生物学家贝尔纳说:"妨碍人们学习的最大障碍,并不是未知的东西,而是已知的东西。"人们在长期的思维实践中,会形成自己惯用的格式化的思维模式,构成惯性思维,当面临现实问题时,总是沿着特定的思维路径来思考问题。培养创新思维就是培养聚合性思维和发散性思维。在对青年人才的培养中,应消除个体思维的惯性,最大限度地激发个体潜在的求索创新的独立性、创造性。具体地说,要培养以下三种能力:

1. 独立的推理能力

运用当代科学创新方法,培养把已知的概念、理论及实践推广到未知的概念、理论及实践中去,从整体的联系运动变化中去理解和解决未知的事物,平时要深入细致地加强科学训练,培养大学生的辩证思维能力,引导他们接触社会实践和实际问题,从思维方法上总结一些规律性的东西。

2. 求异的联想能力

创新作为一种新突破,不能脱离客观现实和与它有联系的整体,只能在客观现实和与它相同或相近的事物中求异。也就是说,求异的能力越强,创新的能力也越强,求异的创新思维并不是与生俱来的,是在同中见异,标新立异,是思维的视觉、思维的联想与以往思维的要素既相互联系起来,又相互区分开来的后天思维。为此,我们要培养引导学生提出与常规不同的见解,大胆想象和提出假设,并在实践中去检验它们,发展它们的能力。

3. 批判的建设能力

在人的心理活动中,批判的精神和创新的冲动是十分重要的,人类的创新思维本质上就是对旧思维的批判否定。因此,创新思维的建设发展就是批判的建设和发展。为此,要引导学生不拘泥于常规、不轻信权威、敢于怀疑和批判,充分肯定和积极引导学生独立思考、向不同意见挑战、不唯命是从。实质就是引导他们从多个角度去看问题,揭示事物产生的深层原因,透视现象看到本质,预测事物发展的结果,用新颖的独特的方法解决问题。

(三)创新思维培养要达到三个"不断"

1. 思维的独立性不断提高

随着身心的发展逐步成熟,学生要逐步地从具体形象思维向抽象思维过渡,要对社会、教师、家长的依赖不断减少。从思维方式和结论上,独立思考,主动探索,使思维和人格具有更多的独立性和主动性。

2. 思维的发散性不断增多

随着年龄的增长,受习惯性思维和社会的影响,思维方式求同的因素较多。而青年大学生思维活跃,接受信息快,受定势和习惯的束缚较少,常常会有异想天开的念头,创新教育就是要引导和激发他们的发散性思维,引导学生善于变换思维的角度,举一反三,触类旁通,形成多视角、多方位地思考和处理问题的创新精神。

3. 思维的批判性不断自觉

随着人知识的累积和见识的增长,学生的自信心逐渐增强,生理、心理各个方面的逐步成熟,他们发现社会宣传、书本、领导、教师和家长讲的不一定合理和科学,并逐步展开批判。创新教育就是要培养学生这种对事物采取质疑的态度,在批判中提出新的创见,实现新的突破。这种自觉性越高,创新性就越强。

创新意识和创新思维的培养,就是通过有意识的引导,提高学生创新意识和创新兴趣,激发他们从事创新实践的热情,并在一定方法的指导下进行创新思考。创新意识是最基本的创新培养内容之一,创新思维是方法,然而创新思维并不一定是具有了创新意识之后才有的,事实上,创新意识有利于培养和提高创新思维,创新思维又可以促进创新意识的培养;随着创新难度的加大和系统化,创新意识的培养是系统提高创新思维的重要内容。创新意识越强,创新思维越发达,则创新能力就越高;创新能力越高,其创新成果就可能越多。

在大学创新培养中,要对创新成果给予合理的肯定,这样会激发大学生的成就感和创新自豪感,从而反过来激发创新热情,提高创新意识,促进创新思维的培养。

总之,要提高大学生的创新能力,高等院校必须改革落后的教育教学机制、努力探索新的务实的创新能力培养模式,为国家的创新型人才培养战略做出贡献。

第二章　常用科技创新实践技法

2018年3月，习近平总书记在参加十三届全国人大一次会议广东代表团审议时指出："发展是第一要务，人才是第一资源，创新是第一动力。"2018年4月，在庆祝海南建省办经济特区30周年大会上指出："发展是第一要务，创新是第一动力，是建设现代化经济体系的战略支撑。"2018年5月，在中国科学院第十九次院士大会、中国工程院第十四次院士大会上指出："坚持创新是第一动力，坚持抓创新就是抓发展、谋创新就是谋未来。"2018年11月，在首届中国国际进口博览会开幕式上指出："创新是第一动力。只有敢于创新、勇于变革，才能突破世界经济发展瓶颈。"2018年12月，在庆祝改革开放40周年大会上指出："我们要坚持创新是第一动力、人才是第一资源的理念，实施创新驱动发展战略，完善国家创新体系，加快关键核心技术自主创新，为经济社会发展打造新引擎。"习近平总书记一年内多次强调"创新是第一动力"，这是对创新重要地位和作用的深刻认识与把握。

创新技法是解决创新设计问题的创意艺术，是人们对创造性思维和创造理论加以具体化应用的技巧。本章介绍常用的创新技法，能启迪创新设计者的思路。应用时要注意技法之间的配合和对机械设计知识的依存。

第一节　群体集智法

一、智力激励法

1. 智力激励法的四项原则

美国创造学家奥斯本提出的智力激励法，是一种典型的群体集智法。它是通过召开智力激励会来实施的。在智力激励会上应贯彻四条原则：

（1）自由思考原则。

这一原则要求与会者尽可能地解放思想，无拘无束地思考问题，不必顾虑自己的想法是否"离经叛道"或"荒唐可笑"。

（2）延迟评判原则。

这一原则限制在讨论问题时过早地进行评判。传统会议上，人们习惯于对自以为不正确、不可行的设想迫不及待地提出批评意见或做出结论，这实际上是压制不同的想法，甚至还会扼杀具有创造性的萌芽方案。美国一些心理学家在试验的基础上发现，推迟判断，在集体思考问题时可多产生70%的新设想，在个人思考问题时可多产生90%的新设想。因此，奥斯本智力激励会特别强调，与会者在会上不要使用诸如"这根本行不通！""这个想法太荒唐了！""这个方案真是绝了！"之类的"扼杀句"或"捧杀句"。至于对设想的评判，应等到大家畅谈结束后,再组织有关人士进行分析。

(3)以量求质原则。

奥斯本认为,在设想问题时,越是增加设想的数量,就越有可能获得有价值的创意。通常,最初的设想不大可能最佳。有人曾用试验表明,一批设想的后半部分的价值要比前半部分高78%。因此,奥斯本智力激励法强调与会者要在规定的时间内加快思维的流畅性、灵活性和求异性,尽可能多而广地提出有一定水平的新设想,以大量的设想来保证质量较高的设想的存在。

(4)综合改善原则。

这是鼓励与会者积极参与知识互补、智力互激和信息增值活动。俗话说:"三个臭皮匠,顶个诸葛亮。"几个人在一起商量或综合大家的想法,总可以强化自己的思维能力和提高思考的水平。因此,奥斯本智力激励会要求与会者仔细倾听他人的发言,注意在他人启发下及时修正自己不完善的设想,或将自己的想法与他人的想法加以综合,再提出更完善的创意或方案。在智力激励会上,任何一个人提出的新设想都构成对其他人的信息刺激,具有知识互补和互相诱发激励的作用。

2. 智力激励法运用程序

(1)智力激励会的准备。

①选择会议主持人。合适的会议主持人应熟悉智力激励法的基本原理和召开智力激励会的程序及方法,有一定的组织能力。

②确定会议主题。由主持者与问题提出者一起分析研究,进一步明确本次会议所讨论的主题。由于智力激励法适宜解决比较单一的问题,因此对涉及面广或包含因素过多的复杂问题应进行分解,使会议主题目标明确和易于获得方向一致的众多设想。如以"电冰箱的新产品开发"为会议主题,可能设想过于分散,不如将此问题划分为若干子问题,如"电冰箱的功能扩展""电冰箱的结构异样化""电冰箱的外观艺术造型"等,分别召开智力激励会,以期达到用好此法的目的。

③确定参加会议人员。会议人数以5~15人为宜。人员的专业构成要合理。应保持大多数与会者都是对议题熟悉的行家,但并非局限于同一专业,而是考虑全面多样的知识结构。尽量选择一些对问题有实践经验的人,这对提高会议的效果有利。

④提前下达会议通知。

(2)热身活动。

智力激励法安排与会者"热身",目的是使与会者尽快进入"角色"。

热身活动所需的时间不长,可根据内容灵活确定。热身活动内容有多种形式,如看一段有关创造的录像,讲一个创造技法灵活运用的小故事,或出几道"脑筋急转弯"之类的题目请大家回答。

(3)明确问题。

这个阶段的目的是使与会者对会议所要解决的问题有明确的、全面的了解,以便有的放矢地去创造性思考。这个阶段主要由主持人介绍问题。介绍问题时应注意掌握简明扼要原则和启发性原则。简明扼要原则,是要求主持人只向与会者提供有关问题的最低数量信息,切忌将背景材料介绍得过多,尤其不要将自己的初步设想和盘托出。启发性原则,是指介绍问题时要选择有利于开拓大家思路的方式。例如,针对革新一种加压工具的问题,如果选择"请大家考虑一种机械加压工具的改进方案"这种表述方式,就把大家局限在"机械加压"的技术领域。如果改为"请大家考虑一种提供压力的改革方案",则给与会者更广阔的思路。

(4)自由畅谈。

这是智力激励会最重要的环节,是决定智力激励法成功与否的关键阶段。这一阶段的要点是想方设法造成一种高度激励的气氛,使与会者能突破种种思维障碍和心理约束,让思维自由驰骋,借助与会者之间的知识互补、信息刺激和情绪鼓励,提出大量有价值的设想。

对于智力激励会的这一实质阶段,与会者必须遵守会议规定的四项基本原则。

(5)加工整理。

畅谈结束后,会议主持者应组织专人对设想记录进行分类整理,并进行去粗取精的提炼工作,如果已经获得解决问题的满意答案,智力激励会就完成了预期的目标。倘若在加工整理中还有悬而未决的事情,则还可以召开下一轮的智力激励会。

二、书面集智法

在推广应用智力激励法的过程中,人们发现经典的智力激励法虽然能造成自由探讨、得到互相激智的气氛,但也有一些局限性。故有人提出了书面集智法,即以笔代口的默写式智力激励法。实施时人们又常采用"635法"的模式,即每次会议请6人参加,每人在卡片上默写3个设想,每轮历时5分钟。

实施以"635法"为特点的书面集智,可采用以下程序:

(1)会议的准备。

选择对书面集智基本原理和做法熟悉的会议主持者,确定会议的议题,并邀请6名与会者参加。

(2)进行轮番性默写集智。

在会议主持人宣布议题(创造目标)并对与会者提出的疑问解释后,便可开始默写集智。组织者给每人发几张卡片,每张卡片上标上1、2、3号,在每两个设想之间留出一定空隙,好让其他人再填写新设想。

在第一个5分钟内,要求每个人针对议题在卡片上填写3个设想,然后将设想卡传递给右邻的与会者。在第二个5分钟内,要求每个人参考他人的设想后,再在卡片上填写3个新的设想,这些设想可以是对自己原设想的修正和补充,也可以是对他人设想的完善,还允许将几种设想进行取长补短式的综合,填写好后再右传给他人。这样,半小时内传递5次,可产生108条设想。

(3)筛选有价值的新设想。

从收集上来的设想卡片中,将各种设想,尤其是最后一轮填写的设想进行分类整理,然后根据一定的评判准则筛选出有价值的设想。

三、函询集智法

函询集智法又称德尔菲法,其基本原理是借助信息反馈,反复征求专家书面意见来获得新的创意。其基本做法是:就某一课题选择若干名专家作为函询调查对象,以调查表形式将问题及要求寄给专家,限期索取书面回答。收到全部复函后,将所得设想或建议加以概括,整理成一份综合表。然后,将此表连同设想函询表再次寄给各位专家,使其在别人设想的激励启发下提出新的设想或对已有设想予以补充或修改。视情况需要,经过数轮函询,就可得到许多有价值的新设想。

函询集智法有两个特点,也是其优点。它不是把专家召集起来开会讨论,而是用书信方式征询和回答,使整个提设想过程具有相对的匿名性。专家相互之间不见面,有利于克服一些心理障碍,便于充分发表新颖意见或独特看法。轮间反馈则保证了专家之间的信息交流和思维激励。

此法一般需要较长的时间,专家的设想多是建立在稳重思考的基础之上的,因此提出的设想可信度或可行性较好。但由于没有奥斯本智力激励法所提供的那种自由奔放和激励创造的气氛,在提出新颖性高的设想方面可能要逊色一些。

函询集智法的运用程序:

(1)专家选聘。

此项工作是运用这一技法成败的关键。专家类型要精博结合,一般可从部门或系统内外挑选。所选专家必须对函询活动和主题有兴趣,乐意承担任务并能坚持始终。专家人数要根据欲解决问题的性质、规模和要求而定,从几人到几十人不等。

(2)函询调查表的编制。

调查表是此法运用中的主要信息载体和通道,其质量对结果影响很大。编制调查表要以方便专家为原则。表上所列问题尽可能分门别类,要求明确;表要简化,便于专家理解和填写;要确定专家应答方式;不要先入为主地诱导专家按自己的设想作答。

(3)函询调查的组织。

此阶段是实施技法的实质阶段,函询过程中要创造条件让专家能够自由思考,独立判断。应注意搞好信息反馈工作。为保证函询匿名的特点,只能将整理好的综合设想反馈给专家,同时允许专家在后一轮回答中修改前一轮回答的意见或设想。

(4)设想的加工整理。

对专家提出的设想在每一轮进行之后都要进行加工整理,最后一轮结果的加工整理更需要认真进行。常需统计分类,归纳概括,发展完善,最后评选出可供采用的新设想。

第二节 系统分析法

一、设问探求法

1. 设问探求的工具和特点

提问能促使人们思考,提出一系列问题更能激发人们在脑海中推敲。大量的思考和系统的检核,有可能产生新的设想或创意。根据这种机理和事实,人们概括出设问探求法或检核表法。

创造活动离不开提出问题,但大多数人往往不善于提出问题。有了设问探求法或检核表法,人们就可以克服不愿提问或不善提问的心理障碍,从而为进一步分析问题和解决问题奠定基础。能够提出富有新意的问题,其本身就是一种创造。

美国创造学家奥斯本在他的著作《发挥创造力》一书中,介绍了为数众多的创意技巧。后来,美国创造工程研究所从这本书中选择9个项目,编制出《新创意检核用表》,以此作为提示人们进行创造性设想的工具。借鉴这种工具,设问探求法也从以下9个方面进行分项检核,以促使设计者探求创意:

(1) 有无其他用途?

现有事物还有没有新的用途?或稍加改进能扩大它的用途?

(2) 能否借用?

能否借用别的经验?有无与过去相似的东西?能否模仿点什么?

(3) 能否改变?

意义、颜色、活动、音响、气味、式样、形状等能否做其他改变?

(4) 能否扩大?

能否增加什么?时间、频度、强度、高度、长度、厚度、附加价值、材料能否增加?能否扩张?

(5) 能否缩小?

能否减少什么?再小点?浓缩?微型化?再低些?再短些?再轻些?省略?能否分割化小?能否采取内装?

(6) 能否代用?

能否取而代之?其他材料?其他制造工艺?其他动力?其他场所?其他方法?

(7) 能否重新调整?

可否更换条件?用其他的型号?用其他设计方案?用其他顺序?能否调整速度?能否调整程序?

(8) 能否颠倒过来?

可否变换正负?颠倒方位?反向有何作用?

(9)能否组合？

混成品、成套东西是否统一协调？单位、部分能否组合？目的能否综合？主张能否综合？创造设想能否综合？

设问探求法在创造学中被称为"创造技法之母"，因为它适合各种类型和场合的创造性思考。它之所以有特点，主要基于以下几点原因：

(1)设问探求是一种强制性思考，有利于突破不愿提问的心理障碍。提问，尤其是提出具有创见的新问题，本身就是一种创造。运用设问探求法的顺藤摸瓜式自问自答，比起随机地东想西想来要规范些，目的性更强些。

(2)设问探求是一种多角度发散性思考，广思之后再深思和精思，是创造性思考的规律。由于习惯心理，人们很难对同一问题从不同方向和角度去思考。为了广而思之，固然可以进行非逻辑思考或使用别的创造技法，但是使用设问探求法，可以在一定程度上帮助人们克服广思障碍。因为设问探求特点之一是多向思维，用多条提示引导你去发散思考。如果设问探求中有九个问题，就可以从九个角度帮助你思考。你可以把九个思想点都试一试，也可以从中挑选一两条集中精力深思。

(3)设问探求提供了创造活动最基本的思路。创造思路固然很多，但采用设问探求法这一工具，就可以使创造者尽快地集中精力朝提示的目标和方向思考。

2. 设问探求法运用要点

(1)创造对象的分析。创造对象的分析是运用此法的基础。比如进行产品改进设计或新产品的系列开发，就应当分析产品的功能、性能及所处的市场环境。对产品的现状和发展趋势、消费者的愿望、同类产品的竞争情况等信息也要做到心中有数，以避免闭门造车式的设问思考。

(2)探求思考的要求。探求思考是运用技法的核心。进行思考时要注意三个要点：其一，对每一条提问项目视为单独的一种创造技法，如"有无其他用途"可视为"用途扩展法"，"能否颠倒"为"逆反思考法"，并按照创造性思考方式进行广思深思；其二，结合其他创造技法运用，如"能否改变"一项，可结合缺点列举法改变事物的缺点，结合特性列举法将事物按特征分解后再思考如何改变；其三，要对设想进行可行性分析，尽可能地探求出有价值的新构思。

二、缺点列举法

1. 运用缺点列举法的基础

俗话说：金无足赤，人无完人。世界上任何事物不可能十全十美，总存在这样或那样的缺点。如果有意识地列举分析现有事物的缺点，并提出改进设想，便可能创造。相应的创新技法就叫作缺点列举法。

任何事物总有缺点，而人们总是期望事物能至善至美。这种客观存在着的现实与愿望之间的矛盾，是推动人们进行创造的一种动力，也是运用缺点列举法创新的客观基础。

运用缺点列举法始于发现事物的缺点，挑出事物的毛病。尽管任何事物都有缺点，但是并不是所有的人都会寻找缺点。人的心理惰性往往造成一种心理障碍,认为现在的事物能达到如此水平和完善程度也差不多了,用不着再去"吹毛求疵""鸡蛋里挑骨头"。既然对现有事物比较满意,也就不愿去发现缺点,更不用说通过改进去搞创造了。因此,应用缺点列举法时,要有追求卓越的心理基础。

在明确需要克服的缺点后,就得有的放矢地进行创造性思考,并通过改进设计去获得新的技术方案。因此,运用缺点列举法创造还应建立在改进设计的能力基础上。

2. 掌握系统列举缺点的方法

(1) 用户意见法。

如果列举现有产品的缺点,最好将产品投放市场试销,让用户这个"上帝"提意见,这样获得的缺点对于改进企业产品或提出新产品概念最有参考价值。例如,将普通单缸洗衣机投放市场试销并搜集用户意见后,便可列举这种洗衣机的缺点:

①功能单一,缺乏甩干功能;
②使用不便,需要人工进水、排水;
③洗净度不够,尤其是衣领、袖口等处不易洗净;
④混洗不同颜色的衣物容易造成互染;
⑤排水速度太慢,肥皂泡沫更难速排;
⑥衣物易绞结,不易快速漂洗。

如果采用用户意见法,事先应设计好用户调查表,以便引导用户列举缺点,同时便于分类统计。

(2) 对比分析法。

有比较才有鉴别。在对比分析中,很容易看到事物的差距,从而列举出事物的缺点。应用对比分析,首先要确定具有可比性的参照物。比如列举电冰箱的缺点,则应将同类型的多种电冰箱拿来比较。在比较时,还应确定比较的项目。对一般产品来说,主要是功能、性能、质量、价格等技术经济方面的比较。

如果产品尚处于设计阶段,应注意与国内外先进技术标准相比较,以发现设计中的缺点,及早改进设计,确保产品的技术先进性。显然,搜集和掌握有关技术情报资料是进行这种比较的前提。

(3) 设会列举法。

召开缺点列举会,是充分揭露事物缺点的有效方法。所谓缺点列举会,是一种专挑毛病的定向分析会。应用这种技法的一般步骤是:

①由会议主持者根据创造活动需要,确定列举缺点的对象和目标;
②确定会议人员(一般5~10人),召开会议,发动与会者根据会议主题尽可能地列举缺点,并将缺点逐条写在预先准备好的小卡片上;
③对写在卡片上的缺点进行分类整理,确定主要的缺点;
④召开会议研讨克服缺点的办法。

召开缺点列举会时,应注意会议时间不宜太长,一般在一两个小时之内。会议研讨的主题宜小不宜大。可以结合特性列举法针对事物特性列举缺点。

3. 缺点的分析和鉴别

运用缺点列举法的目的不在列举,而在改进。因此,要善于从列举的缺点中分析和鉴别出有改进价值的主要缺点以作为创造的目标。

分析和鉴别主要缺点,一般可从影响程度和表现方式两方面入手。

不同的缺点对事物特性或功能的影响程度不同,比如电动工具的绝缘性能差,较之其质量偏重、外观欠佳来说要影响大得多,因为前者涉及人身安全问题。分析鉴别缺点,首先要从产品功能、性能、质量等影响较大的方面出发,使提出的新设想、新建议或新方案更有实用价值。

在缺点表现方面,既要列举那些显而易见的缺点,更要善于发现那些潜伏着的、不易被人觉察到的缺点。在某些情况下,发现潜在缺点比发现显在缺点更有创造价值。例如,有人发现洗衣机存在着病毒传染的缺点,提出了开发具有消毒功能的洗衣粉的新建议;针对普通洗衣机不能分类洗涤衣物的缺点,开发设计出具有分洗特点的三缸洗衣机。

提出改进缺点的新设想:

(1) 针对上述第一个缺点,进行新的制冷原理研究,开发不用氟利昂的新型冰箱。如国外正研制一种"磁冰箱",这种电冰箱没有压缩机,采用磁热效应制冷,不用有污染的氟利昂介质。其工作原理大致是这样:以镓等磁性材料制成小珠并填满一个空心圆环,当圆环旋转到冰箱外侧的半个环时受电磁场作用而放出热,转至冰箱内侧的半个环时则从冰箱内吸取热量,如此循环下去,即可保持冷冻状态。

(2) 针对冷冻食品带菌问题,除从食品加工本身采取措施外,还可研制一种能消灭李司德氏菌及其他细菌的"冰箱灭菌器",作为冰箱附件使用。

(3) 对于"寒冷加压"问题,一方面是告诫血压高的人不要轻率地用手去除霜;另一方面改进冰箱的性能,从自动定时除霜、无霜和方便除霜等角度去思考。

三、希望点列举法

1. 希望点列举法的特点

希望,就是人们心理期待达到的某种目的或出现的某种情况,是人类需要心理的反映。设计者从社会需要或个人愿望出发,通过列举希望来形成创造目标或课题,在创新技法上叫作希望点列举法。

例如,工业革命的飞速发展以及都市化进程的加快,在给人类带来高度发达的物质文明的同时,也使地球的资源迅速减少,环境污染日益严重。越来越多的人呼唤着无污染又有益人体健康的新商品。在这种希望的驱动下,人们提出了"绿色商品"的新概念,并开发出众多的"绿色商品"去满足人们的"绿色消费"。

所谓"绿色商品",是指那些从生产到使用、回收处置的整个过程符合特定的环境保护要求,对生态环境无害或损害极小,并利于资源再生回收的产品。

根据"绿色消费"这一希望点,人们开发出多种多样的绿色食品和生态产品。

"绿色食品"是安全、营养、无公害食品的总称。罐装矿泉水、野生植物罐头、完全不使用任何除虫剂及化学肥料的蔬菜水果及其制品、纯净的氧气等，都是绿色食品家族中的佼佼者。

"生态产品"是有利于保护生态环境的产品。例如，"生态冰箱"不再使用破坏大气臭氧层的氟利昂；"生态汽车"不再使用污染环境的含铅汽油。

希望点列举法在形式上与缺点列举法相似，都是将思维收敛于某"点"而后又发散思考，最后又聚焦于某种创意。但是，希望点列举法的思维基点比缺点列举法要宽，涉及的目标更广。虽然二者都依靠联想法推动列举活动，但希望点列举法更侧重自由联想。此外，相对来说，这种技法也是一种主动创造方式。

2. 社会需要分析

运用希望点列举法时，虽然只从某个信息基点出发去列举希望，但是这个信息基点的确定不应该孤立地思考，因为创造对象总要受到创造环境的制约和影响。这就是说，在运用该技法确定创造目标时，还应当审时度势，洞察社会期望的发展趋势。

社会需要是一种社会心理状态，是人们各种心理欲望的集合，是人们为了自身的生存和维持社会的发展而对政治、经济、教育、文化、科技等方面产生的追求。

社会需要涉及人类社会的每个角落，因此种类繁多。人们常常按照不同的标准对其分门别类。按照需要的对象不同，可以分为物质需要和精神需要。

按需要的用途差别，可以分为消费需要和生产需要。消费需要主要体现在人们对各种消费品及相关服务方面的追求；生产需要则指人们为了进行生产对各种产品及相关服务的需要。

按需要产生的时差不同，还可以分为现实需要和潜在需要。现实需要是指当前显著存在的需要，而潜在需要是相对现实需要而言的一种未来的需要。潜在需要可能是一种客观存在的但人们尚未意识的需要，也可能是一种人们业已意识但因种种原因暂不能得到的需要。在一定的条件和时机下，潜在需要会凸显为现实需要。

需要是社会进步和发展的产物，必然随着社会的发展而发展。在人类社会早期，人们的需要比较简单，主要是生理需要和安全需要。随着社会生产力的发展，需要越来越变得复杂，除物质需要不断增长外，还产生了多种多样的精神需要。需要是无止境的，未来人的需要将越来越多。也正是需要的这种动态性，创造活动才随着历史的发展而不断地改变自己的创造对象和创造内容，以满足人类物质文明和精神文明建设的需要。

任何一种需要都不是孤立的，它与别的需要存在着一定的关联关系。如果观察一下社会需要的成千上万种产品，对生活消费品的需要是最基本的，而且其产量品种的增加，必然推动生产资料产品的改进和增加。例如，人们首先需要衣、食、住、行，就发展了纺织品、食品、住房及交通工具等，然后才考虑生产制造上述产品的纺织机械、食品机械、建筑机械、通用机械等工业设备。即是说，对消费品的需要必须牵连对工业品的需要，而工业品的发展，反过来又会促进消费品的生产和开发。这两种需要之间存在着一定的内在联系，即构成"消费需要推动生产需要，生产需要刺激消费需要"的相互作用模式。

无论是对生活消费品,还是工业品的需要,都存在着一种引申裂变的现象,即一种需要的产生,必然会导致另外几种需要的出现。

例如,人们对住宅和公共建筑的大量需求,受到城镇用地紧张的制约,于是高层建筑越来越多。高层建筑的出现,必须引申出许多相关产品的创新设计。如高层建筑施工机械的开发设计(塔吊、混凝土输送机等)、高层建筑生活服务设施的开发设计(快速电梯、高楼低压送水器、自动消防器、高楼清扫机等)。

无数的事例表明,只要存在着社会需要,就会驱使人们去进行创造,并用创造成果去满足这种需要。"产生需要→创造→满足需要",是社会需要与创造之间最基本的联系,也是社会需要导致创造的动力学基本模式。

在运用希望点列举法时,设计者可以通过各种渠道了解社会需要信息,尤其是与创新设计方面相关的信息。

3. 希望的鉴别

由于多向思维的运用,人们总可列举出多种希望,为了收敛成少数能形成创造课题的希望点,有必要对人们的希望进行分析鉴别。

(1) 表面希望和内心希望的鉴别。

任何一位消费者都有其表面希望和内心希望。在分析关于消费希望的情报资料时,若仅以表面希望来构思课题或方案,容易造成失误。因此,必须谨慎地进行鉴别,以列举出人们心中真正的希望。

例如,有位在医疗技术部门工作的工程师,为了满足残肢人的希望,构思了一种具有套叠伸缩和连续旋转功能的假臂。他满怀信心地告诉残肢人说,戴上他设计的假臂,可以伸到几米高的地方,还能以优越于天然手臂的方式使用螺丝刀。谁知残肢人看过他那先进的多功能假臂方案后,竟苦笑一声扬长而去。工程师的设计为什么失误?因为他只了解残肢人的表面希望,以为需要"技术先进的假臂",就在多功能和超人一筹方面下功夫,殊不知残肢人内心的真正希望是过正常人的生活,他们需要的是看起来与正常人无异的假肢。

(2) 现实希望和潜在希望的鉴别。

列举的希望中,按时间上看,有现实希望和未来的潜在希望,二者分别对应现实需求和潜在需求。比如家庭希望安全,汽车需要安全,对防盗产品更有需求。防盗锁、防盗门窗等产品,已大量进入千家万户,是现实希望的产物。家用保险柜、电脑报警系统等创意或新产品,对普通家庭来说还是今后的消费希望,当属潜在希望的对象。

创新设计,既可针对现实希望动脑筋,也可抓住潜在希望做文章。前者要审时度势,兵贵神速;后者要高瞻远瞩。

(3) 一般希望和特殊希望的鉴别。

一般希望是大多数人的希望,特殊希望是少数人的希望。比如提出"超豪华总统座车"设计课题,显然是对特殊希望的满足。提出"小型家用轿车"设计课题,则是21世纪大多数人的一种希望。列举希望搞创造时,应着重考虑一般希望,因为由此形成的创造成果更容易得到社会的认可和接受,相应的市场容量也大一些。

4. 希望点列举会

列举希望,可以自己去冥思苦想,也可以召开希望点列举会,发动群体多方面捕捉。有条件时尽可能开会列举,因为大家的脑袋总比一个人的脑袋聪明。

召开希望点列举会搞创造的一般步骤与缺点列举会基本相同,只是将思维由"缺点"换成"希望点"而已。

四、特性列举法

1. 事物的三种特性

特性列举法由美国创造学家克拉福德教授研究总结而成,是一种基于任何事物都有其特性,将问题加以化整为零,有利于产生创造性设想等基本原理而提出的创新技法。

比如你想要创新一台电风扇,光是笼统地寻求创新整台电风扇的设想,恐怕十有八九会碰到不知从何下手的问题。如果将电风扇分成各种要素,如电动机扇叶、立柱、网罩、风量、外形、速度等,然后再分别逐个地研究改进办法,则是一种有效地促进创造性思考的方法。

但并不是说不管什么问题只要化小就好。正如克拉福德教授所说:"所谓创造就是要抓住研究对象的特性,以及与其他事物的替换。"注意到事物的特性是这一技法具有创造效果的本质所在。

那么事物的特性怎样才能找到呢?最基本的方法是将事物按以下三方面进行特性分解:

名词特性——整体、部分、材料、制造方法;

形容词特性——性质;

动词特性——功能。

在此基础上,就可以对每类特性中的具体性质,或者加以改变,或者加以延拓,即通过创造性思维的作用,去探索研究对象的一些新设想。

2. 特性列举法运用程序

(1)确定创造对象并加以分析。特性列举法属于对已有事物进行创新的方法,因此在确定应用对象后,应分析了解事物现状,熟悉其基本结构、工作原理及使用场合等。

(2)列举特性并进行归类整理。按名词特性、形容词特性、动词特性的方法进行特性列举。当特性列举到一定程度时,应按内容重复的合并,互相矛盾的协调统一的观点进行整理。

(3)依据特性项目进行创造性思考。这是运用特性列举法最重要的一步,因为只有在3类特性中的某一方面提出新的创见或设想,才算达到用方法解决实际问题的目的。这一步要充分调动创造性观察和创造性思维的参与,针对特性的改进大胆思考。

五、形态分析法

1. 形态分析的特点

形态分析法是一种系统搜索和程式化求解的创新技法。

因素和形态是形态分析中的两个基本概念。所谓因素,是指构成某种事物的特性因子。如工业产品,可以用若干反映产品特定用途或功能作为基本因素。相应的实现各功能的技术手段,则称之为形态。例如,将"控制时间"作为某产品的一个基本因素,那么"手动控制""机械定时器控制"和"电脑控制"等技术手段,则为相应因素的表现形态。

形态分析是对创造对象进行因素分解和形态综合的过程。在这一过程中,发散思维和收敛思维起着重要的作用。

在创造过程中,应用形态分析法的基本途径,是先将创造课题分解为若干相互独立的基本因素,找出实现每个因素要求的所有可能的技术手段(形态),然后加以系统综合而得到多种可行解,经筛选可获得最佳方案。

2. 形态分析法的运用程序

(1)因素分析。

因素分析就是确定创造对象的构成因素,它是应用形态分析法的首要环节,是确保获取创造性设想的基础。分析时,要使确定的因素满足3个基本要求:一是各因素在逻辑上彼此独立;二是在本质上是重要的;三是在数量上是全面的。要满足这些要求,一方面要参考创造对象所属类别的其他所有技术系统,都包含哪些共同的子系统或过程,哪些是可能影响最终方案的重要因素;另一方面要与可能的方案联系起来理解因素的本质及重要性。这就要求必须预先在性质上感觉到经过聚合所形成的全部方案的粗略结构,这需要丰富的经验和创造性的发挥。

如果确定的因素彼此包含或不重要,就会影响最终综合方案的质量,且使数量无谓增加,为评选工作带来困难。如果不全面,遗漏了某些重要因素,则会导致有价值的创造性设想的遗漏。

(2)形态分析。

形态分析,即按照创造对象对因素所要求的功能属性,列出多因素可能的全部形态(技术手段)。这一步需要发散思维,尽可能列出满足功能要求的多种技术手段,无论是本专业领域的还是其他专业领域的都需考虑。显然,情报检索工作是十分必要的。

(3)方案综合。

在因素分析和形态分析基础上,可以采取形态学矩阵或综合表的形式进行方案综合。由形态学矩阵表2-1可见,若因素为A、B、C,对应的形态分别为3、5、4个,则理论上可综合出 $3×5×4=60$ 个方案。如 A1-B2-C3 为一组方案。在整体方案中,既包含有意义的方案,也包含无意义的虚假方案。

表2-1 形态学矩阵

因素	形态				
A	A1	A2	A3		
B	B1	B2	B3	B4	B5
C	C1	C2	C3	C4	

(4) 方案评选。

由于系统综合所得的可行方案数往往很大,所以要进行评选,以找出最佳的可行方案。评选时先要制定选优标准,一般用新颖性、先进性和实用性三条标准进行初评,再用技术经济指标进行综合评价,好中选优。

第三节 联想类比法

一、联想法

联想是从一概念想到他概念,从一事物想到他事物的一种心理活动或思维方式。联想思维由此及彼、由表及里,形象生动、无穷无尽。

每个正常人都具有联想本能。世间万物或现象间存在着千丝万缕的联系,有联系就会有联想。联想犹如心理中介,通过事物之间的关联、比较、联系,逐步引导思维趋向广度和深度,从而产生思维突变,获得创造性联想。

联想不是想入非非,而是在已有的知识、经验之上产生的,它是对输入头脑中的各种信息进行加工、置换、联结、输出的思维活动,当然,其中还包含着积极的创造性想象。

联想是创造性思维的重要表现形式,许多创造发明均发端于人脑的联想。联想为我们提供了博大宽广的创造天地。

1. 相似联想

相似联想是从某一思维对象想到与它具有某些相似特征的另一思维对象的联想思维。这种相似,既可能是形态上的,也可能是空间、时间、功能等意义上的。尤其是把表面差别很大,但意义上相似的事物联想起来,更有助于将创造思路从某一领域引导到另一领域。

美国工程师斯潘塞在做微波空间分布情况的试验时,发现衣兜内的巧克力被融化。常温下什么原因使巧克力融化呢? 斯潘塞分析是微波使巧克力内部分子发生振荡,从而产生热能。他由此联想到,微波能融化巧克力,一定也会使其他食品由于内部分子振荡而受热,通过联想发明了微波炉。

为提高汽油在气缸中的燃烧效率,必须使汽油与空气均匀混合。美国工程师道立安看到用喷雾器往身上喷洒香水形成均匀雾状的形态而联想到了使空气和液体均匀混合的方法,从而发明了汽车化油器。

2. 接近联想

接近联想是从某一思维对象联想到与它有接近关系的思维对象上去的联想思维。这种接近关系可能是时间和空间上的,也可能是功能和用途上的,还可能是结构和形态上的,等等。

俄国化学家门捷列夫在1869年宣布的化学元素周期表仅有63个元素。他将其按质量排列后,看到了空间位置的空缺,其空间位置的接近性使他产生联想,进而推断出空间位置有尚未被发现的新元素,并给出了基本化学元素属性。

美国发明家威斯汀豪斯一直希望寻求一种同时作用于整列火车车轮的制动装置。当他看到在挖掘隧道时,驱动风钻的压缩空气是用橡胶软管从数百米之外的空气压缩站送来的现象时,运用接近联想,脑海里立刻涌现了气动刹车的创意,从而发明了现代火车的气动刹车装置。这种装置将压缩空气沿管道迅速送到各节车厢的气缸里,通过气缸的活塞将刹车闸瓦抱紧在车轮上,从而大大提高了火车运行的安全性,至今仍被广泛采用。

3. 对比联想

客观事物之间广泛存在着对比关系,诸如冷与热、白与黑、多与少、高与低、长与短、上与下、宽与窄、凸与凹、软与硬、干与湿、远与近、前与后、动与静,等等。对比联想就是由事物间完全对立或存在某些差异而引起的联想。

由于是从对立的、颠倒的角度去思考问题,因而具有悖逆性和批判性,常会产生转变思路、出奇制胜的良好效果。

1901年的除尘器只能吹尘,飞扬的尘土令人窒息。英国人赫伯布斯运用对比联想,吹尘不好,吸尘如何?他用捂着手绢的嘴试着吸尘土,结果成功了,他继而发明出带有灰尘过滤装置的负压吸尘器。

4. 强制联想

强制联想法是综合运用联想方法而形成的一种非逻辑型创造技法,是由完全无关或亲缘相当远的多个事物及见解之间,牵强附会地找出其联系的方法。

强制联想有利于克服思维定式,特别是有利于发散思维,罗列众多事物,再通过收敛思维分析事物的属性、结构,将创造对象与众多事物的特色点强行结合,能够产生众多奇妙的联想。例如,椅子和面包之间的强制联想,能引发出:面包—软—软乎乎的沙发;面包—热—局部加热的保健椅,如按摩椅、远红外保健椅等。

电子表的基本功能是计时,但和小学生强制联想后,则开发出小学生电子表,其功能也得到了开发和扩展:当秒表用,当计步器用,节日查询、预告,课程表存储,特别日期特别提示等。

建筑师萨里受委托在纽约肯尼迪机场设计一座建筑。柚子那漂亮的外壳使他联想到与之风马牛不相及的建筑,因而设计出了完全流线型式样、把弯曲和环转包涵其内的世界一流建筑。

二、类比法

比较分析两个对象之间某些相同或相似之点,从而认识事物或解决问题的方法,称为类比法。"他山之石,可以攻玉"就是这种方法的生动写照。

类比法以比较为基础。将陌生与熟悉、未知与已知相对比,这样,由此物及于彼物,由此类及于彼类,可以启发思路,提供线索,触类旁通。

采用类比法的关键是本质的类似,并且不但要分析本质的类似,还要认识到它们之间的差别,避免生搬硬套,牵强附会。

类比法需借助原有知识,但又不能受之束缚,应善于异中求同,同中求异。

创造性的类比思维并不基于严密的推理,而是源于自由想象和超常的构思。类比对象间的差异越大,其创造设想才越富新颖性。

1. 拟人类比

拟人类比是将人设想为创造对象的某个因素,设身处地想象,从而得到有益的启示。

拟人类比将自身思维与创造对象融为一体。在人与人的关系中,设身处地考虑问题;以物为创造对象时,则投入感情因素,将创造对象拟人化,把非生命对象生命化,体验问题,产生共鸣,从而悟出某些无法感知的因素。

比如,为改善人际关系,可采用拟人类比法,设身处地体会对方的心理活动,从而提出解决问题的有效方案。

比利时布鲁塞尔的某公园,为保持洁净、优美的园内环境,采用拟人类比法对垃圾桶进行改进设计,当把废弃物"喂"入垃圾桶内时,让它道声"谢谢!",由此游人兴趣盎然,专门捡起垃圾放入桶内。

德国化学家凯库勒在探索苯分子结构时,全身心投入研究,朦胧中感情移入,感到自己就像个苯分子:原子排着长长的一队,舞动着,回转着,变幻着,忽而纤纤一线,忽而首尾相接,宛如蛇一样。凯库勒据此悟到了苯分子是碳原子的环结构,为有机化学理论奠定了基础。

2. 直接类比

将创造对象直接与相类似的事物或现象作比较称为直接类比。

直接类比简单、快速,可避免盲目思考。类比对象的本质特征越接近,则成功率越大。比如,由天文望远镜制成了航海、军事、观剧以及儿童望远镜,不论它们的外形及功能有何不同,其原理、结构完全一样。

物理学家欧姆将电与热从流动特征考虑进行直接类比,把电势比作温度,把电流总量比作一定的热量,终于首先提出了著名的欧姆定律。

瑞士著名科学家皮卡尔原是研究大气平流层的专家。在研究海洋深潜器的过程中,他分析海水和空气都是相似的流体,因而进行直接类比,借用具有浮力的平流层气球结构特点,在深潜器上加一只浮筒,让其中充满轻于海水的汽油,使深潜器借助浮筒的浮力和压舱的铁砂可以在任何深度的海洋中自由行动。

3. 象征类比

象征类比是借助事物形象和象征符号来比喻某种抽象的概念或思维感情。

象征类比是直觉感知,并使问题关键显现、简化。文学作品、建筑设计多用此法。像玫瑰花喻爱情,绿色喻春天,火炬喻光明,日出喻新生,等等;纪念碑、纪念馆要赋予"宏伟""庄严"的象征格调;音乐厅、舞厅则要赋予"艺术""幽雅"的象征格调。

4. 因果类比

两事物间有某些共同属性,根据一事物的因果关系推出另一事物的因果关系的思维方法,称为因果类比法。

因果类比需要联想,要善于寻找过去已确定的因果关系,善于发现事物的本质。

广东海康药品公司通过研究发现,牛黄生成的机理是因为混进胆囊内的异物刺激胆囊分泌物增多,日积月累形成胆结石。他们联想到河蚌育珠的过程,由此作因果类比,在牛的胆囊内植入异物,果然形成胆结石——牛黄。

加入发泡剂的合成树脂,其中充满微小孔洞,具有省料、轻巧、隔热、隔音等良好性能。日本的铃木运用因果类比,联想到在水泥中加入发泡剂,结果发明了一种具有同样优良性能的新型建筑材料——气泡混凝土。

三、仿生法

从自然界获得灵感,再将其应用于人造产品中的方法,称为仿生法。

自然界有形形色色的生物,漫长的进化使其具有复杂的结构和奇妙的功能。人类不断地从自然界得到启示,并将其原理应用于生活中。

仿生法具有启发、诱导、拓宽创造思路之功效。运用仿生法向自然界索取启迪,令人兴趣盎然,而且涉猎内容相当广泛。从鸟类想到飞机,从蝙蝠想到雷达,从锯齿状草叶想到锯子,千奇百态的生物,精妙绝伦的构造,赐予人类无穷无尽的创造思路和发明设想,永远吸引着人们去研究、模仿,从中进行新的创造。自然界不愧为发明家的老师,探索者的课堂。

仿生法不是自然现象的简单再现,而是将模仿与现代科技手段相结合,设计出具有新功能的仿生系统。这种仿生存在于创造思维的全过程中,它是对自然的一种超越。

1. 原理仿生

模仿生物的生理原理而创造新事物的方法称为原理仿生法。比如模仿鸟类飞翔原理的各式飞行器;按蜘蛛爬行原理设计的军用越野车等。

蝙蝠用超声波辨别物体位置的原理使人类大开眼界。经过研究发现,蝙蝠的喉内能发出十几万赫兹的超声波脉冲。这种声波发出后,遇到物体就会反射回来,产生报警回波。蝙蝠根据回波的时间确定距障碍物的距离,根据回波到达左右耳的微小时间差确定障碍物的方位。人们利用这种超声波的探测本领,测量海底地貌、探测鱼群、寻找潜艇、探测物体内部缺陷、为盲人指路等。

香蕉皮比梨皮、苹果皮等其他水果皮要滑。人们研究发现,香蕉皮由几百个薄层构成,且层间结构松弛、水分丰富,这就是香蕉皮比其他果皮要滑一些的原因。据此原理,人们发明了层状结构的优良的润滑材料——二硫化钼。

乌贼靠喷水而前进,且十分迅速、灵活。人们模仿这一原理,制成了靠喷水前进的"喷水船"。这种喷水船由柴油机带动轴流泵,轴流泵带动的叶轮先将水吸入,再从船尾的喷水口把水猛烈喷出,靠反作用力推动船体向前行驶。

南极终年冰天雪地,行走十分困难,汽车也很难通行。科学家们发现平时走路速度很慢的企鹅,在危急关头,一反常态,将其腹部紧贴在雪地上,双脚快速蹬动,在雪地上飞速前进。由此受到启发,仿效企鹅动作原理,设计了一种极地汽车,使其宽阔的底部贴在雪地上,用轮勺推动,结果汽车也能在雪地上飞速前进,时速可达50多千米。

2. 结构仿生

模仿生物结构取得创新成果的方法称结构仿生法。比如,从锯齿状草叶到锯子。

苍蝇和蜻蜓是复眼结构,即在每一个小六角形的单眼中,都有一小块可单独成像的角膜。在复眼前边,即使只放一个目标,但通过一块块小角膜,看到的却是许多个相同的影像。人们仿照这种结构,把许多光学小透镜排列组合起来,制成复眼透镜照相机,一次就可拍出许多张相同的影像。

法国园艺家莫尼哀看到盘根错节的植物根系结构使植物根下泥土坚实牢固、雨水都冲不走的自然现象,用铁丝做成类似植物根系的网状结构,用水泥、碎石浇制成了钢筋混凝土。

18世纪初,蜂房独特、精确的结构形状引起人们的注意。每间巢房的体积几乎都是 0.25 cm^3,壁厚都精确保持在 (0.073 ± 0.002) mm 范围内。巢房正面均为正六边形,背面的尖顶处由三个完全相同的菱形拼接而成。经数学计算证明,蜂房的这一特殊的结构具有同样容积下最省料的特点。经研究,人们还发现蜂房单薄的结构还具有很高的强度,比如,用几张一定厚度的纸按蜂窝结构做成拱形板,竟能承受一个成人的体重。据此,人们发明了各种质量轻、强度高、隔音和隔热等性能良好的蜂窝结构材料,广泛用于飞机、火箭及建筑上。

3. 外形仿生

研究模仿生物外部形状的创造方法称外形仿生法。比如,从猫、虎的爪子想到在奔跑中急停的钉子鞋,从鲍鱼想到的吸盘,等等。

鲸鱼死后,仍保持浮游体态的现象令人不得其解。苏联科学家经研究发现,这正是鲸鱼身上的鳍在起作用。仿照其外形结构,他们在船的水下部位两侧各安装10个"船鳍",这些鳍和船体保持一定的角度,并可绕轴转动。当波浪致使船身左右摇摆时,水的冲击力就会在"船鳍"上分解为两个分力,其一可防摇扶正,其二可推动船舶前行。因此,"船鳍"不仅减少了船舶倾覆的危险,而且还具有降低驱动功率、提高航速的作用。

传统交通工具的滚动式结构难于穿越沙漠。苏联科学家仿袋鼠行走方式,发明了跳跃运行的汽车,从而解决了用于沙漠运输的运载工具。

对爬越45°以上的陡坡来说,坦克也只能望洋兴叹。美国科学家仿蝗虫行走方式,研制出六腿行走式机器,它以六条腿代替传统的履带,可以轻松地行进在崎岖山路之中。

4. 信息仿生

通过研究、模拟生物的感觉(包括视觉、嗅觉、听觉、触觉等)、语言、智能等信息及其存储、提取、传输等方面的机理,构思和研制出新的信息系统的仿生方法称信息仿生法。

狗鼻子的嗅觉异常灵敏,人们据此发明了电鼻子。这种电鼻子是集智能传感技术、人工智能专家系统技术及并行处理技术等高科技成果于一体的高自动化仿生系统。它由20种型号不同的味觉传感器、一个超薄型微处理芯片和用来分析气味信号并进行处理的智能软件包组成。它使用一个小泵把地面的空气抽上来,使之流过这20种传感器表面,传感器接收到微量气味后,形成相应的数字信号送入微处理器,微处理器中的专家系统对这些数字信号进行比较、分析和处理,将结果显示在屏幕上。电鼻子广泛应用于军事领域,比如,利用电鼻子可寻找藏于地下的地雷、光缆、电缆及易燃易爆品和毒品等。电鼻子并不是狗鼻子的简单再现,其灵敏性、耐久性和抗干扰性远远超过狗鼻子,应用前景十分广阔。

响尾蛇的鼻和眼的凹部对温度极其敏感,能对千分之一度的温度变化做出反应,因此,响尾蛇能轻易觉察到身边其他事物的存在。据此原理,美国研制出对热辐射非常敏感的视觉系统,并将其应用于"响尾蛇"导弹的引导系统。

根据大量试验,科学家们发现,青蛙只对运动的物体有反应,对静止的物体则视而不见。对于运动的物体,也只是对它喜欢吃的昆虫或者与要吃掉它的飞禽及其他天敌的形状相似的物体才起反应。这表明,青蛙对落在视网膜上的影像并不是全部向大脑反馈,而是集中注意那些具有特定形状,而且相对于背景运动的物体。那么,青蛙的眼睛采用什么方法对视网膜图像进行分析呢?研究表明,蛙眼视觉细胞的作用不尽相同,基本上可分为五类。每类细胞只对景物的某一特征起反应。因此,各类视觉细胞分别对视网膜图像进行严格分析,分别抽取出不同的特征。这样,一个复杂的图像就分解成五种易于辨别的简单特征,使青蛙能够很快地发现和识别目标。

人们根据蛙眼的视觉原理,制成了"电子蛙眼"。这种电子蛙眼由电子元器件制成,可准确识别形状一定的物体。在雷达系统里,可提高雷达的抗干扰能力,有效地识别目标;在机场可监视飞机的起落;可根据导弹的飞行特性识别其真伪;在人造卫星发射系统内,可对信息进行识别抽取,既可减少信息发送量,又可削弱远距离信号传输的各种干扰等。

象鼻虫的复眼具有很高的时间分辨本领。每个小眼观察周围景物时,顺次得到自己的"观测数据",并由此计算出自身相对于其他物体的速度。因此,象鼻虫总能自动控制飞行速度。据此原理,科学家们成功研制了一种电子测速仪器——飞机地速计。这种地速计由光电接收器、测高仪、计算机及显示装置等组成,主要模仿两个小眼顺次接收信号的机能原理。

人们最初发现,尽管有时海上风平浪静,但浅水处的水母却突然纷纷游向深海,随之而来的便是狂风暴雨。科学家研究发现,水母"耳"腔内有一带小柄的球,在 8~13 Hz 的风暴产生频率传来时,它便振动并刺激"耳"神经,于是它能比人类更早感受到即将来临的风暴。据此原理,人们发明了风暴预警器,它可提前 15 h 做出风暴预报。

5. 拟人仿生

通过模仿人体结构功能等进行创造的方法称为拟人仿生法。人体本身就是一架包罗万象的最精密的超级机器。人类对自身的研究深入且精细,对人体各部位、各器官、各组织的结构、机理、机能等都有较深刻的研究和了解。应该说,人类最了解的莫过于自身。所以拟人仿生法具有素材丰富、潜力巨大、应用广泛的研究前景。

人脑头盖骨由八块骨片组成,形薄、体轻,却非常坚固。罗马体育馆的设计师将人脑头盖骨的结构、性能与体育馆的屋顶进行类比,成功地建造了著名的薄壳建筑——罗马体育馆。

四、综摄法

综摄法(Synectics)是1952年由美国麻省理工学院戈登教授提出的。所谓综摄法这个词出自希腊语,原意是指"把表面上看来不同而实际上有联系的要素结合起来"。

综摄法是一种新颖、独特、较完整的创造技法,并且基本上是一种集体技法,但也可以个人使用。

1. 原理和特点

综摄法以已知的东西为媒介,将毫无关联、完全不同的知识要素结合起来,从而获得各种高质量的创造性设想,把这些创造性设想分门别类,整理归纳为一种条理分明、形成体系的全新的设想,进而从中摄取。

2. 基本原则

综摄法遵循两个基本原则:

(1)异质同化。

所谓异质同化,就是变陌生为熟悉的过程,是一种设法把自己初次接触到的事物或新的发现联系到自己早已熟悉的事物中去的思维方式。把陌生转换为熟悉,人们才能逐步了解陌生事物。许多在性质上虽然不同的现象,只要它们服从相似的规律,就往往可以运用联想类比法来解决。

比如,一个橡胶制品开发商,萌发了发明松软橡胶制品的设想。如何由"硬"变"软"?他借助于联想和类比,变陌生为熟悉。早餐上松软可口的面包唤起了他的灵感,将面粉发酵的原理用于生产橡胶制品的工艺中,研制出了适宜橡胶的发酵剂,取得了发明海绵橡胶的成功。

这个阶段还只是借助现有知识、启发新的设想的思维阶段,要创造性解决问题更需要同质异化。

(2)同质异化。

同质异化就是变熟悉为陌生的过程,它是通过新的见解找出自己非常熟悉的事物中的异质观点。

变熟悉为陌生就是运用新的知识或从新的角度来观察、分析和处理问题,将熟悉的事物看成不熟悉的,这样就会从新的角度,以挑剔的目光,去转换甚至改变世人熟悉的观察、处理问题的方式。戈登这样谈道:"为了变熟悉为陌生,必须改变、逆转或转换通常那种给人们可靠的、熟悉的感觉观察问题和回答问题的方式。这种对陌生的追求并不是因为对熟悉东西感到厌倦而去猎奇,而是有意识地设法对已有世界、人、思想、感觉和事物进行新的观察。"

变熟悉为陌生有助于打破用常规方式解决问题的做法,通过直接类比、拟人类比、象征类比等机制,使人的理解思维跃入意识范围,形成潜意识思维,从而以全新的观点、全新的方式思考问题,最终获得新颖、独特、具有质变的创造性设想。

比如充气轮胎的诞生。为减少硬质车轮的振动,一开始人们在车轮上直接裹上橡胶,这样无论橡胶太软还是太硬,坐在车上都会感到不舒服。英国医生邓禄普受到足球充气的启发,将橡胶轮胎内充气,对传统方法进行彻底改革,这就是现代充气轮胎的开端。邓禄普将两种不同性质的事物从不同的方面进行联想,这就是典型的同质异化。

综摄法是一种需要高度技巧的创造技法,其创造活动是异质同化和同质异化两项原则循环往复、交替使用的过程。

第四节 转向创新法

一、变换方向法

创新活动是探索性的实践活动,现代的创新活动通常是有计划、有目的的实践活动。在创新实践活动中,人们按照自己的计划去探索未知世界的秘密,按照预想的方法解决那些尚待解决的问题。在实践过程中,人们会发现某些计划、方法在实践中行不通,这时应根据实践过程提供的信息,及时修正计划、修改方法,继续有效地探索。

1. 变元法

人们在探索某些问题(函数)解的过程中通常将一些因素(自变量)固定,探索另外一些因素(变量)对所求解问题的影响,但有时求解的关键因素恰恰在被固定的那些因素当中;由于思考问题的习惯模式的限制,往往把某些影响因素看作是不变的(将变量看作常量),这就限制了求解区域。意识到这一点,在问题求解的过程中通过变换求解因素,常可获得意外的结果。这种方法称为变元法。

公元 2 世纪,托勒密提出关于天体运行的系统理论,称为"地心说",地心说认为地球是宇宙的中心,包括太阳在内的所有星体都绕地球旋转,但是天文观测表明,行星相对于地球的速度忽快、忽慢、忽进、忽退。为解释行星的运动,托勒密使用了本轮加均轮的模型:即行星在一个较小的圆周(本轮)上运动,本轮的圆心又在较大的均轮上运动(这种模型很像机械中的行星轮系)。这种模型对天体的解释符合人们的日常观察习惯,在天文观测精度不高的情况下也能解释观测结果。随着观测精度的提高,人们发现观测数据与托勒密的体系不符,于是不断修正托勒密体系,在原来的体系上再增加新的本轮和均轮,到 16 世纪时经改进的托勒密体系已经拥有 79 个本轮和均轮,其复杂程度令人难以置信。哥白尼认真研究了大量的天文观测资料,并亲自从事了 30 多年的天文观测。他发现托勒密的体系太复杂,而且与观测结果不符。他发现如果不是将地球放在宇宙的中心,而是将太阳放在宇宙的中心,则对许多问题的解释就简单多了。他突破了传统的"地心说"的束缚,创立了新的天体理论体系"日心说"。

普通水闸通常沿垂直方向开启和关闭,而英国泰晤士河防潮闸则设计为闸门的开启和关闭的操作是以旋转运动实现的,水对闸的作用力合力通过旋转轴心,高潮位时下游的海水对水闸的作用不会影响水闸的阻水功能。

2. 变理法

设计的目的是实现某种功能,而很多不同的作用原理可以实现相同或相似的功能,当采用某种作用原理达不到预期的效果时,可以探索其他的作用原理是否可行。

在机械表的设计中,通过擒纵调速机构调整表的走时速度,擒纵调速机构中摆轮和游丝所构成的质量弹簧系统的摆动频率成为机械表的时间基准。由于这一系统的频率受到温度、重力、润滑条件等众多因素的影响,因此,很难通过这一系统以廉价的方法获得长时间稳定运转的时间基准。人们寻求用其他的工作机理作为时间基准时发现,石英晶体振荡器电路以其极高的频率稳定性可以满足对计时精度的要求。石英电子表采用石英晶体元件作为新的时间基准元件大幅度地提高了计时精度,同时简化了计时器的设计和结构。

美国发明家卡尔森在从事律师工作中看到复制文件需要花费大量的人力劳动,萌生了发明复印机的设想,但多次试验均遭失败。他冷静地思考失败的原因,并通过查阅大量专利文献发现以前所有关于复印机的研究都只是试图通过化学方法实现复印,于是他改变研究方向,探索用物理效应实现复印功能,最后应用光电效应发明了现在广泛使用的静电复印机。

远距离信息传递通常将信息转换为电信号,使用电缆作为媒介进行传递,信息传递容量小,抗干扰性差,铺设电缆需要消耗大量有色金属,价格昂贵。现在普遍采用的光缆通信方式以激光束作为信号载体,以光导纤维(玻璃纤维)作为传播媒介,克服了电缆信号传输的缺点,极大地提高了信息的传递能力。

以前的照相机是将光学影像信息记录在底片上,用光学方法进行处理,处理过程中的失真是不可避免的。新近发明的数字照相机将影像信息以数字信号的方式存储在磁盘上,由于采用数字方式存储图像信息,使得可以应用计算机的各种数字信号处理技术对影像信息进行存取、处理、变换和传递,提高了图像信息处理的质量和图像信息传递的速度,扩大了照相技术的应用领域。

早期的计算机使用卡片作为信息存储媒介,通过读卡机存取信息,这种信息存储方式费时、费力,使用很不方便。以后出现了纸带存储方式、磁芯存储方式,方便了操作,提高了存储的可靠性,但是存储介质的体积庞大,存储容量小。现在的磁盘、磁带、光盘等采用较先进的存储方式,既方便操作,又使体积成百上千倍地缩小,因而成为普遍使用的存储方式。

在平板玻璃的制造中,在很长时期内一直采用"垂直引上法",这种方法是将处于半流体状态的玻璃从熔池中向上牵引,通过中间的轧辊间距控制玻璃厚度,玻璃经过轧辊后逐渐冷却凝固。用这种方法制造的平板玻璃不可避免地出现波纹和厚度不均的现象。英国的一家玻璃制造公司发明了一种新的平板玻璃制造工艺——"浮法",这种工艺是使液态玻璃漂浮在某种处于液态的低熔点金属的液面上,并使其在流动中逐渐凝固。用这种方法制造的平板玻璃不但厚度非常均匀,而且表面没有波纹。这种工艺方法现被普遍使用。

二、逆向法

在问题求解的过程中,由于某种原因使人们习惯向某一个方向努力,但实际上问题的解却可能位于相反的方向上,意识到这种可能性,在求解问题时及时变换求解方向,有时可以使很困难的问题得到解决。

1. 反向探求法

圆珠笔发明以后曾风行一时,但不久就暴露出笔油泄漏的毛病,虽几经改进,但这个问题始终没有得到解决。漏油的原因很简单,就是由于使用中笔芯中的笔珠磨损造成间隙过大引起泄漏,人们试验用各种不同材料组合以提高耐磨性,甚至使用宝石等贵重材料制作笔珠,但是容纳笔珠的笔珠槽的磨损仍会引起泄漏。日本人中田藤三郎运用反向探求法成功地解决了这个问题。他发现圆珠笔不是一开始使用就有漏油的现象,而是通常在书写两万多字以后才由于磨损引起泄漏的,中田藤三郎没有像其他人那样设法提高笔珠的使用寿命,而是向相反的方向寻求问题的解,他创造性地提出,如果控制圆珠笔芯中油墨的量,使得所装油墨只能书写大约一万五千字,当漏油的问题还没有出现时笔芯就已被丢弃了。经过试验,效果良好,这个困扰人们多年的问题就这样巧妙地解决了。

在钨丝灯泡发明初期,为了避免钨丝在高温下的氧化,需要将灯泡内抽真空,但是使用后发现抽真空后的灯丝通电后仍会变脆。针对这一缺点,当时多数人认为应通过进一步提高灯泡内的真空度加以克服,但是美国科学家兰米尔却应用反向探求法提出一个新的解决问题的思路。他提出向灯泡内充气的方法,因为充气比抽真空在工艺上要容易得多。他分别试验了将氢气、氧气、氮气、二氧化碳、水蒸气等充入灯泡,试验证明氮气有明显的减少钨蒸发的作用,可使钨丝在其中长期工作,就这样,他发明了充气灯泡。

活塞式内燃机工作时活塞在气缸中做直线往复运动,往复运动中的惯性力成为提高内燃机转速的重要障碍。针对这一缺点,德国人汪克尔发明了旋转活塞式内燃机。1957年在纳卡索尔姆发动机工厂首次运转成功。这种内燃机具有许多固有的优点:因为取消了曲柄滑块机构,易于实现高速化,零件数量比活塞式内燃机减少了40%,质量下降,体积减小。但是它也有一个致命的缺点:这种内燃机的活塞和气缸都不是圆形的,由于加工误差和工作中的非均匀磨损使得活塞和气缸之间的密封问题很难解决,活塞和气缸之间泄漏使得内燃机的工作效率很低。日本东洋工业公司购买了这项专利,为了解决活塞和气缸之间的磨损问题,他们开始时也是采用人们所习惯的方法,尽可能选用较硬的材料制作有关零部件,但是,气缸壁材料硬度的提高却加剧了活塞的磨损。这时,工程技术人员运用反向探求法,提出寻求用较软的耐磨材料作气缸衬里的思想,并选择石墨材料,较好地解决了磨损的问题,使得这种发动机能够投入工业化生产。

在冲压加工中,冲裁是通过凸模与凹模的相对运动将板材沿特定曲线剪断的加工工艺过程。加工中冲裁阻力很大,因此模具很容易磨损。为提高模具的耐磨性,在模具的制造中人们总是设法提高模具材料的硬度。但是随着材料硬度的提高会给模具的加工工艺带来很多新的困难。为解决这种矛盾,有人发明了一种新的模具制造方法。在这种方法中凸模仍采用较硬材料制造,而凹模则采用一种较软的特殊材料制造。在冲裁加工中,凸模和凹模都不可避免地会发生磨损,但是凹模材料在冲裁力的作用下还会发生塑性变形,这种塑性变形的方向总是弥补由于磨损造成的模具的材料损失,并使凸模与凹模之间保持适当的间隙。这种方法虽然不能避免或减少模具的磨损,但能使模具的磨损自动得到补偿,使冲裁模具具有较高的使用寿命,同时降低了对模具制造精度的要求,经济效益非常显著。

2. 因果颠倒法

在自然界中,很多自然现象之间是有联系的,在某个自然过程中,一种自然现象可以是另一种自然现象发生的原因,而在另一个自然过程中,这种因果关系可能会颠倒。探索这些自然现象之间的联系及其规律是自然科学研究的任务。

1799年,意大利科学家伏打将锌片和铜片放在盛有盐水的容器中,发明了能够将化学能转变为电能,并能提供稳定电流的"伏打电池"。有一些科学家意识到这一过程的逆过程的重要的科学意义,并开始进行将电能转变为化学能的试验。英国物理学家、化学家尼科尔森和英国解剖学家卡莱尔进行了电解水的试验,他们将连接电池两极的铜线浸入水中,使两线接近,这时一根铜线上产生氢气,另一根铜线被氧化。如果用黄金线代替铜线,则两根导线上分别析出氢气和氧气。1807年英国化学家戴维应用电解法发现了金属元素钾和钠,1808年又用同样的方法发现了钙、锶、铁、镁、硼等元素。

在19世纪以前,电和磁一直被人们当作两种互不相干的现象进行研究。丹麦物理学家奥斯特从1807年开始,对这两种自然现象的关系进行了长达13年的研究。1820年7月21日,他正在为学生演示电学实验,当接通一根导线时,偶然发现桌上与导线平行放置的一个磁针发生偏转,而将导线两端对调后重新接通电路时,磁针则向相反的方向偏转。他将磁针和导线沿不同方向放置,发现当磁针与导线平行时偏转最大,垂直放置时基本不偏转。通过多组试验,他证明了电流的磁效应:通电导线会绕磁极旋转,磁铁也会绕固定的通电导线旋转。奥斯特的发现奠定了电动机的基本工作原理。

法拉第认为电现象与磁现象之间的关系是辩证的关系,既然电能够产生磁,那么磁也应能产生电。他从1822年开始寻找磁的电效应。经过长达10年的试验,法拉第终于在1831年8月29日发现了变化的磁场所引起的电磁感应现象。他将两个紧挨着的线圈用绝缘层隔开,其中一个线圈与电流表相连接,构成一个回路,同时给另一个线圈通以较强电流。他在试验中发现,当电流被接通时电流表指针有轻微的摆动,当电流被断开时电流表指针也同样有轻微的摆动,这一试验证明磁与电的关系是动态的关系,一个线圈中的感生电流是由另一个线圈中的变化电流感生的。他又设计了一系列的电磁感应试验,试验表明,无论用任何方法使通过闭合回路的磁通量发生变化时,都会使回路中产生感生电流,这就是电磁感应定律。这个发现奠定了发电机的基本工作原理。

爱迪生发明的留声机也是对声音能引起振动现象中的原因和结果的颠倒应用,而热机的发明则是将"做功可以产生热"的现象中的原因和结果颠倒,使热能做机械功。

3. 顺序、位置颠倒法

人们在长期从事某些活动的过程中,对解决某类问题的过程及过程中各种因素的顺序及事物中各要素之间的相对位置关系形成固定的认识,将某些已被人们普遍接受的事物顺序或事物中各要素之间的相对位置关系颠倒,有时可以收到意想不到的效果。在适当的条件下,这种新方法可能解决常规方法不能解决的问题。

人们用火加热食品时总是将食品放在火的上面,当热源的形式改变以后人们仍然习惯这样安排热源和食品的位置。夏普公司生产的一种煎鱼锅开始也是这样设计的,但是在使用中发现,在鱼被加热的过程中,鱼体内的油会滴落,滴到下面的热源后即产生大量的烟雾。公司改用多种加热装置仍不能解决冒烟的问题。他们重新检查原有的设计思路,提出一个根本性的技术问题:为什么一定要把热源放到鱼的下方呢?如果改变热源和鱼的相对位置关系,下落的鱼油不接触热源,也就不会产生烟雾。根据新的设计思路,他们将热源放到煎鱼锅的盖子上,采用上加热方式设计出一种新型无烟煎鱼锅。

有一位高尔夫球爱好者因为家中没有可供练习用的草坪,他只好买来长毛地毯代替草坪进行练习。但是地毯的尺寸毕竟太小,仍不能满足练习要求。他想,无论使用草坪还是长毛地毯,都是希望用来对球实施缓冲和增大摩擦力,如果将这种功能实施过程反过来,使长毛长在球上,而不是长在地上,是否可以起到同样的作用呢?根据这种思路,他发明了训练用长毛高尔夫球,经使用证明在普通地面上使用可获得与草坪上相似的效果,特别受到那些无力支付昂贵的草坪费用的高尔夫球爱好者的欢迎。

人们在使用基数词或是序数词时,总是习惯于按照从小到大的顺序使用。1927年德国某电影公司在拍摄科幻影片《月球少女》时,为了获得戏剧性的效果,导演提出了一个极具创造性的方法,他将火箭发射时的计时程序从人们所习惯的从小到大的顺计时程序改变为从大到小直到零的倒计时程序,这种倒计时方法使用简单、方便,使人们对最后的发射时间有明确的目标感,容易使人的注意力集中。这种方法现在不但被真实的火箭发射过程所使用,而且也成为很多其他重要活动的计时方法。

在电动机中有定子和转子,在通常的设计中,都是将转子安排在中心,便于动力输出,将定子安排在电动机的外部,这样可以很容易地安排电动机的支承。但是在吊扇的设计中,根据安装和使用性能的要求,却需要将电动机定子固定于中心,而将转子安装在电机外部,直接带动扇叶转动。

有一种防火材料,把这种材料附在蒙古包的表面,在外面架起大火烧,里面温度变化很小,试验证明防火性能良好。有人将这种材料的功能反过来加以利用,用它做冶炼炉的炉衬,既提高了燃烧的热效率,又提高了炉龄。应用中将材料与火的位置加以颠倒,原来用于防火的材料成为保温材料。

有些产品在设计上使其在各个方向上对称,这种产品可在对称方向上任意放置,如无根袜可在任意方向穿着,两面穿着服装无内外之分,有些电冰箱将冷冻箱和冷藏箱设计成分体式结构,用户可根据需要按任意顺序组合放置或分体放置。

4. 巧用缺点法

我们在认识事物时，将事物中通常带来好结果的属性称为优点，将通常带来坏结果的属性称为缺点。我们通常较多地注意事物的优点，但是当应用条件发生变化时，可能我们需要的正是事物中原来被我们认为是缺点的某些属性。正确地认识事物的属性与应用条件的关系，善于利用通常被认为是缺点的属性，有时可以使我们做出创造性的成果。

例如金属易受腐蚀是它的缺点，但是有人根据金属的腐蚀原理发明了蚀刻和电化学加工方法；机械结构的不平衡会引起转动时的振动，利用这一原理，有人发明了用于在建筑施工中夯实地基的机械夯（蛤蟆夯）。

在机械设计中，为了减小摩擦表面间的摩擦力，通常希望将有相互摩擦的表面加工得尽量光滑，但是减小零件表面的粗糙度值会增大加工费用。有人试验在摩擦表面上加工出一些孔，经过试验证明在特定的条件下这样的表面的摩擦力反倒比光滑表面的摩擦力更小，有人将这一设计思路应用于飞机设计，降低了机身附近空气的湍流，减小了空气阻力，节油效果非常明显。

金属材料的氢脆性是影响材料性能的缺陷，在使用中会造成很大的危害，在冶炼中应尽量避免氢脆性。但是在某些情况下，金属材料的氢脆性也可以成为被利用的特性。例如在制造铜粉的工艺中就可以利用铜的氢脆性，将废铜丝和铜屑放在氢气环境中，加热到500~600℃并保温数小时，再放到球磨机中经过一段时间的研磨，就可制成质量很高的铜粉。

有一位德国的造纸技师，由于在造纸过程中的一道工序上忘记了放浆糊，致使所生产的纸张因为洇水而无法用于书写，造成大量产品即将报废，他也因此面临解雇，这时有人建议利用这种纸的易洇水的特点，将其作为吸墨水纸，结果使用效果非常好，工厂为此项技术申请了专利。

第五节　组合创新法

在发明创新活动中，按照所采用的技术的来源可分为两类：一类是在发明中采用全新的技术原理，称为突破性发明；另一类是采用已有的技术并进行重新组合，从而形成新的发明。从人类的技术历史中可以看出，进入19世纪50年代以来突破型的发明在总发明数量中所占的比重在下降，而组合型发明的比重在增加。在组合中求发展，在组合中实现创新，这已经成为现代技术创新活动的一种趋势。

组合创新方法是指按照一定的技术原理，通过将两个或多个功能元素合并，从而形成一种具有新功能的新产品、新工艺、新材料的创新方法。

人类数千年的发展历程中积累了大量的各种技术，这些技术在其所应用的领域中逐渐发展成熟，有些已经达到相当完善的程度，这是人类的一笔巨大的财富。为实现某些新的功能，将这些成熟的技术进行重新组合，形成新的功能元素，这样的创新活动如能满足某种社会需求，则将是一种成功率极高的创新方法。

由于形成组合的技术要素比较成熟,使得应用组合法从事创新活动的一开始就站在了一个比较高的起点上,不需要花费较多的时间、人力和物力去开发专门的新技术,不要求发明者对所应用的每一种技术要素都具有高深的专门知识,所以应用组合法从事创新活动的难度相对较低。这种方法的应用有利于群众性的创造发明活动的广泛开展。

虽然组合创新法所使用的技术元素是已有的,但是它所实现的功能是新的,如果组合适当,同样可以做出重大的发明。

美国的"阿波罗"登月计划是20世纪最伟大的科学成就之一,但是"阿波罗"登月计划的负责人说,"阿波罗"宇宙飞船技术中没有一项是新的突破,都是现有技术的组合。

1979年的诺贝尔生理学、医学奖获得者豪斯菲尔德是一位没有上过大学的普通技术工作者,他之所以能够发明"CT扫描仪",并不是因为他对计算机技术和X射线照相技术有很深的研究,而是因为他善于捕捉当时医学界对脑内疾病诊断手段的需求,通过将计算机技术和X射线照相技术的巧妙组合,实现了医学界梦寐以求的理想,并获得了崇高的荣誉。

每一项技术在其初始应用的领域内有它的初始用途,通过将其与其他技术要素重新组合,扩大了已有技术的应用范围,更充分地发挥了已有技术的作用,推动了已有技术的进步,也推动了社会的进步。

最早的蒸汽机是为煤矿排水而发明的,随着蒸汽机技术的不断改进,应用领域不断扩大。1803年,美国发明家福尔顿将蒸汽机安装到船上,发明了以蒸汽机为动力的轮船;1914年,英国发明家史蒂芬逊在继承前人成果的基础上,将蒸汽机技术与铁轨马车进行组合,制造了第一台实用的蒸汽机车;1790年,人们将蒸汽机用于炼钢中的鼓风,降低了冶炼过程的燃料消耗。蒸汽机的应用从矿山排水发展到交通运输、冶金、机械、化工、纺织等一系列工业领域,使社会生产力以前所未有的速度和规模发展,并形成了以蒸汽机的广泛使用为主要标志的技术革命。

计算机最初是为了满足美国陆军军方计算炮弹弹道的需要而研制的。1945年底,世界上第一台电子计算机"埃尼阿克"研制成功,它重达30多吨,共使用了18 000多个电子管,计算速度为每秒5 000次,将它用于弹道计算,运算速度是人的几千倍。但是人们还设想不出计算机的其他用途,当时一位计算机专家曾预言如果有四台计算机将能够满足全世界对计算机的需要。在其后的计算机发展过程中,人们不断地将计算机技术与其他不同科学及技术门类相结合,不但有力地促进了这些学科的发展和进步,而且也促进了计算机技术本身的不断进步。现在计算机技术已经与人类工作、生活的各个方面发生着越来越多的联系,人类也越来越离不开计算机了。

组合创新方法有多种形式,从组合的内容区分有功能组合、原理组合、结构组合、材料组合等,从组合的方法区分有同类组合、异类组合等,从组合的手段区分有技术组合、信息组合等,现将部分常用组合方法简介如下。

一、功能组合

有些商品的功能已被用户普遍接受,通过组合可以为其增加一些新的附加功能,适应更多用户的需求。

人们使用铅笔时难免写错字，一旦写了错字就需要使用橡皮进行修改。为了适应人们的这种需要，有人设计出了带有橡皮的铅笔，它的主要功能仍是书写，由于添加了橡皮使它除书写之外还具有了一种附加功能。

自行车的主要功能是代步，通过在自行车上添加货架、车筐、里程表、车灯、后视镜等附件使它同时具有了载货、测速、照明、辅助观察等功能。

现在的汽车设计中人们不断地为其添加雨刷器、遮阳板、转向灯、打火机、车载电话、收音机、空调机等附加装置，使汽车的功能更加完善。

家用空调器的主要功能是制冷，现在空调器生产厂在原有空调器制冷功能的基础上增加了暖风、换气、空气净化等功能，实现一机多用。

为婴儿喂奶时常需要判断奶水的温度，新生婴儿母亲因缺乏经验，判断奶水温度既费时又不准确。为解决婴儿母亲的这种需求，有人将温度计与婴儿奶瓶加以组合，生产出具有温度显示功能的婴儿奶瓶。

类似的应用还有添加治疗牙病药物的牙膏，添加维生素、微量元素和人体必需氨基酸的食品，加入多种特殊添加剂的润滑油等。

二、材料组合

有些应用场合要求材料具有多种特征，而实际上很难找到一种同时具备这些特征的材料，通过某些特殊工艺将多种不同材料加以适当组合，可以制造出满足特殊需要的材料。

V 带传动要求带材料具有抗拉、耐磨、易弯、价廉的特征，使用单一材料很难同时满足这些要求，通过将化学纤维、橡胶和帆布的适当组合，人们设计出现在被普遍采用的 V 带材料。

建筑施工中需要一种抗拉、抗压、抗弯、易施工且价格便宜的材料，钢筋、水泥和砂石的组合很好地满足了这种要求。

通过锡与铅的组合得到了比锡和铅的熔点更低的低熔点合金。

通过不同材料的适当组合，人们设计出满足各种特殊要求的特种材料。例如具有特殊磁转变温度的铁磁材料，具有极高磁感应强度的永磁材料，具有高温超导特性的超导材料，耐腐蚀的不锈钢材料，具有多种优秀品质的轴承合金材料。

供电中使用的导线要求具有导电性能好，机械强度高，容易焊接，耐腐蚀和成本相对较低的特点，铜具有良好的导电性、耐腐蚀性，并容易焊接，但是其力学性能较差，而铁具有力学性能好、价格便宜的优点。根据这些特点，人们设计出铁芯铜线，这种导线的芯部用铁材料制作，表面用铜材料制作。高频交流电流有集肤效应，电流主要经导线的表面流过，焊接性和耐腐蚀性也主要由表面材料表现，而处于表面的铜材料正好同时具有这方面的优点。通过这种组合，充分地利用了两种材料的优点，并巧妙地掩盖了各自的缺点，满足供电系统对电线的使用要求。

三、同类组合

将同一种功能或结构在一种产品上重复组合,满足人们更高的要求,这也是一种常用的创新方法。

日本松下电器公司申请的第一项专利就是带有两个相同插孔的电源插座,它是松下幸之助因为在家中与妻子同时需要使用电源插座的情况下受到的启发,虽然发明原理非常简单,但是由于它满足了大量用户的需求,因而在商业上获得了巨大的成功。

双人自行车的设计使两个人可以同时骑行,在具体结构上还分为双人前后骑行自行车和双人左右骑行自行车。

双色或多色圆珠笔上可以安装多个不同颜色的笔芯,使得有特殊需要的人减少了必须携带多支笔的麻烦。

多面牙刷将多组毛刷设计在一个牙刷上,两侧的毛刷向中间弯曲,中间的一束毛刷顶部呈卷曲状,使用这种牙刷刷牙时两侧的毛刷可以包住牙的两个侧面,中间的短毛可以抵住牙齿的咬合面,可以同时将牙的内侧和外侧及咬合面刷干净,提高了工作效率。

船舶制造中,瘦长的船身底部造型可以使船的行驶阻力减小,但同时也使船的稳定性和灵活性降低,双体船的造型将两个同样形状的瘦长的船体做在船的底部,既减少了行驶阻力又保证了船的稳定性和灵活性。

具有多个 CPU 的计算机可以在一定的计算机制造水平下获得较高的运算速度。

具有多个发动机的飞机不但可以获得更大的动力,而且具有更高的可靠度。

四、异类组合

在商品生产领域中进行创新活动的目的是用新的商品满足用户的需求,从而获得最大的商业利益。

人们在从事某些活动时经常同时有多种需要,如果将能够满足这些需求的功能组合在一起,形成一种新的商品,使得人们在从事活动时不会因为缺少其中某一种功能而影响活动的进行,这将会使人们工作、学习、生活更加方便,同时商品生产者也将获得相应的利益。

例如人们在使用螺丝刀时因被拧的螺钉头部形状、尺寸的不同,常需要同时准备多种不同形状、尺寸的螺丝刀。根据这种需求,有人发明了多头螺丝刀,即为一把螺丝刀配备多个可方便更换的头部,使用者可根据所需要的形状和尺寸很方便地随时更换合适的螺丝刀头。

人们每天都需要刷牙,刷牙时总是同时需要使用牙刷和牙膏,根据这种需求,有人将牙膏与牙刷进行组合,设计出自带牙膏的牙刷。

有些不同的商品具有某些相同的成分,将这些不同的商品加以组合,使其共用这些相同成分,可以使总体结构更简单,价格更便宜,使用也更方便。

收音机和录音机的有些电路极大的元器件是相同的,将这两者组合,生产出的收录机的体积远低于二者的体积之和,价格也便宜许多,方便了人们的生活。

数字式电子表和电子计算器的晶体振荡器、显示器和键盘都可以共用,所以现在生产的很多计算器都具有电子表的功能,很多数字式电子表也具有计算器的功能。

将多种机械切削加工机床的功能加以组合,使其共用床身、动力、传动及电器部分功能,制作出将车床、铣床、钻床进行组合的多功能机床。

将冷冻箱与冷藏箱组合,使其共用制冷系统、温度控制系统及散热系统。

有些不同商品的功能人们不会同时使用,将这些不同时使用的商品功能组合在一起,通常可以起到节省空间、方便生活的作用。

夏季人们需要使用空调,冬季则需要使用取暖器,冷暖空调将这两种功能组合在一起,既可共用散热装置和温度控制装置,又可以节省空间,节省总费用,省去季节变换时的保存工作。

白天人们需要用沙发,晚上睡觉时又需要用床,沙发床的设计将这两种功能合二为一,节省了对室内空间的占用。

老年人外出行走时需要拐杖,坐下休息时需要凳子,有一种带有折叠凳子的拐杖使老年人外出很方便。

五、技术组合法

技术组合法是将现有的不同技术、工艺、设备等加以组合,形成解决新问题的新技术手段的发明方法。随着人类实践活动的发展,在生产、生活领域里的需求也越来越复杂,很多需求都远不是通过一种现有的技术手段所能够满足的,通常需要使用多种不同的技术手段的组合来实现一种新的复杂技术功能。技术组合法可分为聚焦组合法和辐射组合法。

1. 聚焦组合法

聚焦组合法是指以待解决的特定问题为中心,广泛地寻求与解决问题有关的各种已知的技术手段,最终形成一种或多种解决这一问题的综合方案,应用这种方法的过程中特别重要的问题是寻求技术手段的广泛性,要尽量将所有可能与所求解问题有关的技术手段包括在考察的范围内。只有通过广泛的考察,不漏掉每一种可能的选择,才可能组合出最佳的技术功能。

2. 辐射组合法

辐射组合法是指从某种新技术、新工艺、新的自然效应出发,广泛地寻求各种可能的应用领域,将新的技术手段与这些领域内的现有技术相组合,可以形成很多新的应用技术。这种方法可以在一种新技术出现以后迅速地扩大它的应用范围,世界发明历史上有很多重大的发明都经历过这样的组合过程。

现代的激光技术、计算机技术、人造卫星遥感技术、计算机仿真技术等新技术出现以后都通过与其他技术的组合,发展成为一系列新的应用技术门类,这不但迅速扩大了这些新技术的应用范围,而且也促进了这些技术自身的进一步发展。

六、信息组合法

应用组合法从事创新活动的关键问题是合理地选择被组合的元素,为了解决这个问题,提高组合创新的效率,有人提出一种非常有效的组合方法——信息组合法(表2-2)。

表2-2　家具与家用电器的组合

	床	沙发	桌子	衣柜	镜子	电视
床						
沙发	沙发床					
桌子	床头桌	沙发桌				
衣柜	床头柜	沙发柜	组合柜			
镜子	床头镜	沙发镜	镜桌	穿衣镜		
电视	电视床	电视沙发	电视桌	电视柜	反画面电视	
灯	床头灯	沙发灯	台灯	带灯衣柜	镜灯	电视灯

将有待组合的信息元素制成表格,表格的交叉点即为可供选择的组合方案。例如将现有的家具及家用电器进行组合,可以制成如表2-2所示的表格。通过组合可为新产品开发提供线索。列在表格中参与组合的元素不但可以是完整的商品,也可以是商品的属性,参与组合的因素可以是二维的也可以是多维的。

例如有人用信息组合法分析公园游船的设计问题,从设计问题中分解出三个独立的设计要素:船体的外形,船的推进动力,船体材料;并列举出船体外形可以选择的方案有:龙、鱼、鹅、鸳鸯、画舫、飞碟等,船的推进动力可以选择的方案有:手划桨、脚踏桨、喷水、电动螺旋桨、明轮等,船体材料可以选择的方案有:木、钢、水泥、塑料、玻璃钢、铝合金等。将船的外形、动力、材料各选取一种方案即组合成一种游船设计方案。信息组合法能够迅速提供大量的原始组合方案,作为进一步分析的基础。

第三章 机械类创新设计基本创造原理

创造是一种有目的的探索活动,它需要一定的理论指导。创造原理是人们进行无数次创造实践的理性归纳,也是指导人们开展新的创造实践的基本法则。本章阐述的创造原理,可为机械创新设计提供创新思考的基本途径。

第一节 综合创造原理

一、综合创造的基本特征

综合,从方法论的角度看是指将研究对象的各个部分、各个方面和各种因素联系起来加以考虑,从整体上把握事物的本质和规律的一种思维法则。

综合创造,则是指运用综合法则的创新功能去寻求新的创造。它的基本模式如图 3-1 所示。在机械创新设计实践中,我们可以发现许多综合创造的成果。

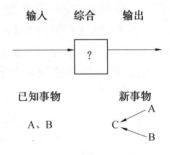

图 3-1 综合创造模式

例如,同步带的出现,可以说是摩擦带传动技术与链传动技术的综合。这种新型带传动具有传动准确、传递功率较大的特点。

20 世纪 80 年代以来,机电一体化产品(如数控机床、全自动洗衣机、自动取款机等)纷纷登台亮相,给现代社会生产生活投下道道奇光异彩。这些产品所依托的机电一体化技术,对产品结构调整和社会生活方式都产生着重要的影响。"机电一体化",从创新设计角度看,是机械技术与电子技术的有机结合。这种综合创造的机电一体化技术比起单纯的机械技术或电子技术更具优越的性能,尤其能使传统的机械产品发生质的飞跃。

普通的 X 光机和计算机,都无法对人的脑内病变做出诊断。豪斯菲尔德将二者综合,设计出 CT 扫描仪,使诊断难题出现新的求解希望。人们应用新仪器获得了许多前所未有的研究成果,促使医学有了长足的发展。CT 扫描仪的创新设计,是 20 世纪医学领域的一项重大创新成果。

过去一些精密机床利用机械的校正机构,只能校正机床的系统误差,而机电一体化的数控机床,凭借传感器电脑的功能,已有可能实时预报包括随机误差(偶然性误差)在内的机床误差,然后自动校正,从而使机床达到前所未有的高精度。此外,数控机床也能对阻尼进行预报,一旦发现接近临界状况就自动调整切削用量,防止颤振发生,从而保证机床具有更高的生产率和高的表面加工质量。

大量的创新设计实例表明,综合就是创造。从创造机制来看,综合创造具有以下基本特征:

(1)综合能发掘已有事物的潜力,并使已有事物在综合过程中产生出新的价值;
(2)综合不是将研究对象的各个构成要素进行简单的叠加或组合,而是通过创造性的综合使综合体的性能发生质的飞跃;
(3)综合创造比起创造一种全新的事物来说在技术上更具可行性和可靠性,是一种实用性的创造思路。

二、综合创造的基本途径

1. 非切割式综合

切割,是指人们为了实现某一意图,将一个事物加以切开、分割或截取的意思。而非切割式综合,是指创新设计者为实现某一意图,直接地将两种或两种以上的事物,在仍保持其各自相对独立的条件下,组合成为新的一体的创新设计模式。这种综合或组合,不是简单的事物拼凑,而是使事物由低级向高级发展。

例3-1 双万向铰链机构设计原理。

在机械原理中,我们学习过图3-2所示的万向铰链机构。它由主动轴1、从动轴3及十字形构件2组成。在传动过程中,两轴之间的夹角 α 可以改变,故称万向联轴器。在使用过程中,人们发现它在传动性能上有一不足之处,即当主动轴1匀速转动时,从动轴3做变速转动,从而产生惯性力和振动。

为了消除万向铰链机构的这一缺点,人们设计出图3-3所示的双万向铰链机构。它用中间轴2将两个万向铰链机构相连,并使三根轴位于同一平面,主、从动轴1、3和中间轴的轴线之间的夹角相等。可以证明,它能使主、从动轴的角速度恒等,即 $\omega_1 = \omega_3$,在机床、汽车传动系统中可以见到这种双万向铰链机构的应用。从创新设计方面分析,可以认为双万向铰链机构的创意是将两个单万向铰链机构的非切割式综合。

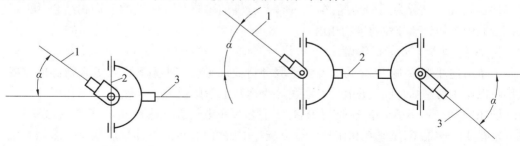

图3-2 万向铰链机构图
1—主动轴;2—构件;3—从动轴

图3-3 双万向铰链机构
1—主动轴;2—中间轴;3—从动轴

例 3-2 冲床主体机构设计原理。

图 3-4 所示为用于一种冲制薄壁零件的冲床的主体机构原理图。它在原动件齿轮 1 的驱动下,经从动齿轮 2、连杆 3、4、5,使冲头 6 沿机架导轨 7 做上下往复直线运动以冲压工件 8。由图可见,它是常见的齿轮传动机构与曲柄连杆机构的非切割综合。可以证明综合而成的齿轮-连杆机构具有单一机构没有的运动特性,即它可以使冲头在冲压行程中有一段速度较低而且接近等速的工作段,有利于冲压薄壁零件。

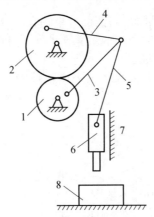

图 3-4 冲床主体机构
1—原动件齿轮;2—从动齿轮;3,4,5—连杆;6—冲头;7—机架导轨

例 3-3 三轴电风扇的设计。

普通电风扇因为只有一面叶扇,所以只能向一个方向送风,即使加上摇头装置,也无法同时向多个方向传递凉意。台湾某公司设计人员,运用非切割式综合原理,提出了三轴电风扇的设计新方案。这种电风扇以一个强力主电动机经特殊的联轴器,带动三根轴旋转,轴上叶扇同时运转送风,以加速空气对流。与传统单一叶扇的电风扇相比,性能上有新的变化。

2. 切割式综合

切割式综合是指创新设计者为实现某一创新意图,切割、截取两种或两种以上的事物的某些部分(要素),在仍保持其各自相对独立性的条件下,组合成为新的一体的创新设计模式。

切割式综合又分为两种情况:第一种是部分性的事物与整体性的事物相结合;第二种是部分性的事物与部分性的事物相组合。

例 3-4 小型多功能机床设计。

为了适应小型企业、家庭工厂和修理服务行业加工修配小型零件及五金产品的需要,人们可以运用切割综合原理开发设计各种小型多功能机床。

图 3-5 为一种小型车钻铣三功能机床。它主要由电动机 1、带传动 2、车削主轴箱 3、钻铣主轴箱 4、进给板 5、尾座 6 和床身 7 等组成。由图可知,它的设计特点是以车床为基础,切割了钻铣床主轴箱综合而成。

20 世纪 70 年代以前,空间技术的发展总是以一次性的火箭发射为基础,代价昂贵。人们迫切需要研制一种能反复使用的运载工具。1972 年美国政府决定开发设计集火箭技术、

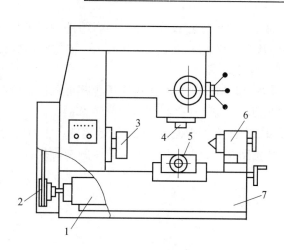

图 3-5　车钻铣机床

1—电动机；2—带传动；3—车削主轴箱；4—钻铣主轴箱；5—进给板；6—尾座；7—床身

宇航技术和飞机技术于一体的新型空间运载工具——航天飞机。

经过科学家和工程师们的切割式综合，1976 年 9 月"企业号"航天飞机问世。1981 年 4 月"哥伦比亚号"航天飞机载着两名宇航员进行了太空首次试飞。1982 年 11 月，又首次将两颗通信卫星带到了同步轨道。航天飞机的创造和商业化应用，在创新设计史上写下了辉煌的一页。

第二节　分离创造原理

一、分离创造的基本特征

分离创造原理是把某一创造对象进行科学的分解或离散，使主要问题从复杂现象中暴露出来，从而理清创造者的思路，便于人们抓住主要矛盾或寻求某种设计特色。

分离原理在创新设计过程中，提倡将事物打破并分解，而综合原理则提倡组合和聚集，因此，分离原理是与综合原理思路相反的另一个创造原理。

分离原理的创造模式如图 3-6 所示。

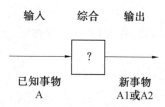

图 3-6　分离原理的创造模式

运用分离创造原理，人们也获得许多创新设计成果。

例如，北京某家具公司开发设计的构件家具，就是分离创造的产物。构件家具摒弃了整体家具结构固化的模式,采用了化整体为组件,再由组件构成整体的设计思路。研制成功的新型家具由20多种基本构件组成,通过不同的组合,能拼装出数百种不同的款式,以充分满足消费者求新求特的审美需求。

在机械领域,组合夹具、组合机床、模块化机床等也都可以说是分离创造原理的应用。

由大量的创新设计实例,可以发现分离创造的基本特征:

(1)分离能冲破事物原有形态的限制,在创造性分离中产生新的价值;

(2)分离虽然与综合思路相反,但并不是相互排斥的两种思路,在实际创造过程中,二者往往要相辅相成。

二、分离创造的基本途径

1. 结构分离创造

结构分离是对已有产品的结构进行创造性分解,并寻求创新的一种思路。在对结构进行分解之后,可以考虑能否减少或剔除某些零部件,以提高产品性能;或考虑能否进行结构重组,使重组后的产品在性能上发生新的变化。

例3-5 接头V带的设计。

在机构传动中,人们广泛使用V带传动,但普通V带传动只能适用传动中心距不能调整的场合。为了扩大V带传动的适应性,人们对其进行分离创造,发明出图3-7所示的接头V带传动。它可以根据需要截取一定长度的普通V带,然后用专用接头连接而成环形带(图3-7(a));也可以是由多层挂胶帆布贴合,经硫化并冲切成小片,逐步搭叠后用螺栓连接而成(图3-7(b))。

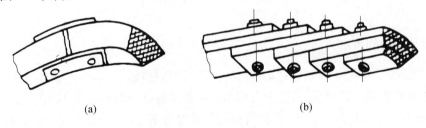

(a) (b)

图3-7 接头V带

例3-6 上"热"下冷的新型冰箱。

一般电冰箱都是上冷下"热",即冷冻室在上,冷藏室在下。而万宝电器集团公司在开发新产品时,对电冰箱进行分离创造,开发出冷藏室在上、冷冻室在下的上"热"下冷式电冰箱。

经过分离重组后的电冰箱具有三方面的优点:其一,增加了用户使用的方便性。电冰箱在实际使用中常用的还是往冷藏室贮存熟食、水果、饮料等,冷藏室在下面时要弯腰取存东西,冷藏室上移后不再有令人不舒适的动作;其二,冷冻室在下面,化霜水不再对冷藏室内的东西造成污染;其三,冷冻室下置方案利用了冷气下沉原理,使负载温度回升时间比一般冰箱延长一倍,减少耗电,节约能源。

例 3-7 新型飞机设计。

螺旋桨飞机诞生以来,螺旋桨都是设计在机首,两翼从机体伸出,尾部安装着稳定翼。美国著名飞机设计专家卡图按照空气的浮力和气流推动原理,对螺旋桨飞机的结构进行分离重组,将螺旋桨放在机尾,仿佛如轮船一样推动飞机前进,稳定翼放在机头处,设计出世界上第一架头尾倒换的飞机。新设计的飞机,有尖端悬浮系统,更趋合理化的流线型机体,这不仅增加了飞行速度,而且排除了失速和旋冲的可能性,提高了安全性。

2. 市场细分创造

市场细分,就是按照消费者的需要、动机及购买行为的多元性和差异性,将整体市场划分为若干子市场或细分市场,即将消费者区分为若干类似性的消费者群。机械创新设计的最终目的常常是为市场提供某种机械类商品,因此也可以根据市场细分理论进行创造性思考。实践表明,面对铁板一块的整体市场,设计者可能双眼朦胧;详观细分市场,则可能心有灵犀。立足细分市场构思新品,或许能发现市场空白,或许能确定设计特色。

应用市场细分创造,通常以职业、年龄、性别、地域、环境、时差、经济条件等市场变量作为细分标准,然后按照形成差异的原则进行创新设计。

例 3-8 家用保险柜的设计。

保险柜或保险箱历来是为单位收藏现金、支票、机密文件等贵重物品的"办公设备",如今,保险柜系列中又新添了家用保险柜这个新品种,并引起了不少先富家庭的购买欲望。

"家用保险柜"这一新概念的提出,体现了创新者对保险柜市场进行细分的思路。从技术上看,设计家用保险柜也要有特定的设计方案。一般来说,它应当具有体积小巧、保密性强、安全性好等特点。如果考虑家用保险柜固定化,则应与家具或其他物品(如墙体)浑然一体;若考虑外出携带,则除了体积小巧轻便外,还得考虑放置安全可靠和自动报警等功能要求。

例 3-9 农用微型耕作机的设计。

1992 年有一项专利成果为农用微型耕作机,设计人为姚若松。他开过几年拖拉机,每当在电影电视上看到拖拉机、收割机在平原大地轰鸣时,他便想起家乡那又窄又小、又高又陡的山地。普通的拖拉机或收割机是无法在山村发挥威力的,为什么不开发设计一种微型耕作机呢?

姚若松的这一创意,实际上就是对农业机械进行市场细分,根据地域环境变量,捕捉到农用微型耕作机这一创新设计课题。经过不懈努力,一种以推动力代替牵引力,突破了耕作机传统结构方式的新型耕作机终于设计成功。这种耕作机一个人能背着上山,也可以在石梯上行走,能爬 $45°$ 坡,1 h 耕地 0.8 亩(1 亩 ≈ 666.67 平方米),工作 2 h 就相当于 1 头牛 1 d 耕的地,而价格也只相当于 1 头牛的售价。

第三节　移植创造原理

一、移植创造的基本特征

"它山之石,可以攻玉。"若能吸取、借用某一领域的科学技术成果,引用或渗透到其他领域,用以变革或改进已有事物或开发新产品,就是移植创造。

移植创造的原理模式可用图3-8表示。

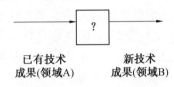

图 3-8　移植创造的原理模式

移植创造是一种应用广泛的创新思路,通览人类的科技创新成果,可以在不少地方发现移植创造原理的应用。在机械创新设计方面,应用移植创造原理获得成功的例子也比比皆是。例如,在设计汽车发动机的化油器时,人们移植了香水喷雾器的工作原理;有轨电车的设计,移植了滑冰鞋溜冰的运行原理;火车黑匣子的设计移植了飞机黑匣子的设计原理;组合机床、模块化机床的设计移植了积木玩具的结构方式。

移植创造具有以下基本特征:

(1)移植是借用已有技术成果进行新目的下的再创造,它使已有技术在新的应用领域得到延续和拓展;

(2)移植实质上是各种事物的技术和功能相互之间的转移和扩散;

(3)移植领域之间的差别越大,则移植创造的难度就越大,成果的创造性也越明显。

二、移植创造的基本途径

1. 移植原理创造

移植原理创造,是将某种科学技术原理向新的研究领域或设计课题上类推和外延,力求获得新的成果。由于原理功能具有普遍性的意义和广泛的作用,所以移植原理创造更能使思维发散。只要某种科技原理转移至新的领域具有可行性,再辅以新的结构或新的工艺设计,就可以创造出一系列新东西。

例 3-10　二进制原理的移植创造。

二进制计数原理已在电子学中获得广泛应用,能否将其向机械领域移植,创造出二进制式的机械产品呢?事实上,人们已在这方面获得了许多新成果。

图 3-9 所示为工件传送系统中常用的工位识别器,它的数码识别原理与弹子锁相似。"钥匙"1 随工件传送器(载件器)运动。在各个工位有"锁"2。图示钥匙以突出部分代表数码 1,无突出则为数码 0,4 个数 $a_8a_4a_2a_1 = 1011$,每个锁也有 4 个数位 $A_8A_4A_2A_1$,可以是一组

电开关或机械装置。钥匙在运动中与各工位的锁接触,当某工位的锁也是 1011 结构时,锁被"打开",使传送系统做出某种反应(如"卸工件")。四维结构的识别器,可以标识 $2^4 = 16$ 种不同对象(工位或工件)。

此外,人们移植二进制原理,开发设计出新的连杆机构、凸轮机构及气动机构。这些二进制式的机构可以将二进制数码转换为机械位移,位移量与数码的值成正比。这类机构广泛应用于各种自动机构中。

例 3-11 磁性轴承设计。

轴承是常见的机械零件。为了减少轴承摩擦以提高其旋转精度和机械效率,人们在不断地进行研究。但正常思路都是按照改变轴承元件形状、优化结构参数或采用减摩材料等模式延伸,都没有产生重大的突破。后来,有人偏离常规的直线思维,将思路横向移入新的磁学原理,开发出磁性轴承。这种轴承的基本原理如图 3-10 所示。设计时使用磁性材料制造的轴颈 1 与轴瓦 2 具有相同的磁性。由于同性相斥,轴颈与轴瓦便互不接触而呈悬浮状态,在旋转过程中摩擦阻力很小。现在,美国一家大型电器制造公司——西屋公司将磁性轴承用在电度表上,开发出高精度(电能计量误差接近于零)的新型电度表,并由此获得较高的商品附加价值。

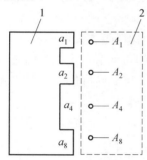

图 3-9 工位识别器

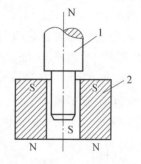

图 3-10 磁性轴承原理

1—轴颈;2—轴瓦

2. 移植结构创造

结构是事物存在和实现功能目的的重要基础。将某种事物的结构形式或结构特征向另一事物移植,是结构创新的基本途径之一。

例 3-12 机床滚动导轨设计。

常见的机床导轨为滑动摩擦导轨。后来人们在摩擦面间置放滚子,设计出滚动摩擦导轨。与普通滑动导轨相比,滚动导轨具有运动灵敏度高、定位精度高、牵引力小、润滑系统简单、维修方便(只需更换滚动体)等优点。从创新设计原理上看,可以认为这种新型导轨是推力滚子轴承结构方式的一种移植。

3. 移植材料创造

物质产品的使用功能和使用价值,除了取决于技术创造的原理功能和结构功能外,也取决于物质材料。将某一领域使用的传统材料向新的领域转移,并产生新的变革,也是一种创造。在材料工业迅速发展,各种新材料不断涌现的今天,利用移植材料进行创新设计更有广阔天地。

例3-13 陶瓷发动机的设计。

在发动机设计领域,世界各国都致力于新型节能高效发动机的研究。其中,陶瓷发动机的设计引起人们广泛注意。

在新型发动机设计中,设计者以高温陶瓷制成燃气涡轮的叶片、燃烧室等部件,或以陶瓷部件取代传统发动机中的气缸内衬、活塞帽、预燃室、增压器等。新设计的陶瓷发动机具有耐高温的性能,可以省去传统的水冷系统,减轻了发动机的自重,因而大幅度地节省能耗和增大了功效。此外,陶瓷发动机的耐腐蚀性也使它可以采用各种低品位多杂质的燃料。因此,陶瓷发动机的设计成功,是动力机械和汽车工业的重大突破。

例3-14 桥梁的新设计。

在人们的心目中,桥梁只能用砖石、木料、钢材、钢筋混凝土等材料建筑。然而,有的设计者却敢于创新,大胆地使用了玻璃材料。玻璃透明、质轻,传统观念中的玻璃是易碎材料,它能否承受重力和负载振动?

保加利亚的工程师用特种玻璃建造了一座宽 8 m、长 12.5 m、重 18 t 的晶莹透彻的玻璃桥。经试验,2.5 t 的载重汽车飞驶而过,玻璃桥安然无恙,稳如泰山。

4. 综合移植创造

在创新设计中,常常需要综合运用原理、结构、材料等方面的移植。在这种移植创造过程中,首先要分析问题的关键所在,即搞清创造目的与创造手段之间的协调和适应关系,然后借助联想、类比等创新技法,找到被移植的对象,确定移植的具体形式和内容,通过设计计算和必要的试验验证,获得技术上可行的设计方案。

例3-15 方形罐头自动贴商标机设计。

(1)工艺动作分析。

对于这样的机器设计,先要分析在方形罐头上贴商标的动作,以针对这些动作进行运动规律设计。显然,要完成这样的工艺动作,机器至少需要具备以下4种功能:①使商标纸从一叠中分离出一张的功能;②在商标纸上刷上胶水的功能;③罐头进入和送出贴商标位置的功能;④贴上并压紧商标纸的功能。方形罐头的自动贴商标机所需的功能确定之后,就可以进一步逐个运用移植原理,以寻找实现各功能要求的解法。

(2)从一叠商标纸中取出一张纸问题的解法。

对此问题,可以借鉴相同或类似的专业机械,如啤酒瓶上贴商标时的取纸方法,印刷机械中的取纸方法。图 3-11 所示为啤酒瓶上贴商标自动机的取纸方案。下工位图中 4 为整叠的商标纸,纸的下面有一弹簧力 F 将纸托起,纸的上部由分纸夹压住(图中未画出)。当上胶取纸转盘 1 转动时,安装在上面的带胶辊 2 经刷胶辊 3 后转到商标纸上部,将最上面一张商标纸粘住并抽出一张,然后又随转盘 1 送到另一工位。

图 3-12 为印刷机械中用于分离大型纸张的原理方案。当松纸吹嘴 4 开始送气后,叠起的纸张上部松动上扬,压纸吹嘴 3 的尖端乘机插入被松纸吹嘴吹起的第一张纸的下面,并把第二张纸压住。当压纸吹嘴继续吹气使第一张全部飞起后,吸嘴 2 将第一张纸吸走,送纸

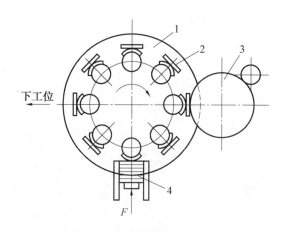

图 3-11 啤酒瓶贴商标取纸方案
1—转盘；2—带胶辊；3—刷胶辊；4—整叠的商标纸

吸嘴 1 接住分纸吹嘴 2 的纸张并送到下一工序。

图 3-13 为小型纸张的分离方案。置于框架中的纸张 1 用分纸针 4 压住，当橡皮辊 3 转动时，从分纸针中抽出一张纸，送到前导辊 2 中并将纸送出。

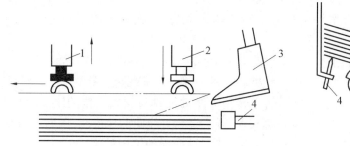

图 3-12 大型纸张分离取送方案
1—送纸吸嘴；2—分纸吹嘴；3—压纸吹嘴；4—松纸吹嘴

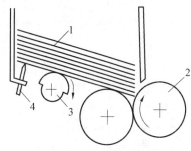

图 3-13 小型纸张分离取送方案
1—纸张；2—前导辊；3—橡皮辊；4—分纸针

(3) 在商标上上胶问题的解法。

在图 3-11 中，采用的是间接上胶法，即先把胶水刷在带胶辊 2 上，再将 2 上的胶水涂到商标纸上并粘取一张商标纸，最后再把带有胶水的商标贴到啤酒瓶上。此外，我们还了解到邮票上胶的办法。图 3-14 所示为邮票上胶水自动机的原理方案。它由刷胶辊 2 先将胶水刷在八角鼓 4 上，然后由八角鼓 4 转到邮票 3 上方，邮票向上移而被粘取一张。经压盖 5 轻压促使胶水分布均匀，再由夹子 1 将带有胶水的邮票取走。除以上间接法外，还有一种直接上胶法，如图 3-15 所示，它由上胶带 1 带动圆柱形制品 4 在商标纸上滚动时把商标纸粘上，并在吸头 2 的协助下贴好，胶带 1 上的胶水由滚子 5 将容器 6 中的胶水涂上。

(4) 将罐头自动送入和送出贴商标工位问题的解法。

这个问题可参考各种形式的自动传送装置设计。

(5) 将商标压紧在罐头上问题的解法。

这个问题比较简单,采用图3-14所示的橡胶压盖或压刷便可解决。

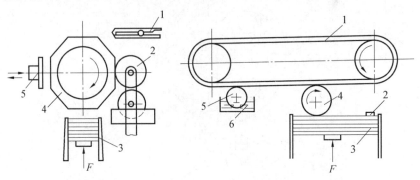

图3-14　邮票上胶方案　　　　图3-15　直接上胶法
1—夹子；2—刷胶辊；3—邮票；　1—胶带；2—吸头；3—商标；4—制品；5—滚
4—八角鼓；5—压盖　　　　　　子；6—容器

(6) 总体方案构思。

有了上面的局部移植,就可以进行总体方案构思,这是一个综合局部解的过程。在这个过程中,要对移植来的解答进行分析以确定真正能用的方案。同时,还要从自动贴商标机的实际情况出发,将局部方案综合成一个新的技术系统,即在移植的基础上进行新的创造。

图3-16所示为经过移植创造后所获得的方形罐头自动贴商标机的一个原理方案。它是运用吸气泵(1为吸气口)吸住一张商标纸并在转动时将第一张抽走(图中未画出纸针),转过90°后,由上胶辊4给商标纸上刷胶水,当转到下面工位时与送入工位的罐头5相遇,吹气泵(2为吹气口)吹气将商标纸吹压在罐头上,罐头继续直线向前送进时,压刷6刷过商标纸将它压紧在罐头上,这样就连续不断地自动完成了贴商标的工作。

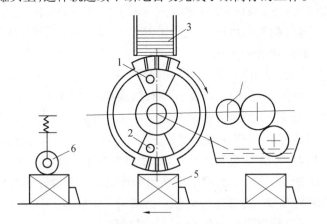

图3-16　方形罐头自动贴商标机器的原理方案
1—吸气口；2—吹气口；3—商标；4—上胶辊；5—罐头；6—压刷

第四节 物场分析原理

一、物场分析的概念

物场分析是苏联学者阿利特舒列尔在其著作《创造是一门精确的科学——解决创造课题的理论》中,首先提出的一种创造原理。这种创造理论认为,解决创造课题的本质问题是消除课题的技术矛盾,而技术矛盾是由物理矛盾决定的。只有消除物理矛盾,才能最终解决创造课题。因此,消除物理矛盾,才是解决创造课题的核心所在。如何分析和消除这类矛盾,可以运用物场分析原理。

所谓物场,是指物质与物质之间相互作用和相互影响的一种联系。比如,电铃的响声给了人一种信号,其中"电铃""人"属于"物质"的概念。那么"场"又是指什么呢?只要分析一下电铃的响声为什么会传到人的耳里,就会知道"空气的振动"是其中的原因,如果在真空中,人是听不到电铃的声音的。即是说,在"电"与"人"之间存在着一个"声场"。事实上,世界上的物体本身是不能实现某种作用的,只有同某种"场"发生联系后才会产生对另一物体的作用或承受相应的反作用。就科学领域来说,温度场、机械场、声场、引力场、磁场、电场等,是物场的具体存在形式。

构成一个物场需要三个要素:两个物质和一个场。其一般形式如图3-17所示。

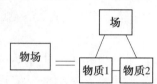

图3-17 两个物质和一个场的一般形式

任何物场都可以分为3种类型:

(1)完全物场体系。即满足物场三要素要求的物场体系,它是一种能实现物质之间相互作用和影响的完整技术体系。

(2)不完全物场体系。即不能满足物场三要素的要求,或只知两物,或知一物一场,这是有待补建的技术体系。

(3)非物场体系。如果只给出一种物质或者场,则属非物场体系。显然,它不存在具体的相互作用和影响,不发生任何技术功能作用。

二、物场分析的创造原理

物场分析的基本内容就是在判别物场类型的前提下进行创造性思考,或对非物场体系或不完全物场体系进行补建,或对完全物场体系中的要素进行变换以发展物场。无论补建或变换,其最终目的都是使物场三要素之间的相互作用更为有效,功能更加完整和可靠。

运用物场分析原理创造时,其思考要点如下。

(1) 课题分析。

分析创造课题的出发点和期望达到的目的。搞清课题属何技术领域,已知什么,未知什么,限制条件有哪些,等等。

(2) 分析物场类型。

按照物场的三要素要求,判断创造课题已知条件能够构造成哪种类型的物场体系。

(3) 进行物场改造思考。

①对非物场体系或不完全物场体系,要补建成完全物场体系。补建成完全的物场体系,其措施是移植引进作为完全物场体系所不可缺少的元素,而这种引进的元素应当是发生相互作用的,而不是无关的元素。有时,会有这样的情况,当已知条件给定了两种物质,需要引进一个场。这里虽然符合构成物场三要素的要求,但无法实现它们的相互作用。这时,还应引进使它们发生相互作用的物质,该物质应当是与给定的两个物质之一相混合而不分离,则可以复合体(物质2,物质2′)来代替物质2。

②对完全物场体系进行要素置换。物场效率的大小与要素的性质相关。对于已成为完全物场的技术体系,可以考虑用更有效的场(如电磁场)来取代另一类场(如机械场),或用更有效的物质来置换效能较差的物质。

(4) 形成新的技术体系形态。

对确定的新物场体系进行技术性构思,使之成为具有技术形态的新技术体系。

例 3-16 冷冻机密封检测方案设计。

运用物场分析原理求解家用电冰箱中冷冻机密封不良的检测设备的原理方案。

(1) 课题分析。

家用电冰箱的冷冻机中充满着氟利昂和润滑油,如果密封不良,氟利昂和润滑油都会外漏。因此,检测密封不良的问题实际上就是判断是否有工作介质或润滑油外漏。

(2) 物场分析。

根据物场形式进行分析,此课题中哪些东西可以视为物质和场。了解传统的检漏方式是人工观察,在这种技术体系中,"润滑油""氟利昂"是物质,但相互作用的物质与场没有构成完整的物场,因此传统检漏方式是一种原始的非物场体系。

因此,本课题运用物场分析原理,主要是将非物场体系补建成非人工检测泄漏的完全物场体系。

(3) 完全物场体系的建立。

根据物场三要素的条件,思考方向集中在寻找与润滑油泄漏有作用关系的物质及起联系作用的技术场。经搜集有关机械故障检测方面的信息,决定建立以下形式的完全物场体系,如图 3-18 所示。

在这一物场体系下,引进了荧光粉这一物质和紫外线辐射这一物理场。其技术体系的工作原理是:将掺有荧光粉的润滑油注入冷冻机,在暗室里用紫外光照射冷冻机,根据通过密封不严处渗漏出的润滑油中荧光粉发出的光,来确定渗漏部位。

根据上述原理可以开发设计冷冻机渗漏自动检测装置。

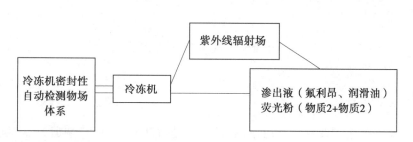

图 3-18　完全物场体系

例 3-17　燃气轮机过滤器改进设计。

为了从燃气中消除非磁性尘粒,可使用过滤网,它由许多层金属网构成。这种过滤器虽可满意地挡住尘粒,但滤网清洗非常困难。清洗时,必须经常将滤网拆散,长时间向相反方向鼓风,才能使网上尘粒脱去。试用物场分析提出改进设计方案。

(1)物场分析。

根据课题给出的条件,可描述出一个完全的物场体系,如图 3-19 所示。

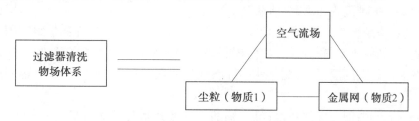

图 3-19　完全的物场体系

这个物场虽属完全物场体系,但其功效并不令人满意,打算对此进行改造。

(2)旧物场体系的改造。

采用置换场和物质的办法来改造,具体想法为:用电磁场来取代机械场(空气流);用铁磁性颗粒代替金属网。这样,得到新的物场体系,如图 3-20 所示。

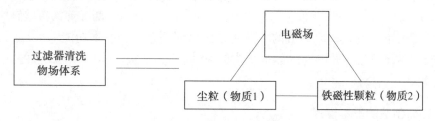

图 3-20　新的物场体系

新物场体系对应的技术体系的工作原理是这样的:利用铁磁性颗粒作为过滤物质,它在磁极中间并形成多孔隙结构。关断或接通磁场就可以有效地控制过滤器的孔隙。当需"捕捉"尘粒时,过滤器孔可缩小,而在清洗时,孔可以放大。改变磁场强度,便可控制铁磁颗粒的密度。

第五节 还原创造原理

一、还原创造的概念

还原,一般理解为恢复原状。还原创造原理,是指创造者回到"创造原点"进行创新思考的一种创造模式。

所谓创造原点,简单地说,就是驱使人们创造的最基本的出发点或归宿。

例如,人们创造了"锚",目的是用来停泊船只。锚的前身是碇,早期的碇是用绳索缚着石墩构成的,停船时把石墩放到水底,利用石头的质量来固定船只。把绳索连同石墩提起来,就可以开船。遇到风浪太大或水流太急的时候,石墩的质量不够,常常不能系住船只,人们就在石墩上绑上木爪,创造出木爪石碇,木爪可以扎入泥沙之中,这样就加强了石墩的稳定性,固定船舶的力量相应增加了好几倍。以后,人们又发明出铁制的重达千钧的一端有两个或两个以上带倒钩的爪儿,即铁锚。

锚重泊稳,这是极其浅显的道理。因而千百年来船舶的停泊装置都是紧密围绕着如何增加锚的质量,如何改变锚的形状,如何控制锚的抛落和起收进行"顺理成章"的设计和制造。这固然能够解决问题,但由此造就的锚在设计原理上却是"千佛一面",锚的结构也大同小异。

当人们回到创造原点去创新设计后,锚的设计便开始有了新的突破。设计者从"能够将船舶稳定在海面的方法"的创造原点出发,提出了各种新奇的设想,如能自动高速旋入海底的螺旋锚;能瞬间射入海底,又能即刻反射出来的火箭锚;具有强大吸附力的吸盘锚;还有用局部冷却的方法稳定船舶的冷冻锚。

冷冻锚是一块带冷却装置的铁板,由船上电缆供电,把铁板放到海底,通电 1 min,铁板就冻结在海底上。2 m^2 的铁板,通电 1 min 连接海底的力为 2×10^6 N,10 min 后达到 2×10^7 N,完全可以把巨轮拽住。起锚作业也很简单,向放热元件供电,只消一两分钟铁板就解冻。

通过上例,可以发现还原创造的本质是使思路回到事物的基本功能上去,因为从创造原点出发,才不会受已有事物具体形态结构的束缚,能够从最基本的原理方面去思考标新立异的方案。

二、还原创造的基本模式

还原换元,是还原创造的基本模式。

还原换元是指先还原后换元。还原思考时,不以现有事物的改进作为创造的起点,沿着现成技术思想的指向继续同向延伸,而是首先抛弃思维定式的影响,追本溯源,使创造起点还原到创造原点,再通过置换有关技术元素进行创造。

例 3–18 食品保鲜装置的新设计。

人们为了使食品在一定时间内保持良好的鲜度和品质,创造了各种冷冻保鲜方法及相应装置,如冰袋、电冰箱、真空冷却机、声波制冷装置等。

为了创造新的食品保鲜装置,人们不断地进行探索,但常常都是在同一创造起点上搜肠刮肚地思考着同样的问题:什么物质能制冷?什么现象有冷冻作用?还有什么制冷原理?这样思考并不算错,但仅局限这种"冷冻"思维,无异于给自己套上了思维枷锁。如果运用还原创造原理求解这一问题,情况不至这样。

按照还原换元原理,首先思考食品保鲜问题的原点在哪里?无论冰袋还是电冰箱,它们能够保鲜食品的根本原因在于能够有效地灭杀和抑制微生物的生长。凡具有这种功能的装置都可用来保鲜食品。这就是创新设计食品保鲜装置的创造原点。

从这一创造原点出发,可以进行换元思考,即用别的办法来取代传统的冷冻方案。有人结合逆反思维的应用,想到了微波灭菌的技术方案,开发出微波保鲜装置。经过微波加热灭菌的食品,不仅能保持原有形态、味道,而且鲜度比冷冻时更好。

此外,从创造原点出发,人们还可以采用静电保鲜方法,并开发设计出电子保鲜装置。

例 3-19 新型电风扇的设计。

应用还原换元原理设计新型电风扇时,先思考其创造原点。无论是台扇、吊扇、壁扇,其创造原点都是使周围空气急速流动。那么,还有没有别的技术方案能实现这种功能或物理效应呢?经过换元思考,有人想到了薄板振动的方案。该方案用压电陶瓷夹持一金属板,通电后金属薄板振荡,导致空气加速流动。按此思路设计的电风扇,没有扇叶,面貌全新,称为"无扇叶电风扇"。与传统的风叶旋转式电风扇相比,具有体积小、质量轻、耗电少和噪声低等优点。

第六节　价值优化原理

一、产品价值的概念

提高产品价值是创新设计的重要目标。这里所说的价值有其特定的含义,它是指产品的功能与成本的相对关系。设 F 为产品具有的功能,C 为取得该功能所耗费的成本,则产品的价值 V 为

$$V = \frac{F}{C} \tag{3-1}$$

随着生产的发展,人们越来越深刻地意识到顾客需要的不是产品的本身而是产品的功能。在产品竞争的角逐中,必须设法通过设计制造以最低的费用提供用户所需要的功能。在保证同样功能的条件下,还要比较功能的优劣——性能,只有功能全,性能好,成本低的产品在竞争中才具有优势。当顾客购买一辆汽车时,考虑的不仅是它的售价和可以运物的一般功能,往往更关心的是它的每公里耗油量、速度性能、噪声大小、零部件可靠度、维修性能等。只有对功能、性能和成本的综合分析才能合理判断汽车的价值。

第二次世界大战以后在美国开展了关于价值分析(value analysis, VA)和价值工程

(value engineering,VE)的研究。美国通用电气公司的工程师迈尔斯在采购工作中常遇到某些物资短缺、价值昂贵的问题。一次未能买到急需的石棉板,他想"石棉板的作用是什么?是否能用别的东西替代?"经过调查研究,他在市场上找到一种货源充足,价格便宜,具有石棉板相同功能的不可燃纸用以替代石棉板,这样,既满足了生产的需要,又降低了成本。通过一系列类似问题的分析,通用电气公司发现了隐藏在产品背后的本质——功能,如把价值看作某一功能与实现这一功能所需成本之间的比例,提高产品价值就是用低成本实现产品的功能。他们在开发产品时注意从功能分析着手,实现必要功能,去除多余功能和过剩功能,既满足了用户需要,又降低了成本,将产品设计问题变为用最低成本向用户提供必要功能的问题。17年内通用电气公司在价值分析方面花了80万美元的费用,却获得了两亿多美元的利润。价值分析应用的效果引起各界人士的重视,美国国防部及各大公司纷纷将价值分析列入军事装备及民用工业的设计,并进一步程序化,称之为价值工程。

现代创造的任务,与价值工程的目的在很大程度上是接近的。创造具有高价值的产品,是产品创造追求的重要目标。因此,价值优化或提高价值的指导思想,也是创造活动应遵循的理念。在此基础上,形成了价值优化的创造原理。

二、价值优化的基本途径

由产品价值的定义式(3-1)可知,价值优化的基本途径是通过改变功能或成本的相对关系来提高产品的总价值。具体途径有以下5条:

(1) $\dfrac{F}{C\downarrow}=V\uparrow$,即保持产品功能不变的前提下,着眼于降低成本,从而达到提高价值的目的,这是价值优化的一般目标。

(2) $\dfrac{F\uparrow}{C}=V\uparrow$,即当成本不增加的前提下,采取措施提高产品的功能质量,从而实现提高价值的目的。

(3) $\dfrac{F\downarrow}{C\downarrow\downarrow}=V\uparrow$,即去掉剩余功能,或者虽然使用功能稍有降低,但能满足需要,从而使成本大幅度下降,结果使价值提高。

(4) $\dfrac{F\uparrow\uparrow}{C\uparrow}=V\uparrow$,即采取措施,虽然使成本略有增加,但却使功能大幅度提高,从而使价值提高。

(5) $\dfrac{F\uparrow}{C\downarrow}=V\uparrow$,即采取措施,不但使产品功能增加,同时也使成本下降,从而使价值大幅度提高。当然,这是理想的途径,是价值优化的最高目标。

例 3-20 "新型百叶窗"的设计。

英国库特公司的设计人员曾开发一种新型百叶窗,要求产品既能防止雨水打入,又可使室内空气流通。

设计者通过价值分析,改变了用料多、造价高的传统设计,而采用了允许雨水透过百叶窗,再在窗叶后面用凹槽收集,然后通过细管将雨水排出室外的新设计。新设计的百叶窗,不仅降低了成本,而且便于操作,且能够延长使用寿命,即功能得到改善。商品化后的新产品在市场上很有竞争力。

例 3-21 双端面磨床的设计。

上海机床厂在新产品 M7750 双端面磨床的设计中,应用价值优化原理,首先确定了产品的目标成本,然后参照目标成本的要求,寻求实现规定功能的产品结构。他们根据用户提出的产品性能稳定、磨削精度高、磨头刚性好等条件,选定 4 个关键部件的设计方案进行分析。通过同国内外和厂内同类产品进行对比,找出差距,然后运用各种创造性思维或创新技法,提出 24 项改进措施。在这些措施中,有些能使部件既提高功能又降低成本;有些可使部件的功能保持不变,而成本有所降低;有的成本虽略有提高,但能使部件的功能得到较大的改善。

运用价值优化原理改进设计的结果,比同类产品 M7775 磨床零件数量少 28.5%,产品成本比原定目标成本下降 13.8%。

第四章　科技创新实践能力培养平台
——省级大学生科技创新实践示范基地

习近平总书记强调,要教育引导学生正确认识世界和中国发展大势,从我们党探索中国特色社会主义历史发展和伟大实践中,认识和把握人类社会发展的历史必然性,认识和把握中国特色社会主义的历史必然性,不断树立为共产主义远大理想和中国特色社会主义共同理想而奋斗的信念和信心;正确认识中国特色和国际比较,全面客观认识当代中国、看待外部世界;正确认识时代责任和历史使命,用中国梦激扬青春梦,为学生点亮理想的灯、照亮前行的路,激励学生自觉把个人的理想追求融入国家和民族的事业中,勇做走在时代前列的奋进者、开拓者;正确认识远大抱负和脚踏实地,珍惜韶华、脚踏实地,把远大抱负落实到实际行动中,让勤奋学习成为青春飞扬的动力,让增长本领成为青春搏击的能量。

北华大学大学生科技创新实践基地,是以北华大学机电集成技术创新基地为技术核心,以机械工程实验室、数控实验室、工程训练中心的硬件资源为依托,以引导大学生参与实际工程项目、科研项目、实验设备改造项目、科技竞赛项目等为目的,全方位培养大学生创新精神、实践动手能力、协作能力、沟通与表达能力、组织管理等多方面的综合能力,为培养高素质、复合型机械类人才创新性应用人才服务。

北华大学大学生科技创新实践基地按照规范化的流程招收、培养本科生科研助理(通过招聘流程考核,课余时间按创新基地人才培养模式进行培养的学生),同时按照规范化的方式开展层次多样的科技创新实践活动,并通过广泛开展公开性技术培训与学术讲座的形式发挥基地的辐射作用,引导广大学生参与科技创新实践活动。创新实践基地内的大学生将秉承"主动寻找差距、敢于承认差距、努力缩小差距"的奋进精神,以"能力受益于交流、创新根植于实践"为理念的务实态度开展工作,按照公司化运行模式进行动态业绩管理,使学生学会并适应面对压力、竞争状态下的合作与沟通技巧等,为培养快速适应工作岗位需求的高素质人才提供全面的、真实的模拟训练环境。

目前,大学生科技创新实践基地共有24个研究室、1个研发基地、多个工程依托基地,可容纳190多名科研助理同时开展创新实践活动。在创新基地内接受培养的本科生第一梯队科研助理有187人、第二梯队科研助理有500余人。专兼职指导教师36人,涵盖工科类机械、电气、计算机共12个本科专业。所形成的"指导教师——高年级学生——低年级学生"交叉融合的团队攻关模式,已经被规范化实施。形成了独特的地方性普通高校培养高素质本科人才的创新型培养模式,2006年唯一一个被吉林省教育厅确定为"吉林省大学生机电集成技术科技创新实践示范基地"。

第一节　北华大学大学生科技创新实践基地的发展历程

一、大学生科技创新实践基地发展及建设

北华大学机电集成技术研究中心成立于2002年3月,2003年被学校正式命名为"北华大学机电集成技术创新基地",是一个隶属于机械工程学院的科研机构。创新基地是一个以"机电一体化技术、特种机器人技术、机械设计、虚拟样机技术"为研究方向的高技术研发机构。从创新基地成立之初,在学校"科研促进教学"的指导方针下,创造性地实施了"招收优秀本科生作为创新基地科研助理"的大学生课外科技创新实践能力培养模式。

从2002年开始,创新基地的骨干教师便带领大学生开始了有关机电一体化、特种机器人、机械设计等方向的科研项目预研工作。主要是利用科研助理的业余时间(工作日的晚上、周六周日、寒暑假等业余时间),从学习现代设计软件开始,到跟随学长辅助完成一定量的设计任务,全程跟踪、感受科研项目的完成过程;当新科研助理掌握了基本设计方法、设计工具的使用及拥有足够的设计思想后,便可以申请独立地完成某一设计任务,设计题目由创新基地根据科研任务分解或学生自选,这个过程叫作项目预研。

学生从进入创新基地实践学习,一直到大四毕业,每个人大约都能参与3~4个科研项目研发的全过程,这对锻炼学生的综合能力有巨大的促进作用。在创新基地运行的前四年中,在指导教师、学生科研助理的共同努力下,在机电一体化、特种机器人、虚拟样机方向上,基地共完成了50余项科研项目的预研工作。当预研项目获得了较为理想的基本成果后,创新基地便主动与周边企业进行接洽,申请企业横向科研项目,为地方经济建设服务;另外,创新基地所做的预研项目的另一个目标是:申报上一级主管部门的纵向科研基金的资助。通过这种运作模式,实现了培养和锻炼队伍、获得资金支持、提高科研层次、充实和完善研究条件的目标。2006年,学院改革加大了科研助理模式的投入,创新基地重新整合扩建为北华大学大学生创新实践基地,下设14个研究分室,容纳136名科研助理。创新基地科研助理培养模式更加完善,在很大程度上进一步激发了全院教师和学生的创新意识,到2010年,北华大学大学生科技创新基地逐步完善扩大到拥有24个研究分室,充分地调动了全院师生投身科技创新实践的积极性,近年来,以科研助理为主体,完成科研项目100多项,通过这些项目的执行,锻炼了学生的创新实践能力,并且改善了课题组的科研条件。

近几年,我院大学生共参加各级比赛获奖625余项,获得省部级以上300项。其中:在特种机器人、智能化医疗康复领域所获得的成绩较为突出,连续获得了第八届、第九届"挑战杯"全国大学生课外学术科技作品竞赛一等奖、"挑战杯创业计划书"大赛全国铜奖、首届机械创新设计大赛东北地区一等奖等殊荣。2006年,我院大学生的科技作品又获得了第二届机械创新设计大赛一等奖3项,获得了代表吉林省参加国家决赛的机会,全省共选送两件,多功能护理床推荐到国家参加决赛,获国家一等奖,截至2014年,我院在国际大学生产品设计毕业作品竞赛,"挑战杯"全国大学生课外学术科技作品竞赛,全国大学生机械创新

设计竞赛等比赛中也取得了优异的成绩,共获奖625项,其中国际级10项、国家级72项、省部级218项。正是这些获奖,为北华大学增添了光彩,提高了我校的社会影响,鼓舞了我们继续深化教育教学改革的决心。

科技创新实践基地按照时间上要留有余地、空间上要有足够场所、机制上要有充分自由度的原则进行建设,以"科研助理"的长期培养和"兴趣班"形式的短期技能培训相结合的方式,开展大学生科技创新实践能力的培养,创新基地在运行过程中拥有一整套科学合理的运行及管理机制,能够最大限度激发指导教师的积极性和学生主动参与的积极性,充分发挥创新实践基地的各项功能。

学校采取了以项目认定方式评估教师工作量的办法,激发了指导教师的积极性。鼓励教师以兼职身份参与大学生的课外科技创新实践指导活动,同时还聘任了12名教师作为创新实践基地的专职指导教师。每学期末,创新基地收集学生的研究报告,报告中列出指导教师及其实际指导工作量,由科技创新实践基地指导委员会根据项目的难易程度核算出该教师的当量学时,以实验室开放津贴的形式给予补贴。另外,教师在指导过程中可以优先将自己的项目科研、教研等分解安排学生来完成,这样就进一步激发了教师的指导积极性。对于学生科研助理的积极性调动,创新基地采取加分制,当科研助理每完成一个项目,提交研究报告,经学院专门机构认定后,可以获得创新学分和大学生素质综合测评加分。学生在创新实践基地内的工作,完全是以兴趣为驱动的主动性学习与实践,他们渴望自己的设计能够变成实际的模型或样机。对于优秀的设计,学院大学生创新基金会还会给予资金支持,这样极大地调动了本科生以工程化思想完成日常实践的积极性。

大学生科技创新实践基地以"科研助理"的运行模式对学生的实践能力、创新能力进行培养,注重贯彻"过程培养人"的理念。从科研助理的招收、选拔、培养、升级、退出机制等方面建立了完整的实施流程。每年新生入学时,学生会组织新生到大学生科技创新实践基地、教师课题组、实验室等处参观,让学生从一入学就树立科技实践及创新意识,建立明确的学习目标。同时,还安排由骨干教师和高年级优秀学生共同主讲的"专业认识教育"活动,进一步强化新生对大学生科技创新实践基地的向往。

科技创新实践基地每年分春季、秋季两次招生。招生对象是大二、大三的学生,其中以大二学生为主。对于所招收的学生,经过严格的考核,根据个人的能力及培养前景的不同,分层次进行培养。一种是短期培训,由第一梯队的科研助理担任教师,以培养学生掌握先进的现代软件、现代设计方法为目标,大部分的学生参加的是这种培训班。这种培训班每学期举办两期,迄今为止已举办了六期;另一种是长期培养,主要是针对有特长并对科研、教研项目、实验室设备改造等感兴趣的学生,学生首先经过基础性学习,然后进入基地的课题小组做项目,再到自己主持小课题,最后参加教师的实际科研、教研及实验室改造项目。第二种模式培养的学生被称为"科研助理"。一般科研助理能够在教师的课题组学习一年到两年的时间,经历辅助学长完成项目的"C级科研助理"、直接参与科研项目的"B级科研助理"、独立完成科研项目的"A级科研助理"三个阶段。经过培养的科研助理能够独立完成课题的申报、执行及验收等工作。

与此同时，规定在创新实践基地内工作的科研助理必须指导基地外的三名同学进行专业知识学习、参与科技创新活动，这样就把创新实践基地的培养模式进行了放大，带动了更多的学生关注专业学习、参与各类科技实践活动，从而促进了学风建设的稳步推进。

针对科研助理的日常工作，基地也制订了规范化的实施流程。从项目的提出、立项申请、项目实施到结题验收，都是模拟工程项目、科研项目的实施办法而制定。在实施过程中，还通过公开论证、答辩等环节，强化学生的表达能力，实现基地培养模式的辐射效应。在实施过程中，即使是非常小的一个项目，基地也严格按照上述流程进行，指导教师只是在方向性等重要问题上进行把关，其他过程全部由高年级科研助理指导低年级科研助理、科技创新基地内科研助理指导基地外学生的方式进行，保证了培养模式的推广实施。

创新基地在科研助理培养模式下，在培养方案内设置创新与素质拓展学分。本部分学分主要通过在课外实践参与科技创新活动并获得成果，经科技创新基地认定后获得，从而把课内与课外有效结合起来，采取创新实践成果顶替选修课学分的制度。培养方案中规定学生在创新基地内获得的科技成果主要是独立完成某一专业方向的自主性实践，设计任务量、完成质量达到要求，并有规范性报告，最多可以免修学分的专业方向选修课，从而实现了个性化培养的目标。同时，进行专业方向强化实践学分的设置。培养方案规定，第六学期的学生与第八学期的毕业生同步完成毕业设计项目的设计工作。这一环节形成了指导教师、大四与大三学生为一体的项目组，大三学生弹性跟踪一学期，在学期末大四毕业答辩后进行成绩评定，分数由指导教师、大四学长、答辩小组共同给出。其好处是使学生在大三就认识到专业学习方向选择的重要性，提前接触到毕业设计的基本形式及基本要求，为今后的学习确立了明确的方向，增强了学生的学习主动性。

为了保证以科技创新实践为特色，倡导个性化培养为目标的培养模式能够有效开展，在学生管理部门的支持下，学院针对基地的运行特点对传统的综合测评体系进行了大胆改革。设立了单项奖学金制度，包括学习成绩奖、创新实践奖、综合素质奖三类奖项。特别是以创新实践基地为依托，建立了定期评定大学生课外科技创新实践成果的制度，只要是学生在课外时间完成了某一科技实践项目或者参加了某一科技创新活动，就可以撰写报告，提交到创新实践基地进行认证后，便可获得相应的加分。充分肯定并规范化认定学生课外实践成果和进步过程，在引导机制上形成了"鼓励创新实践"的格局。与此相适应，有关学院在评优过程中，规定了学生的课外创新实践加分的最低标准。

为了鼓励并引导教师利用业余时间广泛开展大学生实践活动的指导工作，有关学院制定了《大学生课外实践指导教师管理办法》，在教师的个人教学工作量、评优晋级等方面给予了充分量化考虑。根据教师的实际指导数量和质量核发相应的实验室开放指导津贴。

北华大学探索形成的以科研助理培养为特色的大学生科技创新实践基地的建设与运行模式使大学生的科技创新实践能力得到明显加强，形成了科研与教学互相促进的良好氛围，使学生的培养质量明显提高、学风明显好转。

二、大学生科技创新实践基地的功能

(一)大学生科技创新实践基地对大学生的功能

大学生科技创新实践基地是培养学生自主创新精神以及自主研发能力的摇篮,学生自进入创新实践基地成为一名科研助理后,基地都会对其未来的发展做一个合理的规划与安排。将从不同方向全面地培养创新型人才,使学生毕业之后不仅能够找到一份对口的工作,以最快的速度适应工作,并且能够很快地在工作岗位上成为公司的领跑者。由此大学生科技创新基地的功能归纳如下:

1. 大学生科技创新实践基地具有提高科研助理的工程设计和实践创新能力的功能

借助大学生科技创新实践基地,教师选择一些与工程实际、与高科技领域前沿研究密切相关的开放性课题,充分发挥学生的想象力和创造力,采用产学研相结合,提高了大学生课程设计、毕业设计的效果。并且借助该平台,开设工程设计类课程,让学生亲身参与机械、机电类装置的设计、制作、编程和实验活动。这对于融合其所学知识,激发创新思维,培养动手能力、创造能力和协作精神具有明显的作用,促进了工程素质教育。创新基地近几年来,先后组织学生参加了省大学生机器人比赛,省大学生机械创新设计比赛,省大学生机械创新制作比赛,国家、省、校三级的"挑战杯"大学生课外科技作品竞赛等。多件学生科技创新作品荣获全国"挑战杯"一等奖、二等奖、三等奖,以及省、校各类竞赛奖项。这些活动具有实践性强、探索性强和综合性强的特点,有利于提高学生的工程设计能力和实践创新能力。

2. 大学生科技创新实践基地具有培养科研助理自主学习能力的功能

科研助理进入创新基地后开始会有一段培训时间,培训期过后除了每周的学术讲座就不会再有集中的培训学习时间,因此获得知识就要靠科研助理自己,其做项目所用到的软件、知识都是自身通过学习获得的。由于科研助理具有较强的自学能力,因此其毕业参加工作之后的发展将会非常好。

3. 大学生科技创新实践基地具有提高科研助理规划能力的功能

做任何事情都应该有规划,只有有规划后去做事情才会将活干得漂亮,但是每件事都能够坚持做规划是非常不易的,而创新基地培养的科研助理就具有这种能力。由于在创新基地接触的项目很多,有可能在同一时期同时接几个项目,并且每个项目都有限制日期,要想把项目做完,还要做漂亮,让人一目了然,就必须要求科研助理对每个项目都要有规划,计划出每一步该怎么走,在什么时候应该完成哪些项目都规划好,这样不仅能够按时完成任务,而且还能把项目做得让人"赏心悦目"。由于这样的工作方式,使从基地走出去的科研助理做事非常有条理性,工程项目完成效果自然会很乐观。

(二)大学生科技创新实践基地对教师的功能

1. 培养了教师精湛的业务水平

大学生创新实践基地是一个强化实践教学,倡导创新教学,老师和学生共同学习的平台,在做项目的同时不仅促进了学生的成长而且促进了指导老师业务水平的提高。一个好

的科研项目的指导老师不仅对高校学分制管理模式有充分的了解,而且对学生所学专业的人才培养方案、课程设置和选修课情况等方面有深入的思考,还要能掌握该专业各学科的前沿信息及其在社会生活中的实际应用和未来的发展趋势。老师指导学生做项目,做项目过程本身就是一种师生互动、交互式指导与学习的过程。老师的悉心指导,既有利于学生学识、能力等方面素质的提高,同时也能促进老师加强自我学习和再教育,渐渐地使自己的知识体系得到更新与充实,提高了自身能力和指导水平。其实质是起到了教学相长和优化师资的作用。

2. 提高了教师的实践科研能力

我国传统的教育形式即为课堂讲授为主,而在大学生科技创新实践基地,是需要师生相互配合,相互辅助,共同参与去完成项目的,教师和学生融为一体,没有层次高低之分,就像孔子所说:"师不必贤于弟子,弟子不必不如师。"在这种氛围中,教师脱离了纯理论的讲授,在实践中取长补短,这不仅增强了对实践教学必要性的意识,也提高了自身的科研实践能力,克服了传统课堂式教学的弊端,充分激发了教师的实践积极性,特别是培养了一批具有高度动手实践而且具有指导能力的青年教师,这会为一个学院的发展增添新的血液和动力。

(三)大学生科技创新实践基地是连接社会的纽带

要想提高科研助理的创新实践能力就必须亲自参与几个项目的研发过程,然而这些项目的来源除了参加各种比赛外,就是与外面公司合作的项目,这些项目都是工人在劳动过程中发现和待解决的机械问题,通过做这种项目不仅提高了科研助理的发散思维和动手能力,同时也使科研助理了解社会现状,使科研助理在毕业之后将会很快地适应社会。

创新基地面向所有师生开放,同时也面向校外企业开放。以"互利互惠、资源共享"的合作原则,与校外的多家实习基地签订了中长期技术合作战略联盟协议,企业每年向基地提供一定数额的研发基地建设费,学生以企业的各类工程项目为实践对象,把实用性研究成果有偿提供给企业。形成了将企业课题引入学生实践体系,企业自愿为基地提供运行经费,并出"高价"竞相招聘基地内毕业生的良性运行机制。所以,从某种意义上说大学生科技创新实践基地也是大学生与社会连接的纽带。

(四)大学生科技创新实践平台促进自主创业

大学生科技创新实践基地旨在为大学生提供一个科技创新实践的平台,优化资源配置,全面提升学生综合素质,培养学生创新思维、团队精神、科技创新能力、创业能力和社会竞争力。然而在当今竞争如此激烈的社会中,创业能力成为一个大学生综合素质的一方面,近几年来国家也在提倡大学生创业,大学生科技创新实践基地也是一个引导大学生创业的平台。

机械工程学院大学生科技创新实践基地率先提出培养学生创业意识,使其在校就能与企业合作了解企业的运作模式。隶属于机械工程学院科技创新实践基地的工业产品设计研究室和制造工艺及CAM技术研究室分别与企业建立了合作关系,从实验室一个整体去了解创业,并使实验室在合作中取得相应的经费,使各个研究实验室在运营中达到一种不受自身经济限制并能为整个创新基地的发展提供相应的经费。在实验室整个创业过程中，科研助理全程参与，培养其今后自主创业意识。

三、大学生科技创新实践基地创新平台的构建（去留问题）

（一）创新能力培养的硬件平台体系

创新能力的培养首先必须有硬件平台作保证，并且其硬件环境必须与围绕创新能力培养目标所构建的知识框架相适应。针对机械类大学生的专业培养目标，我们构建了由课程实验、课程设计（包括毕业设计）、实习和学生课外应用技术培训与课外科技活动组成的实践教学体系。根据学生对知识掌握与应用的规律，该体系分为基础层、提高层、综合创新层三个层次。基础层实践环节主要目的是消化与掌握专业基础知识，了解本专业的特点，初步掌握本专业的基本应用理论与技术；提高层实践环节主要目的是消化与掌握广泛的专业知识，深入了解本专业的各种应用技术，并能动手解决本专业的基本技术问题，在基础层和提高层的训练中主要掌握"机械""电子电气""计算机"三方面应用技术；综合创新层实践环节主要目的是掌握多学科的专业知识，深入了解本专业的各种应用技术现状与发展方向，综合"机械""电子电气""计算机"等方面的知识解决实际问题，并对新方法、新技术、新工艺进行探索。

根据上述实践教学环节体系，我们着重在设计性综合性实验条件、工程实训中心的加工制作条件、创新设计基地、机械CAD/CAM培训基地等几方面进行硬件环境建设。结合当今先进的应用技术，首先增设先进制造技术、CAD/CAM技术、数控与伺服技术、创新设计等实验室，其目的是拓宽实验教学内容，使学生全方位地接触与掌握先进的应用技术。其次是自主研制先进、实用便于学生动手的实验设备，促使教师将理论知识与实践应用融合，提升专业理论知识，提高技术开发能力；促进学生参与先进设备的研制，培养学生对知识的综合应用能力和创新能力，拓展学生的知识面。第三是可以安排学生进行设计、实验、加工制作等课外创新实践训练。第四是开放研究实验室，在"因材施教，讲求实效"的原则下，以综合实验、设计实验和学生自主实验为主，努力培养学生的创新意识和实践能力。

（二）创新能力培养的软件平台体系

大学生创新能力的培养需要营造一个综合、系统的活动氛围，必须在教与学两个层面上建立可操作的运行平台，建立监督保证的制度体系，为创新能力的培养提供活动空间。我们通过在学院设立大学生创新能力培养基金、成立院大学生科学技术协会、设立院机械创新设计年度竞赛、在专业教学计划中增设"学科及工程技术前沿"实践学分以及在教职工年度考核中增设指导大学生科技活动奖励工作量分等措施与制度，保证了大学生创新能力培养的有效推进。对于学生而言，通过参加各类科技活动和竞赛获奖，或在创新设计实验室完成规定工作量的创新实验可获得相应的创新实践学分，从而增强了学生参加科研和创新活动的意识。对于学校而言，通过组织设计制作、科技社团、科学实验、学术报告等课外科技实践活动，形成了大学生创新能力培养的氛围，促进了学风的根本好转，也使学生管理工作走上了良性发展的轨道。

第二节　北华大学大学生科技创新实践基地的组织机构

一、北华大学科技创新实践基地

目前,北华大学大学生科技创新实践基地拥有以北华大学机电集成技术研究所为技术核心的 22 个研究室(图 4-1),可容纳科研助理 187 人,拥有兼职指导教师 36 人,涵盖机械、电气、计算机等 12 个工科类本科专业。如此庞大的科研助理队伍,却能以"学生为主、老师为辅"井井有条地运行下去,得益于完善的科研助理管理制度。

二、创新基地管理机构设置

北华大学大学生科技创新实践基地是培养学生创新实践能力的平台,是机械工程学院的重要组成部分。为了能够使创新基地能够顺利地运行,创新基地设置了专门的管理机构。因工作需要,机械工程学院大学生科技创新实践基地管理机构下设创新实践基地科研助理总负责人 1 人,各研究室组长 1 人、项目部主管 1 人、日常事务总管 1 人、创业部主管 1 人、秘书处秘书长 1 人;根据业绩认证,通过民主选举,产生大学生科技创新实践基地组织机构成员(图 4-2)。该管理机构行使下列职权。

辅助创新基地主任管理创新基地所有事务,维持创新基地正常的秩序,确保日常事务、科研项目等顺利进行。

(1)组织协调创新基地各研究分室间的项目、技术沟通,增进各分室之间的友谊关系;

(2)组织引导科研助理自主创新意识的培养,有计划有目的地组织学术报告会,邀请各个分室人员进行学术交流,以提高学院的学术氛围;

(3)定期组织检查,完成对科技创新项目的认定和学生课外科技创新成果的认定,按照规定对科研助理给予晋级或者降级、清退处理;

(4)组织安排创新基地的招生,做好科研助理的面试、培训、考核工作;

(5)做好对低级科研助理的培养工作;

(6)定期对财务进行清理核算上报,对设备进行清点,及时补充所需设备;

(7)组织检查创新基地各分室的安全卫生工作;

(8)建设创新基地的网站,及时报道创新基地活动或者重大事情,解决创新基地论坛上学生提出的技术难题,同时确保网站内容健康向上;

(9)建立健全创新基地管理体制;

(10)定期召开例会;

(11)筹备创新基地管理机构换届工作。

(一)职位职能

为了创新基地顺利运行,各职能部门应互相沟通协调处理日常工作,开展科技活动。随着基地规模的扩大、科研助理人数的增多,可以根据需要讨论修改管理机构设置。

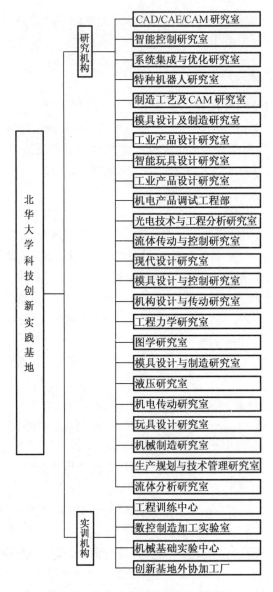

图 4-1 北华大学科技创新实践基地

1. 创新基地总负责人

创新基地总负责人是科研助理日常事务的学生最高管理者,主持整个基地管理工作,其主要职能如下:

(1)辅助老师管理创新基地日常事务,维持创新基地正常秩序;
(2)直接管辖各研究分室组长、项目部主管、日常事务总管、创业部主管、秘书处;
(3)督促各研究分室组长做好分室的事务管理,并定期召开例会检查分室日常事务;
(4)定期检查项目实施进度、完成情况并及时组织验收;

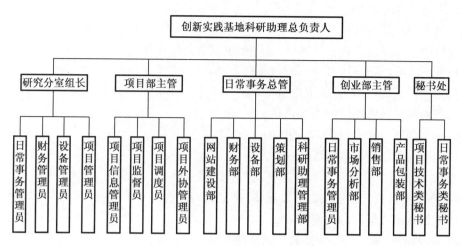

图 4-2 创新基地管理机构设置

(5)审核科研助理的晋级评定；

(6)定期组织检查清算财务、设备；

(7)建立完善创新基地制度。

2. 研究分室组长

研究分室组长是该分室科研助理学生负责人，主持整个分室管理工作，其主要职能如下：

(1)负责该分室的安全、卫生；

(2)及时检查项目进度，及时汇报项目遇到的难题；

(3)负责科研助理的晋级评审工作；

(4)定期递交财务、设备报表；

(5)组织分室的学术交流活动。

3. 项目部主管

项目部主管，是组织协调管理创新基地项目的学生负责人，是项目能否顺利运行的保障，其主要职能如下：

(1)负责组织创新基地项目的立项、审核、进度审查以及结项；

(2)根据项目实施情况给予科研助理业绩认定，作为科研助理申请创新学分，晋级的重要参考标准；

(3)组织项目人员的协调，特别是跨分室项目人员协调；

(4)派遣人员跟踪项目，及时反馈项目进行中遇到的难题，并上报及时解决；

(5)定期召开项目总结；

(6)负责组织协调创新基地与外协工厂直接的合作关系。

4. 日常事务总管

日常事务总管是创新基地日常事务的学生负责人，是创新基地所有活动能否顺利运行

的保障,其主要职能如下:
　　(1)负责创新基地的安全、卫生工作;
　　(2)组织人员建设创新基地网站,及时报道创新基地新闻;
　　(3)定期清算创新基地财务、设备,及时上报;
　　(4)管理科研助理档案,负责业绩录入;
　　(5)策划组织科研助理的人事招聘;
　　(6)负责创新基地大型活动的组织;
　　(7)辅助完善创新基地制度。

5. 创业部主管

创业部主管是负责创新基地研发设备、产品面向市场的学生负责人,其主要职能如下:
　　(1)组织调查市场产品动向需求;
　　(2)负责创新基地作品、产品的外观包装及设计;
　　(3)负责创新基地设备、材料的购买;
　　(4)负责与创新基地合作单位的技术沟通与反馈。

6. 秘书处

秘书处辅助创新基地总负责人管理创新基地的学生负责人,其主要职能如下:
　　(1)负责管理创新基地的项目文件、制度文件、日常事务文件;
　　(2)负责记录创新基地的日常会议以及重大事情;
　　(3)及时总结创新基地工作;
　　(4)报道项目进展成果;
　　(5)安排创新基地会议;
　　(6)管理创新基地历史文件。

(二)组织机构人员素质

创新基地科研助理是学院的精英,代表了学院的形象,创新基地的组织机构人员必须具备较高的综合素质:
　　(1)思想积极向上,表达流畅;
　　(2)组织机构人员必须是 A 级科研助理以上(科研助理级别业绩评定制度下文有详细阐述);
　　(3)学习上名列学院前茅(前30%);
　　(4)具备一定号召力、组织能力。

(三)下届组织机构人员产生
　　(1)创新基地下届组织机构人员由学院领导、创新基地主任、创新基地总负责人联合提名公开选举产生;
　　(2)采用对应师徒培养下届组织结构人员;
　　(3)如果发现某职位的下届负责人不具备该素质,及时召开会议,重新选择(提议人必须递交详细的书面材料备案);

(4)下届组织机构试用期为 2 个月。

三、大学生科技创新联合会

大学生科技创新联合会是为了进一步完善大学生科技创新实践基地的管理制度,使大学生科技创新活动朝着良性的方向发展,经学院领导班子研究决定成立的,负责大学生科技创新实践基地的管理工作。

(一)创新基地与其他机构的关系图(图 4-3)

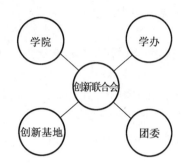

图 4-3 创新基地与其他机构的关系图

(二)组织性质和机构

1. 组织性质

机械工程学院大学生科技创新联合会是依托北华大学大学生科技创新实践基地,发扬求是学风,弘扬科学精神,营造科技氛围,培养创新意识的学生组织。接受共青团北华大学机械工程学院委员会指导,在具体业务上保持相对独立性。

2. 组织机构

(1)本会按照民主集中制原则,在学院党委领导下,在学院团委指导下,依照国家法律及本组织章程,独立自主地开展工作;

(2)机械工程学院大学生科技创新联合会会员代表大会是本会的最高权力机关,它的常设机构是机械工程学院大学生科技创新联合会;

(3)会员代表为各班创新委员及基地各研究室负责人。

(三)主席团职能

主席团是机械工程学院大学生科技创新联合会的领导机构,因工作需要,机械工程学院大学生科技创新联合会新一届组织机构下设主席团,并设主席 1 人,副主席 2 人,部长 5 人,经多方征求意见,根据提名选举产生大学生科技创新联合会组织机构成员。主席团行使下列职权:

(1)组织引导学生自主创新意识的培养,有计划有目的地组织学术报告会,邀请科技创新方面的教授、专家、学者给全院师生做报告,以提高学院的学术氛围;

(2)聘请有关教授、专家、学者成立大学生课外科技创新学术指导委员会,完成对科技创新项目的认定和学生课外科技创新成果的认定;

(3)做好创新学分认定工作的宣传咨询；

(4)筹备主席团换届工作；

(5)会员代表大会每年举行一次，由主席团召集。在特殊情况下，由主席团提议，可以提前或延期举行。

(四)各职能部门职能

各职能部门为联合会处理日常工作，开展活动的常设职能机构。设有业绩认定部、技能培训部、项目规划部。若因工作需要，经主席团讨论可增减有关职能部门。各部实行部长负责制，由部长主持工作，对主席团负责。

1. 业绩认定部职能

业绩认定共分为三步：初级认定、中级认定、高级认定。

(1)初级认定。

科技创新联合会各部长负责本部成员(会员)的初级业绩认定工作。各部长应定期对所管辖成员做初级业绩认定工作，具体内容如下：

①定期收缴本部所有成员的科技创新成果(论文、著作、产品、报告)，并对成果的相关信息作详细统计；

②根据上交成果形式，对项目进行初级认定，并将认定结果详细统计；

③把认定结果上交会长。

(2)中级认定。

科技创新联合会会长负责所有成员(会员)的中级业绩认定工作，具体内容如下：

①定期收缴部长初级认定的详细资料，协助项目认定委员会成员对项目进行中级认定，并将认定结果详细统计；

②根据认定要求，对需要以公开答辩形式认定的项目，应及时组织相关专家和教师对项目认定；

③核实业绩认定结果，上交相关老师。

(3)高级认定。

老师接到会长上交的认定资料进行审批工作，将最终审批结果由科技创新联合会一副部长进行备案，另一副部长进行张榜公布。

2. 项目规划部职能

科技创新联合会各部长负责本部所管辖范围内的所有科研项目管理工作，其主要工作内容如下：

定期征集与本部相关的科技创新、科研项目；项目征集对象包括全院所有教师、科技创新实践基地、机械基础实验室，并对所征集的项目做出详细统计与分类，上交会长；会长负责整体的项目管理工作。主要工作内容如下：

(1)定期将部长上交的项目进行汇总；

(2)将征集的科技创新、科研项目面向全院公示，负责项目征集的信息发布工作；

(3)组织召开全体成员大会，公布项目征集、统计情况，组织、协调和动员全体成员根据

个人能力选择项目,并对每个项目运行情况作详细记录;

(4)定期进行项目统计、备案。

3. 技能培训部职能

科技创新联合会长负责所有成员的技能培训工作,其主要工作内容如下:

(1)制订详细的技能培训计划;

(2)根据计划组织相关人员定期召开学术交流活动,每次学术活动指派一名代表作为主讲人员,每次学术交流要突出主题,力使每个参与学术交流的成员有所收益;

(3)定期对所有成员作技能培训工作,主要负责相关软件讲解、动手实践能力培训工作。

第三节 北华大学大学生科技创新实践基地的管理与运行

一、科技创新实践基地管理总则

(一)科技创新实践基地宗旨

创新基地内的科研助理将秉承"主动寻找差距、敢于承认差距、努力缩小差距"的奋进精神,以"能力受益于交流、创新根植于实践"为理念的务实态度开展工作,按照公司化运行模式进行动态业绩管理,使科研助理学会沟通技巧并适应面对压力、竞争状态下的合作,为培养快速适应工作岗位需求的高素质人才提供全面的、真实的模拟训练环境。

通过科研助理培养模式树立典范,营造全院师生高标准要求自己学习和工作的氛围,养成自主学习、创造性学习的习惯,树立自觉向上、完善自我的生活理念。

1. 科研助理的意义

科研助理在学院起到了模范先锋的作用。作为一名合格的科研助理必须具备严格的时间观念和不怕吃苦的精神;作为一名合格的科研助理能够肩负起创新基地理念宣传与发展,能够影响并引导其他同学朝着积极向上的方向发展;作为一名合格的科研助理,无论时间长短,都能够迅速地接受科研助理的培养模式、学习和工作的方式。803精神是不甘堕落,勇于拼搏的科研助理迈向成功的星星之火。它会不断地蔓延开来,使越来越多的人受益。

(1)科研助理角度。

①在大学期间,得到更多的动手锻炼的机会,能够合理地运用时间,使自己的大学生活充实而富有意义,不会虚度自己大学时光;

②科研助理培养模式是大学生理论与实践相结合的平台,在这个平台里会学到一般在同一阶段学生无法学到的知识;

③这个平台是显示能力的地方,是锻炼真功夫的地方,经过努力会获得很高的奖项以及创新学分。

(2)指导老师角度。

①教学相长,老师带学生,学生促进老师,学生学习课本知识并运用于实践,老师将实践知识传授于课堂,相互促进、相互发展;

②带领和指导科研助理做项目,是自身价值的体现,也是自我能力提升的一个平台,将自己对理论的把握有效地运用在实际的工程项目中,提高自己的教学水平。

(3)学院角度。

①"以点带面"端正学风;

②在各类比赛中,为学院、学校争得声誉和荣誉,扩大影响力和知名度;

③真才实学的毕业生,在以后的工作岗位上,必将崭露头角,为学院、学校争得荣誉,提高学院、学校在社会上的认可度。

2.科研助理的使命

(1)起到带头作用;

(2)学好专业知识;

(3)完成科研任务;

(4)吸纳和培养身边适合进入基地的人才;

(5)带动身边的人去学习、以实际行动影响身边的人;

(6)走在学院的改革和基地建设的前沿,引导正确的前进方向。

(二)日常管理

(1)日常要求。

(2)卫生、安全。实行卫生、安全值勤日负责制。

(3)应酬外务。购物、旅游、聚餐、展示、比赛以及接待参观人员、记者、领导等,一般由总负责人安排处理。对于资金的支出必须经领导小组批准,凭发票报销。

(4)项目的分工与协调以及科研助理招生及业绩评定由领导小组商议。

(5)指导教师。分配给指导教师一定的任务,如项目或培养学生对象,要明确到所承担的具体任务和内容。

(6)科研助理。高、中、低级科研助理均有自己不同的使命。

(7)设备使用和管理。所有的财产均归基地所有。如办公桌椅、工作站、打印机、刻录机、扫描仪、DV以及其他的工具和零件,正确使用后一定要放到原处,由设备员管理。

(8)科研攻关。攻关以课题组形式由高、中、低级科研助理交叉组合,教师指导,在攻关的过程中进行技术的传承。

(9)新旧交接。"传、帮、带"的传统一定要具体落实到实际的学习和工作中。例如,高级科研助理与低级科研助理合作做同一件事情,每个人根据自己的实际情况,发挥自己特长找到合适自己的事情。

(三)落实办法

1.负责责任制度(责任分配制度/共同管理)

管理不是一个人的事情。通过领导小组商议、全体会议讨论以及建议信箱提出的建设性的提议来优化制度和决策。各司其职,各尽其能;分工明确,权责分明;避免一窝蜂,效率低下的状况。毕竟自觉性的约束不具有可操作性和控制性。

2. 业绩评定方案

采用晋级积分制,科研助理参与项目工作按照规定,根据其工作态度和工作质量以及工作总结进行加分。业绩评定的等级波动,以项目为参照,以日常付出为主体,以项目总结报告为参考,给一个成绩加分。如果说长时间懒惰、散漫,不进研究所或进研究室不学习(不工作),上网聊天、玩游戏、看电影,做一些无关紧要的事情,或把研究资料流失,一经确认减分或直接要求退出,情节严重的将追究相应的责任。

3. 学院监督评定

所做工作可申报创新学分,并与综合测评挂钩。

(四)应急预案

1. 中途退出/介入

如果行为不端,多次违反公约或长期没有进展的成员可经领导小组商议给予观察、警告或开除处分;因特殊情况无法继续工作的成员可申请退出,一定要有退出申请并经批准方可退出,若无缘无故地离开或消极执行任务,会经学院给予相应的处分。当业务繁忙,项目很多的情况下,除每年指定的招生时间外可中途招聘相应的人员,与正常招生一样进行面试、考核等,也可由在职科研助理引荐身边优秀的人员。若弄虚作假,一经核查属实,被引荐人和引荐人一并处分。

2. 临时课题组组建

临时应急攻关小组。平时有各带队老师指导学生做相应的工作,如有新的重要课题需要尽快完成,可由领导小组商议,进行人员调配和重组。项目结束,临时团队失效,各成员依然归带队老师旗下,辅助老师做相应工作或进一步的学习。

3. 其他

若出现特殊情况如生病、事故等,根据具体情况具体处理。

二、科技创新实践基地活动日程表

创新基地经过八年的发展,初步形成了一些固定的制度、模式、活动,为了更为规范地组织创新基地内部事务,特制定我们创新基地内部活动日期安排表,将一些规范的活动以制度的形式规范起来。

一月:

(1)元旦组织活动;

(2)召开年末总结,财务、设备清算;

(3)组织科研助理复习;

(4)对上一年的创新基地事务进行总结。

二月:

(1)组织科研助理寒假创新基地加班工作;

(2)组织好假期活动;
(3)策划机械创新设计大赛及挑战杯,讨论出方案。
三月:
(1)竞赛类比赛确定题目、方案,开始做结构设计;
(2)组织科研助理晋级。
四月:
(1)组织科研助理招聘、收取简历、面试、考试;
(2)组织学院内部竞赛;
(3)准备创新实验计划验收。
五月:
(1)组织科研助理培训;
(2)设计制作竞赛作品;
(3)创新实验计划验收。
六月:
(1)组织科研助理培训考核;
(2)组织参加吉林省竞赛;
(3)组织大四科研助理照毕业相、制作毕业视频;
(4)传承项目技术资料;
(5)创新基地聚餐;
(6)科研助理晋级评审;
(7)选举下一届创新基地科研助理管理机构人员。
七月:
(1)新招科研助理进入创新基地;
(2)组织科研助理复习考试;
(3)召开学期总结暑假加班会议;
(4)组织财务、设备清算;
(5)组织项目成果鉴定;
(6)筹备电子竞赛。
八月:
(1)举行假期活动(乒乓球、篮球比赛);
(2)完善竞赛作品设计;模拟电子竞赛;
(3)总结加班工作,考核新进入创新基地科研助理;
(4)组织科研助理晋级。
九月:
(1)组织迎接新生参观;
(2)加工竞赛作品;

(3)参加电子竞赛;
(4)购买新设备。

十月:
(1)组织国庆组织活动;
(2)调试参加国家竞赛作品;
(3)筹备创新实验计划申请项目;
(4)迎接创新实验计划中期检查。

十一月:
(1)国家竞赛总结;
(2)申请创新实验计划。

十二月:
(1)组织复习考试;
(2)组织科研助理晋级。

注:
(1)创新基地每周周六晚上举行学术交流会议;
(2)创新基地每周周日晚上举行基地日常事务会议;
(3)每月1日举行创新基地安全、卫生检查;
(4)端午节、中秋节举行茶话会。

三、科研助理日常事务管理条例

创新基地在职科研助理近189人,是一个较强的团队。为了使研究所能够有序的运行,创新基地科研助理必须遵守北华大学科研助理日常事务管理条例。如有违反,根据情节严重程度给予相应的处分。

第四节 北华大学大学生科技创新实践基地的文化

一、北华大学大学生科技创新实践基地的标志
二、北华大学大学生科技创新实践基地的旗帜
三、北华大学大学生科技创新实践基地的宣传手册和宣传片
四、北华大学大学生科技创新实践基地的基地之魂

沸腾的时代,飞扬的青春,有梦想就该去追寻;科技是自强之本,创新乃发展之魂,挑战自我是永恒的精神。差距意识,铭记你我心间,直面困难,奋勇向前,不惧艰险,勇敢登攀;创新基地,我们的家园,师生同心,携手攻关,抓住机遇,共创明天。

五、"803"精神

2002年3月,3名教师、6名学生组成了一个团队,成立了"北华大学机电集成技术中心",地点就在北华大学的第三教学楼803房间。这是一群非同寻常的人,他们有高昂的斗志、远大的理想、踏实肯干的作风。创新基地的科研助理,只要有知识、有能力、有技术就可以做各种项目,参加各类赛事,例如大学生"挑战杯"、电子竞赛、大学生创新实验计划等一系列赛事,但想要把项目做好,想要在比赛中获得优异的成绩,就必须要有技术和项目的实践经验,正所谓技术是第一生产力。想要拥有精湛的技术和丰富的项目经验不是一朝一夕所能办到的,这需要长期的积累和不断地摸索总结,所以在这过程当中就要求科研助理们还必须要有吃苦耐劳精神,在基地里称之为"不睡觉精神",即"803"精神。

作为科研助理的学生每天都有必修的课程,比赛的准备时间也有一定的限制,而且,在项目研发时会用到一些不熟悉甚至没有接触过的软件,再加上做出项目的实物之后需要进行调试,仅仅利用白天的时间是远远不够的,所以,晚上的时间对于科研助理来说,是非常难得的时段去提高自身的实践水平,加强各种技术能力,从而使负责的项目更加完美,做到最好。时间就像海绵里的水,只要愿挤,总还是有的,科研助理们一直坚持积极向上,不畏劳苦的精神,面对艰难的任务,从不退缩,而是更好利用每一秒可以提高的机会,使得"803"精神很好地传承下来,成为科技创新实践基地的优秀文化,激励着每一位新老科研助理。

六、差距意识

很多人用不同的方法激励和指导自己如何走向成功。"主动寻找差距,敢于承认差距,努力缩小差距"的差距意识是科研助理一直秉承的精神。他们试图用差距意识来描述自己取得成就的大小和通往成功的距离。

在创新基地的科研助理来自不同学院、不同专业、不同年级、不同班级,他们在知识储备、做实际工程项目经验以及社会阅历上都有很大的差距。即使是同年级的同学在能力上也有一定的差距,在他们当中,每个人所擅长的技能各有千秋,都有自己的优点但同时与其他的科研助理相比总能发现自己在某方面与别人的差距,但是他们从不逃避差距,而是去主动寻找,敢于承认,并且会努力地缩小差距。这正是创新基地自建立以来一直坚持的信念"主动寻找差距,敢于承认差距,努力缩小差距"。历届科研助理一直秉承这个信念,并且把它传承得很好,因为他们坚信始终保持"差距意识"就会保持人生的高标准。

人生标准就是一个人设定的奋斗目标,以及为实现这个目标所坚持和把握的基本准则。标准是每个人成长路程中的选择,选择什么样的标准,就会有什么样的成就,乃至形成什么样的人生。每个人在刚刚懂事的时候,基础大体是差不多的,之所以在成人之后差距越拉越大,除去个人天赋和能力方面的差异,最根本的还是对自身标准要求的高低以及努力的程度。一个人如果因为自己的标准不高,完成工作任务的质量不好,那就是对自身不负责任、对自己的无情否定。因此,做事情如果不能始终倾尽全力,确定标准时随意敷衍,还时不时地打个小小的折扣,即使拥有聪明才智,也定会影响事业的成功。

"差距意识"也可以理解为"人往高处走"的精神。如果能够始终保持"差距意识",就能够始终保持人生的高标准,处处严格要求自己,认认真真做好每一件事。始终保持"差距意识"就会坚持精益求精的工作态度。"精益求精"是一种品质、一种能力、一种素养。一个人无论做什么工作,只要干一行爱一行钻一行,勤于学习,勇于实践,就能成为行家里手。尤其对广大党员干部而言,无论从事什么工作,敬业是第一位的要求,工作要做出成绩,得先学会走,再学会跑,不能只想飞,要打好扎实的基础。要立足本职岗位,把岗位职责牢记心中,把工作现状搞清楚,存在什么问题,有哪些经验,再研究怎样干好这个工作,钻研进去,深入下去,不断精进,力争成为本专业的"第一"。

"差距意识"也可以理解为不满足精神。为了追求更高的标准,就必须坚决反对心浮气躁、急功近利、见异思迁、得陇望蜀的心态和情绪;就必须坚持耐得住寂寞,受得起委屈,顶得住诱惑,经得起考验,锲而不舍、精进不止的精神。"业精于勤而荒于嬉",芸芸众生,成就事业,实现价值,必须勤奋和敬业。始终保持"差距意识"就会获取人生无穷的动力。

"差距意识"决不同于自卑心理。自卑心理是建立在低估自我的基础上,是一种不健康的心态,也是人生奋斗之大忌。而"差距意识"是建立在自信的基础上,是一种在准确评价自己基础上的自我信任,是一种激励自己奋发进取的良好心理素质,也是人生奋斗的基石与追求成功的动力。尤其是对年轻的同志来说,要想有所作为,在人生的道路上就应该有理想、有抱负、有目标。一旦在工作中取得了成绩,在事业上取得了进步或成功,千万要注意不能孤芳自赏,不能得意忘形、自以为是和盲目乐观,否则,这将是一个人停滞不前和落后的开始。现实中应该说这种情况还是不少的。

"差距意识"也可以理解为"谦虚意识"。为了防止和减少这种情况的发生,始终保持"差距意识"就会获取无穷的动力,就会保持不衰的"谦虚使人进步的势头"。

七、团队精神的培养

北华大学科技创新实践基地是一个凝聚力强、积极向上的团队,多少年的文化传承造就了这样一个充满活力的平台,在这里,有着一支团结向上的师生队伍。由于学生的广泛参与,推进了教师的科研进程,极大地激发了教师参与科研助理指导的积极性,提高了教师团队的科研水平,在运行过程中营造了学生协助教师做科研、教师指导学生完成课题,从实战中使师生共同提高。

无论在学习、工作或生活中,我们都要发扬团队精神,提高团队的工作效率。为此,北华大学科技创新实践基地以团队和组别的形式进行项目的研发,培养在工作中分工合作,互相配合,积极高效的学习和工作作风。另外,基地内部还组织丰富多彩的课外活动,如体育类的篮球比赛,春游等野外活动,以及各种文艺活动,丰富了学生的学习生活,重要的是从中真正体会到了团队的力量,合作的意义,如图4-4和图4-5所示。

北华大学科技创新实践基地的发展、建设及成就,是与基地所有的教师息息相关的。北华大学科技创新实践基地,具有强大的教学队伍,有对实践指导的专业老师,也有对理论教学的骨干力量。在这教师与学生融为一体,他们同为北华大学科技创新实践基地的一分子,拥有同样的目标:提高每个人的创新实践能力,加强团队合作的精神,为大学生科技创新实践基地做贡献。

图4-4 气球大比拼

图4-5 拔河比赛

挑战了一个个高难度的项目，接受了一次次竞赛的洗礼，经历一幕幕欢乐与辛酸，最终北华大学科技创新基地逐渐地走向了成熟。通过各种形式的培养与锻炼，它积淀了作为一个团队最有价值的财富，即团队合作精神。

"国家兴亡，我有责"。每当国家有喜有难时，北华大学科技创新实践基地这个团队就会组织一些有纪念意义的活动，共同为祖国呐喊，为祖国祈祷。

下面是在基地举行"5·12"哀悼会上，张其久老师发表的演讲，牵动每一个师生的心。

人就这么一辈子

日出总有日落，花开总会花谢，太阳也有终点，我们都会告别，但我要告诉你们，我爱你们，爱生命，爱这个世界，我会选择坚强，只要我还有选择！

我不知道究竟有没有灵魂，因为没有真实地体验过，但我知道，我需要阳光、需要空气、需要水、需要关爱，我知道我们的体内都流淌着温暖的血液，我们活着，我们有明天、有希望，我们还有很多的选择。

我们有意识、有心灵、有智慧，我们必须做出选择。我从来不反对人们自主地选择结束生命，但我希望那是一种淡定而从容的抉择，而不是一种逃避和草率的冲动。看《读者》曾登载过中国台湾有一位医学教授，癌症晚期，作为医生他非常明白自己的病情，他觉得给自己用药不过是延长一段垂死的生命而已，不如把有限的资源留给更需要的人们，所以他选择了停止治疗，从容地离开。这是把爱留给世界，他的离开是为了蓬勃的生命更好的活。

我们没有理由不快乐，因为生命就是一场庆祝，多少个世纪，自然才孕育出生命，多少个偶然，我们才降临在这个世界，我们必须成长，我们必须开花，因为宇宙有阳光，因为我们是父母生命的延续，因为在这个地球上，我们曾经来过。

我们必须坚强，因为世界上总有困难坎坷，总有雨雪冰霜。我们坚强，是因为我们有力量，是因为我们的心在跳，是因为我们在传递前辈的火炬，是因为我们勇敢担当。英雄儿女，互相鼓励，相互温暖，尽管未来总有太多的不确定，但我们携手并肩，选择坚强。

我们必须努力，我们必须加油，因为我们在路上。祖先的血泪，未来的希望，我们要付出我们所有的力量来传递生命，看不到起点，终点也在远方，但我们手持火炬，我们就要让她燃烧,不管狂风海啸,任他巨浪滔天,我们手拉手,用勇气捍卫生命的尊严,兄弟姐妹倒下了,我们擦干泪,我们昂起头,只要有我们,未来就有希望!

悼念四川大地震中离去的所有生命,悼念我的学生,悼念我战友的亲人!

写于2008年5月19日中华人民共和国为四川地震离去同胞的哀悼日!

创新基地是教师和学生共同组成的家,他们的情感超越师生,胜于兄弟。欢乐的相聚,不舍的别离。张其久老师为2010年毕业的北华机械科研助理赠别,作《创新基地——我们永远的家》。

第五章　北华大学机械类大学生科技创新实践能力的培养

2016年,习近平总书记在全国高校思想政治工作会议讲话中指出:"教育强则国家强。高等教育发展水平是一个国家发展水平和发展潜力的重要标志。实现中华民族伟大复兴,教育的地位和作用不可忽视。我们对高等教育的需要比以往任何时候都更加迫切,对科学知识和卓越人才的渴求比以往任何时候都更加强烈。"

注重培养一线的创新人才,使全社会创新智慧竞相迸发、各方面的人才大量涌现,这是党和国家对新时期我国高等教育提出的新要求,也给高校培养应用型人才为主的定位提供了重要依据。创新人才培养在不同层次的高校有着不同的体现和要求。作为地方综合性大学,在工科人才培养中,应主要培养适应社会及经济发展一线需要,具有较强创新意识与实践能力的高级应用型专门人才。北华大学探索实施的以强化实践能力、注重创新意识培养为核心的教学改革工作,为一线工程创新人才培养奠定了一定基础,有力地支撑了本校应用型人才培养目标和规格的实现。

第一节　以创新及实践能力培养为目标,优化人才培养方案

作为人才培养模式的核心要求,培养方案是决定人才培养特色形成和学校教学质量提高的关键环节。在通过调研,充分了解企业一线需求的基础上,机械工程学院领导认为,要实现培养一线创新人才的目标,就应遵循厚基础、精理论、重实践、强能力的工科办学理念和产学相结合的人才培养模式,正确处理好知识、能力和素质的关系,继承与创新的关系,统一性与多样性的关系,探索并构建具有自身特色的课程体系。具体而言,在人才培养方案设计中,应体现强化基础、体现应用、尊重个性、注重实践与创新、整体优化、与时俱进的原则,整合学校的教育教学资源,注重知识内容的相互渗透与融合,强化课程间的衔接,提高课程综合化、模块化程度,实现课程结构和课程体系的整体优化。改变实践教学环节的附属地位,以理论与实践相结合、课内与课外相结合、教学与科研相结合为准则,构建能力培养型的课程体系。在课程体系的设置过程中,应科学设置各课程模块,既要保持课程模块的相对稳定性,又要使其具有相对的灵活性,实现"刚性"与"柔性"的协调统一。

一、教学改革的总体指导思想

我校从2002年开始了本科人才培养模式的探索与改革工作。经过大胆创新、积极探索,逐渐形成了自己的教学改革指导思想。

在北华大学总体教学改革思想的框架下,结合机械类专业自身特点,并充分考虑到机械学科的发展趋势以及机械行业对人才的需求情况,机械工程学院必须做到:把以培养实践能力和创新精神为重点的素质教育和学院特色渗透到培养目标、培养模式、培养途径以及实践探索的过程中,并落实到培养方案中,体现出以下特点:

(1)建立符合经济、社会、科技发展要求和人才培养规律的高素质应用型本科人才培养模式的新体系;

(2)把社会需要和人的全面发展结合起来,注重人才的宽口径,突出个性化培养;

(3)改变过去只重视"改教",不重视"改学""改管"的不足,把教改、学改、管改有机结合起来,促进学生自主学习和个性发展。

学院领导认真分析了机械工程学院办学能力、办学水平的实际情况,分析了行业、地方和区域经济发展对机械类本科人才素质的新要求,认为人才培养目标必须与经济建设和社会发展需要相适应;必须与学校的办学定位和服务面向相统一;必须与毕业生的就业实际相符合。由此提出我院现阶段的本科人才培养目标是:"培养面向现代生产制造行业一线、专业基础扎实、知识面宽、实践能力强、综合素质高、具有创新精神的高级应用型人才"。其中特别强调对学生的实践能力、创新精神和综合素质的培养。

二、培养特色

经过几年的积极探索和实践,机械工程学院本科生的培养模式已经初具规模,并逐步形成"厚专业基础、重实践技能、个性化培养"的办学理念。初步形成以下特色:

(1)"本科生科研助理"(通过招聘流程考核,课余时间按创新基地人才培养模式进行培养的学生)培养模式大面积推广;

(2)大学生课外科技创新实践成果丰厚(大学生科技创新实践基地(其他章节简称创新基地)共有101项作品获奖:国际级奖励5项、国家级奖励12项、省部级奖励53项、校级奖项31项);

(3)在校大学生全方位协助并促进学院教学、实验、管理等工作;

(4)数字化设计、数字化制造技术有效推进并实施;

(5)教学理念先进:培养方案、实践体系、业绩评价机制配套改革;

(6)学生的实践能力强,就业趋势好。

在这一设计理念的指导下,学院最终形成的人才培养方案由通识与公共基础教育模块、学科基础教育模块、专业方向教育模块、课外实践与科技创新模块、柔性模块等五大模块组成。这五大模块互相支撑,形成了多条能力培养路线,使学生可以重点学习其中的一条或多条,充分体现了以社会需求为导向、培养一线创新人才的目标。其中,通识与公共基础教育模块,使学生学到扎实的本科培养规格要求的社会和自然科学知识,体现本科教育的基础性,为增强学生的终身学习能力与可持续发展能力奠定基础;学科基础教育模块,保证学生掌握学科的基本理论与基本方法;专业方向教育模块,强调精理论、重实践,主要从技术角度讲授和训练,注重提高学生的专业技能,确保学生具有较强的实践和动手能力,使之能尽快适应工作需要;课外实践与科技创新模块中,以创新与素质拓展学分的设置为基础,通过培训、竞赛和各类实践创新活动的训练培养,使学生的创新意识和实践能力得到加强和提高;柔性模块的设置,可根据行业发展适时调整、更新教学内容,使培养方案具有一定的灵活性,更好地适应社会需求。在培养方案中还实行了创新实践成果顶替专业选修课学分的制度,满足了学生个性化发展的需要、强化了创新教育。事实证明,培养方案的优化与创新,是一线创新人才培养的根本保障。

第二节 以创新人才培养为定位,构建全新教学体系

一、理论教学体系的改革

按照社会进步、专业交叉融合、个性化培养的需求,整合了各专业的通用课程平台,如机械基础课程平台、现代设计方法课程平台等,实现了前期按专业基础,后期按方向培养的个性化培养模式。先后凝练并立项了12个教学研究课题,其中5项为省级以上立项。2008年,学院的机械类专业获国家特色专业;2009年,机械工程学院"创建省级大学生科技创新示范基地的研究与实践"荣获国家级教学成果二等奖。

二、实践教学体系的改革

1. 互动性、针对性的实践教学体系(专业综合实践、专业方向强化)
(1)专业综合实践(跨年级毕业设计,三年级学生弹性跟踪一学期);
(2)专业方向强化(按市场需求调整、确定学习方向)。
2. 实验室开放措施
(1)部分实验室全天候开放(机械基础、数控、研究所、CAD中心);
(2)学生助理实验员。
3. 实习实验基地建设
(1)利用好校内基地(工程训练中心);
(2)重点建设具有内涵的基地(双方互惠形式的基地:江北机械厂)。
4. 配套政策及实施措施

针对机械类大学生的专业培养目标,我们构建了由课程实验、课程设计(包括毕业设计)、实习和学生课外应用技术培训与课外科技活动组成的实践教学体系(图5-1)。

知识转化为能力,必须通过实践;知识转化为素质,也必须通过实践。因此,实践教学是应用型人才创新能力培养的重要保障。合理构建实践教学体系,创新教学模式与考核机制,充分调动广大学生参与实践的积极性、主动性和创造性,激发学生的创新激情,是创新型人才培养的必要手段。创新的层次是多样的,有原始创新,也有技术创新。应用型人才的创新能力更多地体现在技术创新这一层面,是在技术集成、技术实施、技术移植过程中体现出来的创造性劳动。

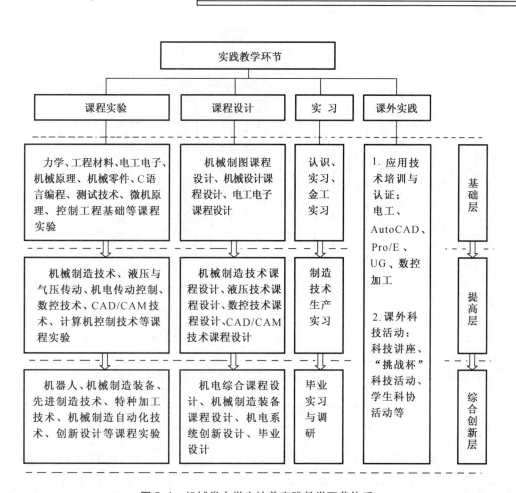

图 5-1 机械类大学生培养实践教学环节体系

三、课外科技创新实践体系的构建

(一)本科生课外科技实践活动体系

为了将大学生的课外时间充分利用,机械工程学院已经构建了内容丰富的课外实践活动体系,保证了不同层次学生的个性化需求。机械学院大学生课外实践活动体系如图5-2所示。

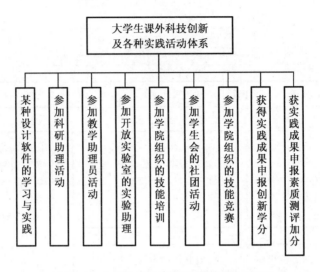

图 5-2 大学生课外创新实践活动体系图

(二) 本科生科研助理培养模式(含模式、管理办法、业务活动开展办法)

(1) 已经形成规模:跨年级、跨专业、跨学科、个性化、弹性制;
(2) 形成体系:招聘、培训、选拔、业务培训及技能实践、竞争淘汰机制;
(3) 科研促进教学:教师-学生联合体,相互促进良性氛围,如图 5-3 所示。

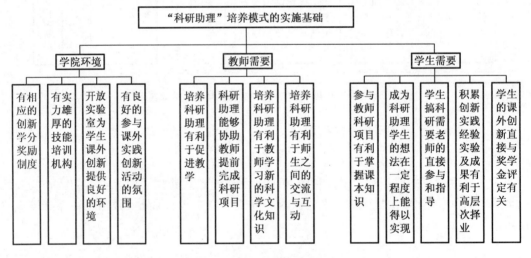

图 5-3 科研助理培养机制实施的"良性互动"示意图

值得一提的是,机械工程学院从 2002 年开始就实行了招收本科生作为教师课题组科研助理的培养措施,逐渐积累了丰富的运行及管理经验,也取得了丰富的成果。作为一个科研助理,可以参与的实践活动体系以课外科技创新实践为主,活动体系如图 5-4 所示。

(三) 创新学分实施细则(科技创新活动)

为了在引导和激励机制层面促进大学生创新实践能力的培养,学院在培养方案上进行

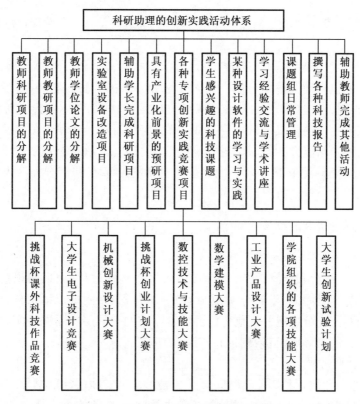

图 5-4　科研助理创新实践活动体系图

了深入的改革,特别是在培养方案的《创新与素质拓展学分》部分,结合学院的实际,进行了细化贯彻。

以科技创新竞赛为契机,丰富创新及素质教育体系。各类科技竞赛活动是高校开展创新教育、素质教育的动力来源之一,也是评价学生培养质量的可比性指标之一。在参与竞赛的过程中认真、规范地完成所有环节,即使没有获得奖项,对学生的创新能力以及综合素质的提高也将起到极大的促进作用。学院以科技创新竞赛为契机,大力开展大学生的日常科技实践与科技创新系列活动,引导广大学生积极参加各种层次的科技创新以及技能竞赛。在开放实验室、创新实践基地、工程训练中心的实践体系构建中,设置基础型、综合设计型、创新型实践教学模块,在实践模块的选择上,兼顾学生个性化需求,采取课内与课外相结合、导师指导与自主设计相结合的方式。在实践过程中,倡导不同专业、不同年级组队协作完成,不但培养了学生的创新能力,还有效融入了素质教育的元素。

第三节 以机制创新为基础,激发学生的学习兴趣

激发学生的学习兴趣,除了在教学内容、教学方法等方面进行改革以外,关键是要以理念更新为先导,创新管理及激励机制。在人才培养方案的优化过程中,可通过设置顶替学分机制及辅修机制,建立"前期共基础、后期分方向发展"的个性化自选机制等方式,体现以学生为本、尊重学生个性化发展的教育理念,以适应新时期人才培养的多样化要求。在大学生评价机制、人才培养方案等层面进行深入改革与创新,形成有利于对学生潜能的充分挖掘、对学生人格充分塑造的育人环境。这些机制的改革有利于全面激发学生的学习热情,是提高学生培养质量的重要措施。

一、管理及评价机制的改革

(一)大学生综合素质测评系列改革

制定了大学生综合素质测评实施细则(引入日常实践过程、成果的规范化管理及客观评价),在原来的"思想品德积分+学习成绩积分+体育积分+附加成绩积分"评价框架下,加入了创新实践积分,充分肯定并规范化认可学生完成的不同层次的课外实践成果和进步过程,从而在引导机制上形成了"鼓励创新实践"的格局。

(二)管理制度的配套改革措施

为了鼓励并引导教师利用业余时间广泛开展大学生实践活动的指导工作,学院制定了《机械工程学院大学生课外实践指导教师管理办法》,在教师的个人教学工作量、评优晋级等方面给予了充分量化考虑。

另外,学院每年在财务支出中专门划拨了一部分资金用于支持大学生开展课外科技创新实践活动,并制定了《机械工程学院大学生课外科技创新实践活动实施细则》《机械工程学院大学生科技创新项目申请及管理办法》等一系列规章制度,从而保证了课外创新实践活动的良性可持续开展。

二、本科生培养方案的改革

以北华大学总体教学改革思想为依据,结合学院自身特点,细化、创新实施环节,注重新技术、社会急需知识体系的引入。在顶层设计上引导学生自主学习、理论与实践并重的学习方式,将课外实践活动充分融入培养体系中。

主要特点:
(1)搭建机械类专业的共同基础知识体系,在后期按照学生的兴趣和社会需求分方向进行培养;
(2)强化了数字化设计、数字化制造等现代方法的知识体系;
(3)设置跨年级模式的专业综合实践环节;
(4)设置专业方向强化环节;

(5)细化创新实践学分,鼓励学生开展各类创新实践活动。

培养适应社会一线需求的创新型人才,就要在教学过程中尊重学生的主体地位,激发学生敢于实践、勇于创新的积极性和主动性。当前大学生学习动力缺乏的主要原因是不适应大学的自主学习模式,不了解本专业人才的社会需求情况,不了解未来的就业前景,导致其学习方向不明确、原动力不足,从而产生厌学情绪。因此,机械工程学院在培养方案中设置了《专业发展与职业规划》特色课程,针对专业认识、职业规划、求职素质训练等进行全学程、全方位的指导。同时为了保证以一线创新为特色,倡导个性化培养为目标的培养模式能够有效开展,机械工程学院对传统的大学生素质综合测评体系进行了大胆改革。设立了单项奖学金评定体系,该体系包括学业优秀、创新实践、社会活动三个模块,改变了用单一模式僵化地评价学生、压制学生个性化发展的弊端。机制改革,激发了学生的个性化发展热情,所建立的"上不封顶"式加分制度,充分调动了学生把喜欢做的事做到极致的热情。评价机制的改革,淡化了第一课堂与第二课堂的界限,在时间和空间上将理论教学与实践教学紧密结合为一体,明确形成了鼓励创新的文化氛围。这种培养模式使广大毕业生具有"能吃苦、上手快、业务精、后劲足"的优点,得到了公司领导的好评,并成为基层创新的骨干力量。

第四节 以创新基地为依托,搭建自主创新学习平台

创新基地的实践体系具有工程针对性、多样性和多层次性,以教师的科研项目、教研项目、工程项目、实验室设备改造等为主要内容,可以营造有利于激发创新热情、发扬团结协作精神、促进学科融合、平等竞争的健康活泼的学术氛围,有利于充分发挥学生的个性,挖掘学生的创新潜能。2002年,北华大学机械工程学院在吉林省高校中率先创建了大学生机电集成技术科技创新实践基地,并创造性地招收优秀本科生担任科研助理,取得了一系列令人瞩目的成绩:先后获省级以上奖项103项,其中连续获得第八、第九届"挑战杯"全国大学生课外学术科技作品竞赛一等奖,第二届全国大学生机械创新设计大赛一等奖,第三届全国青少年科技创新奖。2006年,因创新教育成效显著,该基地被吉林省教育厅确定为省内第一个也是当时唯一一个省级示范基地,并将其建设规范作为吉林省质量工程项目中遴选大学生科技创新实践基地的标准和依据;2008年以创新基地为主要依托,北华大学机械工程学院被吉林省科技厅确定为省内高校第一个科技创新科普基地,同年由于机械工程学院成绩突出,北华大学被遴选为国家大学生创新性实验计划项目学校。2008年,该基地再度被吉林省教育厅评为吉林省大学生就业创业实践基地,为大学生创业提供了一个优异的平台。

科技创新实践基地是实施大学生素质教育的重要依托,是大学生开展自主性学习和科技创新活动的重要平台。按照"在时间上要留有余地,空间上要有足够场所,机制上要有充分自由度,条件上要有足够保障"的原则,建立将科研项目、工程开发项目引入创新基地的良性发展机制,在管理上营造"公司化"真实氛围,形成"教师与学生融为一体、不同年级学

生融为一体、不同专业学生融为一体"的"本科生科研助理"培养模式。科研助理有着完整的培养流程。通过公开招聘、技术培训、业绩评定、项目招标等流程,全方位培养了学生的综合素质。整个培养过程在教师的宏观指导下,全部由学生自主完成,形成了"以学生为主体,以教师为主导"的管理运行模式。科研助理采用动态聘任制度,定期进行业绩评价,依据评价结果决定升降级,激发了学生自主学习的原动力。基地实行项目征集制和项目招标制,学生根据自己的兴趣特长,申报项目,组成攻关团队,依照规范的流程进行项目实施,在实践过程中塑造崇尚科学、严谨求实、大胆创新的优秀品质,使学生在踏入社会之前就学会了公司的运行模式。

学院的特色培养模式取得了以下效果。

一、学风明显提高

学生刚入学就接受上届科研助理的科技创新实践启蒙教育,因而从起点就有比较明确的学习目的;学院制定的各种引导机制在体制上引导鼓励学生学好基础课程、抓住机会积极从事各层次课内外科技创新实践活动;已形成的丰富的实践活动体系,能够保证广大学生找到适合自己特点的实践活动内容;跨年级模式的实践活动体系,提高了学生交流沟通能力、团队合作意识等综合素质;高年级科研助理的业绩榜样与毕业生的就业事迹,都激励着在校学生的学习积极性。因此,近几年机械工程学院大学生的学习风气明显向好,学生利用业余时间从事课外实践活动的比例明显增加,出现了"努力学习专业技能,力求择业"的上进氛围。

二、大学生创新实践能力明显加强,各类竞赛成绩显著

近几年,我院大学生共参加各级比赛60余项,获得了省部级以上奖项103项。其中:在特种机器人、智能化医疗康复领域所获得的成绩较为突出,连续获得了第八届、第九届"挑战杯"全国大学生课外学术科技作品竞赛一等奖,"挑战杯创业计划书"大赛全国铜奖,首届机械创新设计大赛东北地区一等奖等殊荣。2006年,我院大学生的科技作品又获得了第二届机械创新设计大赛一等奖3项,获得了代表吉林省参加国家决赛的机会(全省共选送两件);多功能护理床推荐到国家参加决赛,获国家一等奖。就是这些获奖,为北华大学增添了光彩,提高了我校的社会影响,鼓舞了我们继续深化教育教学改革的决心。2009年至2014年创新基地又先后被确定为机械工程省级实验教学示范中心,能力核心型人才培养模式实验区,机械类吉林省高等学校本科品牌专业建设点。

另外,对于机械工程学院机械类大学生的就业来说,近几年就业态势良好,就业率连年达到98%以上。出现了如焦宏章(第三届全国青少年科技创新奖获得者)、孙海亮(宝钢某厂技术部长)、吴宣以及田立思(韩国岭南大学研究生,业务能力突出)、任周灿(上海龙创汽车设计公司CAE部门经理)等一大批优秀毕业生,这些学生的突出表现,印证了机械工程学院所倡导和推行的理论与实践并重的培养模式的有效性和科学性。

三、科研促进教学效果明显、形成良性互动氛围

在机械工程学院大力推广科研助理培养模式之后,短短三年之内,学院的科研事业也得到了长足的进步。从2003年开始,机械工程学院在特种机器人技术的研究领域已经形成特色,承担了3项863子项目、1项教育部重点研究项目、5项科技厅资助项目。出现了科研助理推动科研项目的实施,科研项目促进学生的实践技能,教师与科研助理之间形成良性互动的局面。

学院本着"过程育人"的理念,注重培养流程的科学化、规范化,对学生的实践能力、创新能力、综合素质进行全面培养。同时学院从项目的提出、立项申请,到项目实施和结题验收,都是模拟工程项目、科研项目来实施,目的在于锻炼学生的综合素质和能力,培养学生对工作进行科学规划、严谨执行、规范总结的能力。在实施过程中,还通过公开论证、答辩等环节,强化学生的表达能力,实现基地培养模式的辐射效应。经过几年来的建设与发展,创新基地在培养学生创新意识、锻炼学生实践能力方面已初步显示出了自身的特色与优势,初步构建起了"主动寻找差距、敢于承认差距、努力缩小差距"的创新基地文化。

第六章　科技创新实践能力培养模式
——科研助理培养模式

第一节　科研助理培养体系

一、科研助理模式的综合素质培养体系及内涵

科研助理模式的综合素质培养体系共包含申报、学习、发挥三个阶段。在申报阶段是帮助科研助理全面认识自我的时期；学习阶段是锻炼科研助理学习能力及团队交流合作意识的时期；发挥阶段则是培养科研助理独立完成项目全过程的能力。根据每个阶段特点配合以相应的培养模式，最终将科研助理培养成全面发展的科技型人才。具体流程如图6-1所示。

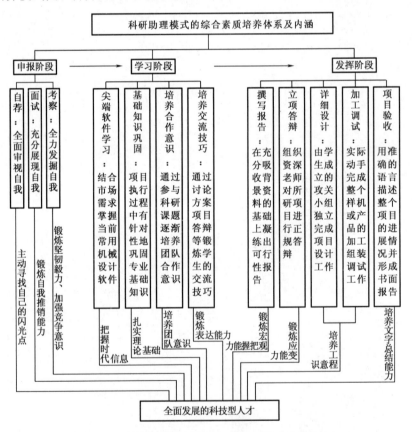

图6-1　科研助理模式的综合素质培养体系及内涵

二、科研助理的培养过程

在科研助理进行培养的过程中主要分为三个阶段,分别是优秀本科生的招聘及培训、准科研助理的选拔及其试用期的学习以及对正式科研助理的培养。创新基地经过层层选拔培训,选出有能力在基地发展的科研助理,并保证每个科研助理在职期间都有机会参与完成几个科研项目研发的全过程,提高科研助理做项目的能力,使他们在毕业之后即具备独立完成项目的能力。并且创新基地管理部门还会及时调查反馈市场人才需求及专业发展动态,这样就可以有针对性地调整培养方向及培养机制,以培养出社会需求的全面发展型人才。具体培养流程如图6-2所示。

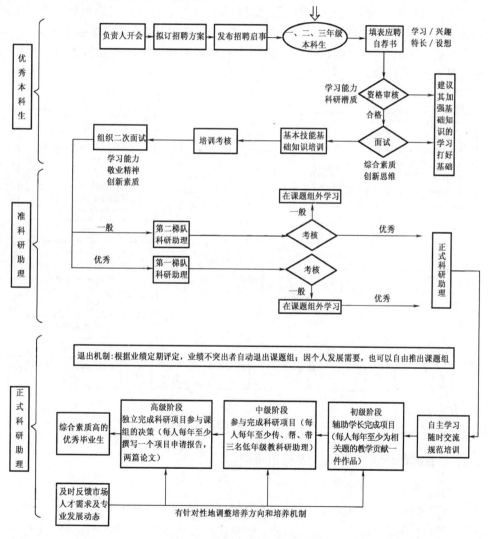

图6-2 科研助理的培养过程

三、研究项目的征集及实施流程

(一)项目的征集

为了使科研助理能够朝正确的方向发展,更快更早地适应社会,并带动基地以外的同学积极参加创新项目,创新基地设计制定了项目征集及招标条例。其主要内容是同学到社会上去与公司或工厂进行交流以寻找项目,帮助外界免费解决他们需要解决的机械方面的问题。这样不仅提高了大学生与外界沟通的能力,得到了做项目的机会,同时能够了解到现在社会上需要什么样的人才,朝着社会需要的方向不断地进步,为未来打下坚实的基础。

(二)项目的实施流程

创新基地对科研助理主要的培养方式是以做项目为主,自科研助理进入创新基地开始,基地就开始培训他们做项目的能力,由浅入深,循序渐进,使科研助理在跟项目、做项目的流程中不断地了解做项目的具体流程,到毕业时都具备独立完成项目的能力。具体的项目实施流程如图6-3所示。

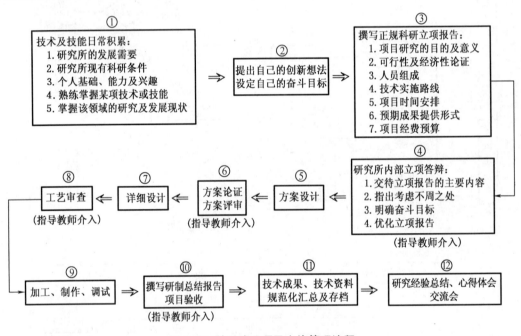

图6-3 科研助理项目实施管理流程

四、科研助理的动态考核、淘汰及退出机制

(一)动态考核

通过培训考核的学生,我们将定位创新基地后备人才。按照考核结果,选择需要人数(即招收人数)作为第一梯队人员,直接进入创新实践基地工作,为准科研助理;其余人作为第二梯队人员。他们将同步进入考核试用期。期限为两个月,主要任务是自主学习、跟随学长完成部分科研任务或创新竞赛任务。当试用期结束时,由指导教师和小组成员共同决

定第一梯队的人选的去留,如果合格转为正式科研助理,如果不合格将转入第二梯队;若第二梯队人选表现突出,可直接转为科研助理。

(二)淘汰制度

经过多轮培训考核成为科研助理后还要面对动态考核制度,该动态考核制度主要是考察科研助理平时在基地的表现,主要是做项目的情况、软件学习情况、网络利用情况、卫生值日情况、团队协作能力等。通过科研助理自己的表述加上老科研助理及老师的认定来决定该科研助理是否适合基地的培养模式,从而更全面、更准确、更公平地对每位科研助理进行业绩考核,优胜劣汰,给予业绩考核优秀者更大的发展空间,对于考核不合格者让其自动退出基地,这样可以更好地集成和优化科研队伍,使科研基地的建设朝着良性的道路发展。

通过这种方式,虽然只招收了有限名额的科研助理,但是直接影响了一批人。另外,将科研助理分层次、分阶段、分梯队进行培养的模式,使得学生能够切身感受到竞争的氛围,强化了学生充分利用业余时间努力学习、勇于实践的热情和紧迫感。

(三)中途退出/介入

如果行为不端,多次违反公约或长期没有进展的成员可经领导小组商议给予观察、警告或开除处分;因特殊情况无法继续工作的成员可申请退出,一定要有退出申请并经批准方可退出,若无缘无故地离开或消极执行任务,会经学院给予相应的处分。当业务繁忙、项目很多的情况下,除每年指定的招生时间外可中途招聘相应的人员,与正常招生一样进行面试、考核等,也可由在职科研助理引荐身边优秀的人员。若弄虚作假,一经核查属实,被引荐人和引荐人一并处分。

第二节 本科生的招聘

创新基地的每一届招聘都会遵循一定的流程,自创新基地成立起就拟定了整个招聘流程,在招聘伊始时都会拟定招聘方案,对一、二、三年级的本科生进行招聘,通过资格审核及面试成绩来挑选出综合素质高并且创新思维活跃的在校本科生进行培训,具体招聘流程如图 6-4 所示。

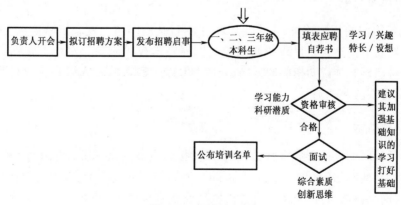

图 6-4 招聘流程图

一、拟订招聘方案

在创新基地招聘新一批科研助理之际,为了招聘工作能够有条不紊地进行,将由创新基地各研究室负责人组成临时工作小组,召开负责人会议,由工作小组讨论研究拟订新一批科研助理招聘方案。拟订的招聘方案如图6-5所示。

北华大学机电集成技术科技创新实践基地
——2007年新科研助理招聘方案

根据北华大学机电集成技术科技创新基地的发展和建设需要,继续推行大学生"科研助理"的培养模式,经研究决定,以北华大学科技创新实践基地为依托、面向北校区招聘2007届新科研助理,结合科技创新实践基地的现有资源,本次招聘主要分为以下四个大方向:

- 机械设计方向;
- 智能控制方向;
- 数控、模具方向;
- 工业工程(项目管理、策划、科技创新实践基地对外信息发布)、工业设计(产品设计、包装方向)。

以上方向为本次招聘的主要参考方向,新科研助理正式进入实验室可以根据个人兴趣和特长选择小方向。

◆招聘流程:

(1)招聘信息宣传。科技创新实践基地组织并制作本次招聘的宣传材料,负责本次招聘信息的宣传,3月25日(星期天)前宣传板制作完毕。

(2)动员大会,组织一次院的宣传活动,介绍大学生创新与素质实施过程及本次招聘方的相关信息宣传(PPT文件)。定于3月27日(星期二)晚6点在三教报告厅举行。

(3)根据应聘人的选择方向,将至相应方向负责人处,统计名单并核实应聘人自荐信息,3月30日(星期五)晚截止。

(4)3月30日(星期五)晚通知符合面试条件的同学,4月1日之前面试结束,面试地点各组自定。

(5)统计面试结果,各组根据面试情况确定参加培训新科研助理名单,截至4月5日。

(6)各个招聘方向负责新科研助理的培训工作,培训内容按照以上方向分期分组进行,培训时间各组自定。

(7)确定最终新科研助理名单。各个方向的新科研助理名单(第一梯队和第二梯队)由各方向负责人及组长确定,同时将名单上报科技创新实践基地总负责人处,截至2007年6月30日。

北华大学大学生机电集成技术科技创新实践基地
2007-3-21

图6-5 机电集成技术研究室招聘方案

二、发布招聘启事

按照统一制作的招聘流程,工作小组将在创新基地网站上发布招聘信息,并通知各个班级科技创新委员传达科研助理招聘信息。同时在学校校园内张贴板上张贴科研助理招聘启事。招聘启事必须说明招聘的方向、人数、要求、自荐表收取人以及收取自荐的截止日期,具体的招聘如图6-6所示。

三、提交报名表

学生看见科研助理招聘启事后,如果有意向报名应该做以下几个方面的工作:

登陆创新基地网站(www.bhcxjd.com.cn),阅读招聘的具体事项;进入创新基地招聘页面,如实填写网上招聘自荐书;下载自荐表填写或者直接打印(图6-7),并于规定的日期上交创新基地招聘人员;最后准备面试材料。

第六章 科技创新实践能力培养模式——科研助理培养模式

2010年夏季北华大学生创新实践基地·科研助理招聘启事

招聘简介：北华大学机电集成技术本科科技创新实践基地是吉林省示范性大学生科技创新实践基地，也是吉林省首批以本科大学生为主力军、全方位培养大学生创新实践、培养大学生创新精神、协同实践、沟通与表达、组织管理等方面综合能力、创新实践基地按照规范化的流程基地招收、培养本科生参与科研助理，同时按照规范化的培训流程开展层次多样化的科技创新实践活动，并通过广泛开展公开性技术讲座和学术性技术发挥基地的辐射作用，引导大学生参与科技创新实践活动。创新基地现有14个研究室，面积共736平方米，专兼职教师28名。科研助理参加创新实践基地后，将参加的主要活动有以下几个方面：

1. 利用业余时间自主学习基本设计软件（在学生的指导帮助下）；
2. 参与定期召开的小组内学术活动（由学生自主组织软件学习经验交流、项目进展、创新实践基地任务分配、项目申审查等活动）；
3. 独立完成参与或教师指定的预研任务；
4. 独立或参与课题组工程开发或科研任务；
5. 参与科技创新活动，如挑战杯、电子设计大赛、机械创新设计大赛等专项赛事；
6. 担任某个项目的总体策划及监督与指导人员，主要锻炼项目规划、项目总结、项目升华（指撰写论文、申报专利、撰写研制报告的综合能力）。

招聘方向：2010年夏季招聘面向北华校区机械工程学院、电气学院和计算机学院所有大一、大二和大三在校生进行，下面是此次招聘研究分室的简介及报聘要求；

招聘方向	方向介绍	招聘要求	信息咨询
CAD/CAM /CAE 研究室	利用先进的机械设计专业软件，对新产品（机器人等）的方案设计、结构分析、加工工艺等过程进行可预测性参数化建模、系统动力学仿真及优化分析，校核等一系列研发工作，应用软件包括AutoCAD、CAXA、UG、Pro/E、CATIA、SolidWorks、ADAMS、ANASY等	1. 学习成绩良好 2. 对机械有浓厚的兴趣（工程制图基础较好，熟习AutoCAD） 3. 有较强的三维空间想象能力，对三维建模思想有一定认识 4. 有较强的自学和动手能力	指导教师：李建永、姜生元 负责学生：王国伟 联系电话：6674115 地 点：1210
光电技术与机械CAE研究室	在熟练掌握AutoCAD, UG等CAD软件的基础上，学会利用Ansys等有限元软件对机械系统进行结构分析和温度场分析。在光电技术方面应熟练掌握微机原理，并会利用Protel DXP(99SE)、Keil等开发工具设计单片机电控制模块	1. 有较强的识图、绘图能力 2. 学习成绩良好，有较扎实的工程制图基础知识 3. 对CAD软件有浓厚的兴趣，有一定的平面软件基础 4. 具备自学能力和团队精神，熟悉office应用软件	指导教师：甘新基、耿欣先 负责学生：宋艳峰 联系电话：13180621908 地 点：3503
流体传动与控制研究室	利用先进的三维CAD软件（UG、CATIA、Pro/E）完成三维建模型的创建，熟练利用adams/Recur dyn软件进行动力学仿真分析，利用Fluent等软件进行流体行数值计算和分析	1. 学习成绩良好 2. 强烈的团队协作意识 3. 熟悉常用的三维CAD软件、UG、Pro/E其中一种即可 4. 对新型软件的接受能力强，善于钻研	指导教师：梅亚旭、王开宝 负责学生：张晋魁 联系电话：15843215275 地 点：3803

图6-6 科研助理招聘启事

招聘方向	方向介绍	招聘要求	信息咨询
现代设计研究室	利用先进的机械设计相关软件（AutoCAD、UG、Pro/E、ADAMS）完成机械系统的方案、结构设计，并对其进行三维数字化建模及系统动力学仿真、分析、校核等一系列的项目研发工作	1. 学习成绩良好，熟练使用 office 办公软件 2. 对机械设计具有浓厚的兴趣和一定的创新思想 3. 有较强的三维空间想象能力，对三维建模思想有一定认识 4. 有较强的自学和动手能力	指导教师：孙丽霞，张占国 负责学生：邱向阳 联系电话：13614320231 地　点：工训中心 405
模具设计与制造研究室	研究室研究方向：冲压模具设计与制造，塑料模具的设计与制造，金属压力加工及有限元模拟，塑料成型工艺及有限元模拟	1. 熟悉 AutoCAD 的应用，熟练使用 office 办公软件 2. 熟悉三维建模软件 UG，能实现三维建模及简单动画制作 3. 对有限元分析感兴趣 4. 要求学生有上进心，具备较强的独立思考能力，成绩良好	指导教师：贾建波，裴永存 负责学生：崔阳 联系电话：15948656752 地　点：1501
工业设计	应用相关软件对机械设计产品进行外观包装、形象设计，能利用专业软件对机械运动做仿真动画	具有较强的自学能力和创新意识，熟悉 Photoshop、3DMAX、Flash 等图形、图象处理软件，具有初步的设计研究、产品开发及设计管理能力	指导教师：国帅 负责学生：王飞 联系电话：15043690062 地　点：工训中心 404

应聘须知：1. 应聘人应打印并详实填写《北华大学机电集成技术科技创新实践基地科研助理自荐表》，并于 2010 年 5 月 19 日晚上 8:00 前，将填写的自荐表交到 1210 室薛伟伟同学处；
2. 自荐表下载地址：www.bhcxjd.com.cn，如无法下载，可直接到 1210 室找薛伟伟同学；
3. 参加过以往科研助理培训人员优先考虑，招聘面向所有大一、大二、大三同学进行，如有不明事宜，可与相关研究老师、学生负责人取得联系，或直接到各研究室咨询；
4. 招聘日期：2010 年 5 月 12 日～5 月 19 日；

备注：此次招聘计划根据各研究室发展需求制定，请各应聘者认真阅读招聘启事，并根据兴趣爱好专业发展方向综合填写《自荐表》，自荐表中的自荐组别只能一个方向！部分研究室根据自身的特点这学期不招聘科研助理，招聘时间另行通知！

北华大学机电集成科技创新实践基地　　2010.5.11

续图 6-6

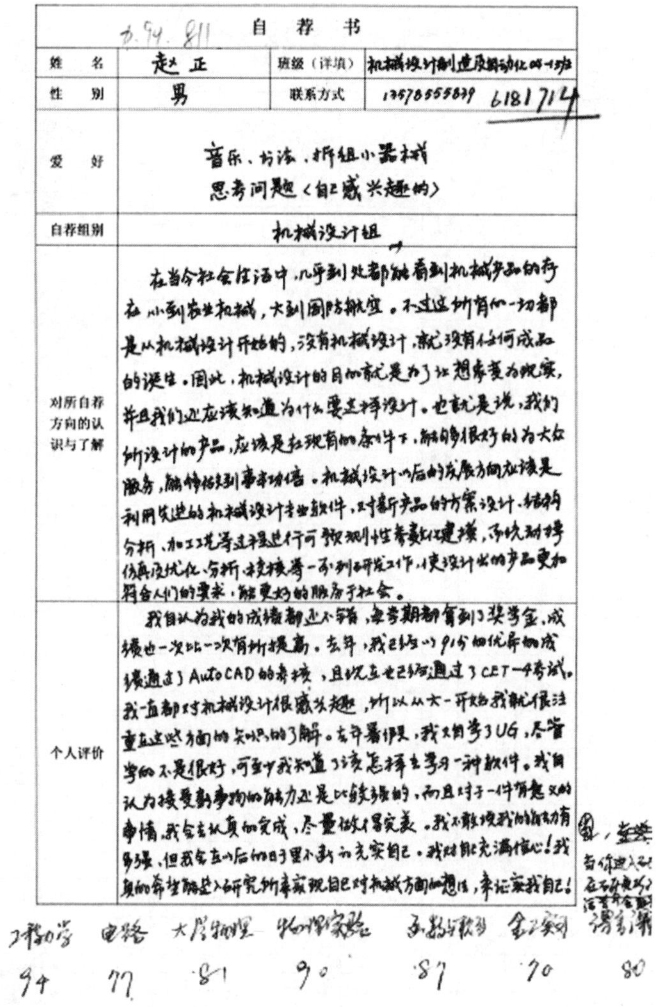

图 6-7　科研助理自荐表

四、审核自荐书

在截止收取科研助理自荐书后,创新基地工作小组将对其进行审核,根据科研助理相关招聘条例选拔出一批优秀的本科生进行初次面试,对于没有进入面试环节给予意见与指导,并记录在案,以便日后查询。对审查合格的同学,创新基地将与学院教科办、学生处协商调出该批学生的档案以及学生成绩信息,所需学生成绩信息如图 6-8 所示。

审查完毕后,创新基地将在基地网站上公布面试时间以及面试名单,供学生查询。同时,创新基地也会组织人员通过打电话的方式通知需要参加面试的人员。

北华大学学生学业成绩表

系所: 机械工程系		专业名: 机械制造及其自动化				学制: 4年		学历: 本	
姓名 薛伟伟	出生年月 19890408		性别 男	籍贯 江苏			民族 汉族		
学号 20072001013€	入学日期 2007年09月01日		毕结业			毕业日期 2011年07月01日			
课程名	学分	成绩	属性	学期	课程名	学分	成绩	属性	学期
计算机程序设计(C语言)	2.5	94	必修	2007-2008-2	大学计算机基础	3	88	必修	2007-2008-1
入学教育与军事理论	1	中	必修	2007-2008-1	大学体验英语一册	3.5	72.70	必修	2007-2008-1
大学应用语文	2	良	必修	2007-2008-1	工程图学	2.5	81	必修	2007-2008-1
中国近现代史纲要	2	62	必修	2007-2008-1	高等数学	4.5	100	必修	2007-2008-1
基础制造技术	3	及格	必修	2007-2008-2	证券投资	2	及格	任选	2007-2008-2
大学物理	3	87	必修	2007-2008-2	工程图学	4	优	必修	2007-2008-2
思想道德修养与法律基础	3	良	必修	2007-2008-2	公共体育课	2	75	必修	2007-2008-2
大学物理实验	0.5	良	必修	2007-2008-2	线性代数	2	93	必修	2007-2008-2
劳动	1	良	必修	2007-2008-2	高等数学	3.5	92	必修	2007-2008-2
多媒体制作技术	2	中	任选	2007-2008-2	大学体验英语二	3.5	75	必修	2008-2009-1
科技创新方法	2	良	任选	2008-2009-1	大学物理	2	85	必修	2008-2009-1
理论力学	4	92	必修	2008-2009-1	公共体育课	1	75	必修	2008-2009-1
制图测绘	2	优	必修	2008-2009-1	复变函数与积分变换	2	94	必修	2008-2009-1
大学体验英语三	3.5	76	必修	2008-2009-1	电工技术	2.5	94	必修	2008-2009-1
电工工艺	1	良	必修	2008-2009-1	CAD/CAM软件实习	1	中	必修	2008-2009-1
社交礼仪	2	良	任选	2008-2009-1	三维实体造型设计基础B	2	优	限选	2008-2009-1
大学物理实验	0.5	良	必修	2008-2009-1	工程材料	1.5		必修	2008-2009-2
机械原理	3.5		必修	2008-2009-2	材料力学	3.5		必修	2008-2009-2
公共体育课	1		必修	2008-2009-2	机械原理课程设计	1		必修	2008-2009-2
概率论与数理统计	2.5		必修	2008-2009-2	马克思主义基本原理	3		必修	2008-2009-2
虚拟样机技术基础	2	中	限选	2008-2009-2	大学体验英语四	3.5		必修	2008-2009-2

已获总学分数: 78.00	平均学分绩点: 2.34	获得学位: ——	教务处长签字:
第二学位专业: ——		获得学位: ——	
统考记载	应取学分	备注	制表人: 张爽 制表日期: 2009-06-29

第 1 页/共 1 页

图 6-8 科研助理学习成绩表

五、组织初次面试

创新基地按照面试的时间安排,组织各个分室进行集中面试。招聘小组将根据需要,邀请不同专业方向的老师并根据学生自荐书上填写的方向进行分组,每个方向成立面试小组进行面试。面试小组由专业方向指导教师、该方向高级科研助理、相关方向高级科研助理、该方向中级科研助理以及信息传达员组成,以上提及组成人员一类至少有一人出席。

否则招聘无效。

招聘过程中,根据被面试人员的自述,以及回答招聘人员的问题,对该面试者几个方面的素质做出客观的评价,并记录在案。招聘结束后,根据招聘小组每位成员的意见合成出总体的面试成绩。按照招聘人数扩大比例,决定出参加培训的人员。

六、公布培训名单

面试结束后,招聘小组将对各个面试小组上交的面试信息进行核实,并进行讨论审核。审核通过后,将在创新基地网站上公布通过面试有资格参加培训的人员名单,供面试者查询。同时招聘小组会指派专门的人员通知参加培训的人员做好培训准备。

在面试名单公布后,招聘小组还会将培训的时间,培训人员以及授课的相关内容上传到创新基地的网站上,以便于查询。

第三节 优秀本科生的培训

为了使优秀本科生能够以更快的速度适应创新基地的生活并得到最好的发展,在他们刚进入创新基地时将对他们进行一段时间的培训,培训人员主要由在职的老科研助理担任,通过培训不仅能够帮助新科研助理更快地适应基地生活,了解掌握他们的创新思考能力,还能够锻炼老科研助理的语言表达能力、团队意识等。

一、优秀本科生培训的目的及意义

培训应该是引发思考,增强动力的过程。
培训应该是统一思想,减少内耗的过程。
培训应该是开阔视野,激荡思维的过程。
培训应该是节省时间,加速成长的过程。
培训应该是传授方法,减少摸索的过程。

实际上,如何明确职责,如何很好地履行自身的职责,对任何人而言,都存在一个学习与培训的过程,需要通过实践,不断总结与提高,才能真正实现组织的执行力提升。一般情况下,我们把不同组别的培训看作是业务技能培训,这在某种程度上并不错,因为我们可以把所有为完成业务工作的任何技能都归结为业务技能。事实上,对于很多组别的人员而言,其能力应包括这样几个方面:接受与理解任务的能力、独立完成业务工作的能力、团队合作的能力、总结与提高的能力、领导与组织团队工作的能力。

开展内部培训工作,不妨从以上几个能力方面去分析一下,看看我们的人员,到底缺少哪一方面的能力,再针对具体问题,实施相应的培训,同时,对于新进人员,也要对他们各方面进行培训。

(一)接受与理解任务的能力

这种能力可以通过日常安排工作加以测试与训练。最初采用复述的方式,随着时间的推移,形成组委会与新进优秀本科生之间的共识,使新进优秀本科生能习惯组委会的表达方式,从而帮助新进优秀本科生能够快速正确理解组委会所下达的任务。组委会也要注意布置任务的表达方式,尽可能简洁明确,如果感觉自己表述不清,应重复说明,直到新进优秀本科生理解为止。

(二)独立完成业务工作的能力

对于既定的工作任务,多数人员都具有独立完成的能力。尤其是先进入创新基地的老科研助理,更应如此,如果新进优秀本科生还不具有这样的能力,组委会就有责任加强这方面的培训。一方面,要鼓励新进优秀本科生通过自学提升工作能力;另一方面,要指派一名熟练人员引领其学习,帮助其在实际工作中遇到具体问题时,加以解答。

(三)团队合作的能力

尽管我们说管理人员的工作是各司其职,但管理工作只通过自己是很难实现其管理目的的。只有通过与其他人员、其他负责人的交流沟通合作,才能实现其最终管理目标。而更多研究室的科研助理所做的工作,是需要团体协作的。在各个研究室的工作组制度,只有在各研究室负责人、工作组成员等的共同合作,才能起到安全互保的作用。学习团队合作,需要引导,并反复通过每次团队合作的实例分析,找出每个人在合作中存在的问题,及时地加以改进。这个过程并不需要通过所谓的拓展训练,只是组委会应注意在本科生成长的过程中,细心观察其行为,耐心指导,直到其成长起来为止。

(四)总结与提高的能力

新进优秀本科生的最初成长需要有人不断地指导,直到当新进优秀本科生具有了自我总结与提高的能力时,才能实现新进优秀本科生的自我提升。因此通过前面的训练过程,组委会就应引导其自我总结,通过发现自己存在的问题,找出根源,提出解决措施,从而实现其自我能力的提升。到这个时候,组委会就完成新进优秀本科生培养的基本过程。

(五)领导与组织团队的工作能力

作为组委会,还需做最后一项培训工作,从新进优秀本科生中发现并培养接班人。当自己出差或外出有事时,能放心地将本组的工作交付给新进优秀本科生;当自己获得机会时,能及时找到接手的人。领导与组织团队的能力,需要通过实际工作任务完成的过程中去发现与培养。作为这类人员,必须具备前面几项能力,然后再通过不断的项目实施过程,由组委会加以引导,慢慢形成其团队指挥能力,培养其在新科研助理中的权威。

明确责任,是保证执行力到位的前提。组织者须通过明确的方式落实组织各级成员的职责,并赋予相应的权力,以保证其职责的履行。作为组织成员,应清楚地了解自身职责的内涵,而不仅仅是表象上的工作任务。通过对自身职责的分析与理解,学习与掌握实施自身职责的方式、方法,明确其中领导、督查、布置、落实、实施、分析等不同内容的区别。

在组织的总体上,也存在相应的问题,过多地将组织的注意力集中于具体的形式化的物象,而忽视了组织成员成长的培训。不能从长远的观点看到组织培训带来的对组织执行力的影响,只是想当然地认为明确责任,认真负责是理所当然的事。实际上,如何明确职责,如何很好地履行自身的职责,对任何人而言,都存在一个学习与培训的过程,需要通过实践,不断总结与提高,才能真正实现组织的执行力提升。

　　创新基地规模越来越大,科研助理人数越来越多,被辐射的同学也越来越多。创新基地是学生自主创新的平台,学生是创新基地发展的主力军。创新基地之所以能在短时间内迅速地发展,不仅仅是因为有着良好的管理制度,更重要的是科研助理的科研能力逐步在提高,科研助理的综合素质逐步在提高。历届以来,科研助理总是站在老科研助理的肩膀上开始新的学习、工作和生活,新科研助理从老科研助理身上学习专业知识,学习做事方法,然后在此基础上去探索新的知识。老科研助理尽力通过学术讲座、项目实施及生活交流去指导师弟、师妹,为了在自己离开创新基地之后,师弟、师妹能够完全成长起来,并且超越自己,于是潜移默化地便形成了"传承"。老科研助理也都在不同层面上对新科研助理进行培训。

二、优秀本科生培训的内容及方法

　　创新基地内部老科研助理采用授课方式对优秀本科生进行软件方面的培训,实际上为老科研助理进行相关软件的讲解作为优秀本科生入门讲解,优秀本科生课后练习,老科研助理负责答疑。

(一)表达能力培训

　　语言表达能力的提高非一朝一夕之功,它靠的是长年累月的积累和坚韧不拔的训练。要想培养杰出的语言表达能力及专业的术语能力,就必须在平时的工作、学习、生活中多听、多学、多练,特别是要有意识地写,只有反复进行写作训练,才有可能培养出出众的语言文字表达能力。

　　这里,我们仅谈谈语言表达与思维过程的紧密关系。

　　语言表达,就是按照一定的思路将所考虑的内容用文字符号固定下来。在这一过程中,一方面思维内容要寻求一定的形式与之相适应,另一方面表达形式又要求思维内容能够符合其规范。语言表达这种"形式"与思维过程这种"内容"的辩证关系如下:

1.思维内容在付诸语言文字的过程中进一步深化

　　思维在人的头脑中具有快速、简洁的特点,它的作用主要在于达到自我理解;而语言文字的表述则要求准确、清楚,能够为他人所理解。所以思维内容在付诸语言文字形式的时候,语言对思维起着检验、过滤的作用。思维在语言的作用下,原先模糊的要变得清晰,原先杂乱的要变得有条理。思维根据语言文字表述的实际效果,内容单薄的再进一步充实,理解肤浅的再进一步加深,局部不合理的再进一步修正,形象不鲜明的再进一步突出其特征等。因此,思维的文字表述过程,是思维反复深化、思维内容进一步充实、思维过程进一步严密、思维质量进一步提高的过程。

2.文章形式反作用于思维过程,使思维内容的表达能够符合文章形式的要求

　　文章的内容决定文章的形式,但文章形式又对文章内容起着制约的作用。在思维内容付诸语言文字的时候,思维内容总要寻求一种适当的形式来表达,而当这种形式一旦确定之后,这一形式便又反作用于思维,要求思维内容能够符合其形式的要求。例如,诗歌、散

文、戏剧、小说等不同的体裁形式,即对思维有着不同的要求。一旦选定诗歌这一形式,思维的内容就必然受到诗歌语言、结构、节奏、韵律等方面的制约。在这一阶段,思维只有在文章形式的作用下对思维内容进行反复的改造,才能达到文章内容与文章形式的有机统一。

(二)个性化培训

在课堂教学、课外实践、导师培养等环节中,通过合理设计教学环节的流程及评价机制,引入互动性鲜明的教学活动。在"学生-教师""学生-学生"之间形成师生之间、不同届学生之间相互促动的"利益共同体",在互动的学习、工作过程中达到教学相长、共同进步的目的;将学生分成不同方向进行培训,学习的方向完全取决于个人的兴趣和教师的个性化指导。

(三)技能培训

1. 培训人员的自身素质

随着"以人为本"的培训理念为越来越多的管理者所接受,人力资源开发力度大大加强,对培训者的要求也越来越高。管理趋势的这种变化要求管理者必须充分调动培训者的积极性、开发被培训人员的潜能,培训机构必须找到一种比传统培训方式更有效的学习模式。要真正实现"以人为本"的管理,最终为被培训者赢得竞争优势,需要的不仅是理论知识,更需要实际操作指导。根据经验,我们发现为了使基地的知识储备不断得到提高和发展,需要有连续性的研讨交流。然而,不是每个人都能成为培训人员。虽然许多训练技巧可以通过培训和实践获得,但研究和经验表明,有9种个人素质是有效的、成功的培训人员的特征。

(1)自我感知的能力。

虽然并不主张基地的培训人员要进行缜密的分析,但要成为一个合格的培训人员,很明显需要有一定程度的自我认识和自我接受的能力。我们的自我感知能力越强,选择余地和自由就越多。与其他任何从事"帮助"他人的工作一样,能够意识到激励我们自己的因素很重要。

(2)激励他人的能力。

基地培训人员不能使被培训者在他的生活中做不能做或不愿意做的事情。培训人员能够意识到被培训者的发展需要并激励他们认同自己的情感和价值观,为获得和实现他们的最高目标而努力。成功的基地培训人员能激发被培训者内在的动力而不是使用外在的压力。培训人员的信念是使被培训者发展自己的潜能。基地培训人员可以使被培训者克服任何妨碍达成其目标的障碍和限制。不是每个人生来都有激励他人的能力。一些人善于教育和支持他人度过他们认为困难或痛苦的生活。成功的基地培训人员激励和鼓励那些犹豫不决和失败的人勇于承担风险和建立安全网络。失败是一种反馈,是成长的机会。不愿意冒失败危险的基地培训人员和被培训者会停滞不前。

(3)建立关系的能力。

基地培训人员看起来应当是可接近的、友好的、值得信任的。他们把培训看作很重要的事。培训人员必须是乐于助人的、有办法的,并且能充分地表达自己的想法。他们必须全神贯注于他们的任务并不计较得失。培训的成功很大程度上取决于基地培训人员和被培训者之间的关系。

(4)变通的能力。

与有固定的课程安排的培训人员不同,培训的日程表是灵活的。培训人员与被培训者一起,确定优先考虑的事情和目标,并制订行动计划以实现行为的改变。然而,这一日程安排并不是固定不变的,出色的基地培训人员能够调整日程并且进行"课外"培训以适应个人的不同需要,是对被培训者重要的事情(而不是对培训人员重要的事)决定着日程安排。

(5)沟通的能力。

许多人在与合作者、同事和客户产生交流困难时常采用培训这种方式。还有一些人需要私人培训人员帮助他度过不同的过渡期,包括亲人关系或伙伴关系的困难期。培训人员应该拥有广泛的人际交往和沟通的技能,并对他人的担忧表示出敏感和耐心。培训人员要能够对被培训者移情,表现出对他的世界观、价值观、恐惧和梦想的赞同和理解。培训人员要能够聆听,提出能激发热情的适当的问题,经常做出清晰的、直接的反馈。重要的是,培训人员必须愿意进行坦诚的交流,能够清楚地识别出不受欢迎的行为,而不要过于顾及被培训者的反抗情绪或担心使他们难堪或不喜欢。

(6)前瞻的能力。

培训意味着行动。自我剖析、洞察力和自我意识总是在行动中发生。如,我们如何达到某个目标或改变某行为,被培训者会如何对待新观点,培训人员不能只是停滞在培训开始时的状态,或是陷入对情感、目标的关注或对失败的害怕中。如果被培训者最初是不成功的,好的培训人员能够让他们在保持活力的同时去寻找导致他们受阻和无效率的原因。培训人员相信人们有足够的智慧、创造力和动力发展以取得成功,但是他们需要帮助来达到目的。

(7)控制的能力。

改变有时是痛苦的。不管最终的结果和益处如何,被培训者经常抵制改变,害怕他们在这一过程中会失去一些东西。培训是与发展、成长和变化相关的,培训人员显示出的献身精神和毅力,以及关注于目标和行动计划的控制力,将最终带来其所期望的持久的行为变化。

(8)把握职业界限的能力。

培训不是对所有人都有效的灵丹妙药,不是所有人都适合被训练。选择被培训对象和建立培训人员和被培训者之间的"良好配合关系"十分重要。一些人也许不适合学习和改变,所以培训人员对他们也许不是最有效的方式。培训不可能对所有的人都是好东西,没有任何一个培训人员无所不知或可以帮助所有人。好的培训人员通常能够意识到他们的能力和局限。

(9)诊断问题并找出解决方法的能力。

培训人员应该收集被培训者的有关资料,以便决定他们的特定需求。虽然评估和会谈的技巧可以通过学习获得,但一个成功的培训人员会拥有一些特定的素质,这些素质使他们能够更有创造性地利用这些信息,诊断被培训者的问题所在,或提出令人振奋的解决办法。这些素质:真正了解所询问的问题;意识到什么是"错误"以及应该做什么;将理论运用于实际环境的能力;创造性——能提供新的观点和新的视角;独特的和新奇的解决问题的能力。

2. 培训课件的制作原则

培训人员在制作培训 PPT 时要注意以下问题:

课件制作也应遵循教学性原则,课件制作内容要讲究科学性,同时要注意适当艺术性。多媒体课件应用的目的是优化课堂教学结构,提高课堂教学效率,既要有利于培训者的教,又有利于被培训者的学。科学性无疑是课件评价的重要指标之一,尤其是演示模拟实验,更符合科学性。课件中显示的文字、符号、公式、图表及概念、规律、表述式力求准确无误,语言配音也要准确。优质的课件应是内容与美形式的统一,展示的对象结构对称,色彩柔和,搭配合理,有审美性。

课件制作要做到以简化繁,制作的课件要具有可操作性。课件的展示的画面应符合被培训者的视觉心理。画面的布局要突出重点,同一画面对象不宜多,避免或减少引起被培训者注意的无益信息干扰。注意动物与静物的色彩对比,前景与背景的色彩对比,线条的粗细,字符的大小,以保证被培训者都能充分感知对象。避免多余动作、减少文字显示数量(有可能,尽量用语言声音表达),过多的文字阅读不但容易使人疲劳,而且干扰被培训者的感知。

课件的操作要尽量简便、灵活、可靠,便于培训者和被培训者控制。在课件的操作界面上设置寓意明确的菜单、按钮和图标,最好支持鼠标,尽量避免复杂的键盘操作,避免层次太多的交互操作。

信息量要适度,讲究画龙点睛、适度运用。适度运用原则就是利用认知学习和教学设计理论,根据教学设计,适当运用多媒体教学课件,创设情境,使被培训者通过多个感觉器官来获取相关信息,提高教学信息传播效率,增强教学的积极性、生动性和创造性。把一定的时间和空间留给被培训者,让他们理解,让他们思考,让他们交流,让他们质疑(不要满堂板书变为满堂电灌)。

多种方式、工具有机结合,同时课件要具有一定的开放性。"寸有所长,尺有所短"。教学媒体的采用也要根据教学内容及教学目标来选择,不同教学媒体有机结合,优势互补,才能收到事半功倍的教学效果。例如:数学的方程求解、物理的公式推导等,用多媒体课件教学就不一定比培训者与被培训者一起边推导边板书效果好;电脑实验教学用多媒体课件有时就比实际演示更直观更有说服力;理论问题、微观世界的活动、宏观世界的变化等,采用多媒体课件则有其明显的优势。制作的课件是否有开放性,能否稍加改造就可以为其他培训者所用,这在今后是重要的,需要大力提倡,这也符合开放共享的信息时代的要求。

总之,我觉得要想制作出有生命力课件必须要做到以下几个方面:熟知相关教育教学理念;选择功能强大的软件;多看适宜软件的教程;熟悉相关软件(图形图像处理软件、声音处理软件、视频编辑制作软件等);然后多练习,加上自己的创意。

3. 基本技能培训流程

创新基地公布面试名单后,将在各个研究方向上成立培训小组。培训小组首先需要撰写本次培训计划(图6-9)。该计划主要包括培训时间地点安排,培训内容、培训作业以及培训考核方式等。在规定的日期上交给创新基地,创新基地将统一审核培训内容,审核通过后,将会把培训计划在网站上公布。

机电集成技术研究所机械设计组
2005年度新科研助理培训安排

根据研究所目前的综合实力和现有科研助理目前的基础知识与实践能力,为使应届生在进入研究所之后能尽快适应研究所的培养方式,以便发挥更大的作用,我们决定对2005年度的新科研助理进行必要的培训工作,并通过此次培训,选拔出一批对机械设计有灵感同时综合能力较好的科研助理,以利于研究所今后的发展。

一、本次培训分UG、Pro/E两部分进行。对参加培训的科研助理要求如下:分别由李春伟、王绍江和胡敬华负责UG培训,焦宏章和谢加呈负责Pro/E培训。

具体培训:

◆每两周的周日上午8:00于2教404培训,UG、Pro/E一起进行,特殊情况另行通知;

◆每次按UG、Pro/E顺序进行,需用时间各为40~45分钟;

◆除特殊情况外,所有组员必须参加培训,且应提前3~5分钟到场;

◆每次培训结束后,由主讲人布置与本节培训有关的一定数量作业;

◆各参加培训人员应尽最大努力按时完成指定作业,并于下次培训前提交各培训人。

对软件要求如下:

根据自己的爱好和专长进行选定,在培训过程中可以针对一些特殊情况进行调整,在培训阶段以选定软件为主,但是其他软件培训也需参加。

二、UG培训安排,培训工作大概需要6次进行。具体安排如下:

(1)由李春伟介绍UG软件的各个基本工具命令并进行基本的建模培训,使组员熟悉UG各个工具条的基本工具命令进行基本的建模培训,使组员熟悉UG各个工具条的基本功能并能应用这些工具条建出一些简单的模型;

(2)进行上机训练,由李春伟、王绍江和胡敬华负责指导,各组员练习使用电脑建立三维模型,对上一次的建模培训进行巩固;

(3)由王绍江介绍UG的装配模块,使各组员掌握UG的装配功能;

(4)进行上机训练,由李春伟、王绍江和胡敬华负责指导,各组员练习使用UG的装配模块,对上一次装配培训进行巩固;

(5)由胡敬华向组员介绍UG的工程图模块,使各个组员能够熟悉应用UG出工程图;

(6)进行上机训练,由李春伟、王绍江和胡敬华负责指导,各组员练习使用UG出二维工程图。

三、Pro/E培训安排,培训工作大概需要分6次进行。具体安排如下:

(1)由焦宏章介绍Pro/E软件的各个基本工具命令并进行基本的建模培训,使组员熟悉Pro/E各个工具条件的基本功能并能应用这些工具条建出一些简单的模型;

(2)进行上机训练,由焦宏章和谢加呈负责指导组员练习使用电脑建立三维模型,对上一次的建模培训进行巩固;

(3)由谢加呈介绍Pro/E的装配模块,使各组员掌握Pro/E的装配功能;

(4)进行上机训练,由焦宏章和谢加呈负责指导,各组员练习使用Pro/E的装配模块,对上一次的装配培训进行巩固;

(5)由焦宏章向组员介绍Pro/E的工程图模块,使各个组员能够熟练应用Pro/E出工程图;

(6)进行上机训练,由焦宏章和谢加呈负责指导,各组员练习使用Pro/E出二维工程图。

附表:

科研助理培训时间表

次数\组别	第一次	第二次	第三次	第四次	第五次	第六次
日期	4月3日	4月17日	4月24日	5月1日	5月8日	5月15日
机械组	周日: 8:00~9:30 多媒体	周六: 8:00~11:00 上机	周六: 8:00~11:00 上机	周六: 9:00~11:00 多媒体	周日: 8:00~9:30 多媒体	周六: 8:00~11:00 上机

图6-9 科研助理培训计划事例

培训计划在网站上公布后,各个培训小组必须严格按照培训计划实施。创新基地在培训期间将会组织培训监督小组,监督培训工作。监督小组由创新基地专业指导教师和部分高级科研助理组成。

监督小组的职责:
(1)随时抽查各个培训小组的培训情况,监督培训人员,提高培训人员的授课质量;
(2)根据培训的情况,向培训人员提出一些建设性意见;
(3)观察参加培训的学生,是否有符合创新基地发展人员要求;
(4)听取参加培训人员对培训的意见和建议;
(5)对培训人员的培训情况打分,最后评出创新基地优秀培训人员,并给予奖励;
(6)根据督查情况向创新基地汇报,提出以后培训改进意见。

各个小组按照培训计划实施,基本培训的时间长短可以根据自身研究方向合理安排,但是都应该保证2个月的基本技能培训。基本技能培训主要包括该研究方向的一些基本知识、所需要的基本软件工具、一些基本的动手操作能力,等等。例如,机械设计小组主要培训三维设计软件(UG,Pro/E,ADAMS);智能控制小组主要培训单片机、PLC、电路设计软件等基本知识;数控、模具设计小组主要培训 AutoCAD、CAXA、UG(CAD,CAM)等软件;工业工程方向主要锻炼其组织管理等方面的综合能力;工业设计方向产品外观包装、形象设计,利用专业软件对机械运动做仿真动画的能力。目的主要考核学生的新知识接受能力、自我约束能力、创新学习及工作能力,从中筛选出20%的科研预备助理。

培训过程中对培训人员的要求:
(1)培训人员必须将培训计划上交培训小组审核(图6-10);
(2)培训人员所做的 PPT 要经过培训小组审核合格后才能使用;
(3)培训人员可以根据自身培训的需求,要求培训小组提供硬件设施;
(4)培训人员需要维持培训的秩序,以及参加培训人员的安全。

2005 年 Pro/E 第二次培训——装配命令

题目:曲柄滑块机构

作者:机自 03-2 班　王佳欣

作品图片如下:

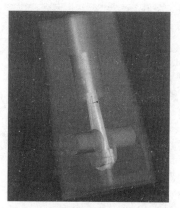

运用到的命令:匹配、对齐、刚性连接、销钉连接、圆柱连接。

整体过程:

1. 首先调入上箱体用刚性连接来定位。
2. 调入曲柄用销钉连接、并保证其至少有一个自由度。
3. 调入连杆也用销钉连接保证其自由度。
4. 调入滑块用圆柱对其进行约束,保证其自由度。
5. 下箱体用匹配和对齐进行约束就行。

到此装配完毕。

感悟:

(a)

图 6-10　培训人员授课计划事例

2005 年 Pro/E 第一次作业——基本命令

题目:底座建筑

作者:机自 03-2 班　王佳欣

作品图片如下:

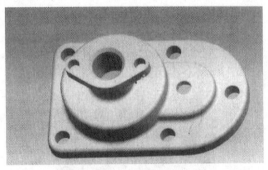

运用到的命令:拉伸、孔、倒角、镜像等命令。

建模过程:

1. 该例子巧妙地运用了拉伸命令。

2. 拉伸的步骤是从下向上,首先建立下面的部分再以此为基准向上面建立。

3. 运用打孔命令和镜像命令的结合简化了这些重要操作。

4. 用倒圆角命令完善了模型的建立。

感悟:

　　在学习中我遇到了很多问题,但是我没有放弃,每一个问题我都认真地去思考,不懂的地方向师兄们请教,这样也就慢慢上路了。刚开始学习进步不是很快,但是我有一颗奋斗的心。相信在以后的日子中我会进步更快。

(b)

续图 6-10

2005 年 Pro/E 第一次作业——基本命令

题目:铣刀支架
作者:机自 03-3 班　李永鹏
作品图片如下:

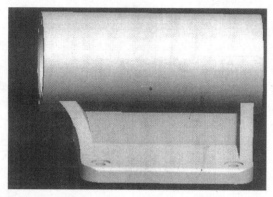

建模过程:
1. 用简单的拉伸命令完成支架底座的建立。
2. 用旋转命令铣刀支架上部的回转体。
3. 用阵列命令建立出两端面的螺纹孔(用阵列简化了建模)。
4. 用筋命令完成中部的加强筋的建立。
5. 再用合并、实体化命令完成左面那段圆弧筋。
6. 通过圆角、倒角命令修缮了模型。

感悟:
　　在 Pro/E 学习过程中感觉进步很快,很容易就进入了状态。对这些软件的学习也越来越感兴趣,相信在以后的学习中会取到更好的成绩。

(c)

续图 6-10

第四节 准科研助理的选拔

经过了两个月的培训,这批优秀的本科生无论是在使用软件的技术上还是理解项目的能力上都应该有一定的提高,为了考察他们在培训期间的学习情况及学习能力,将对他们采取培训考核并进行二次面试,具体的选拔流程如图 6-11 所示。

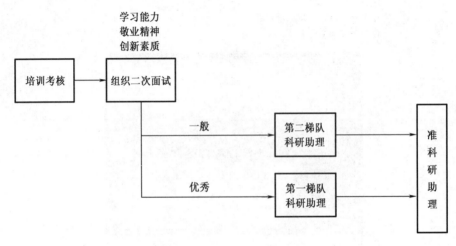

图 6-11 准科研助理的选拔

一、培训考核

为了检验为期两个月的培训情况以及所培训这批优秀本科生的能力,基地将对他们进行培训考核,通过考核成绩外加上以前的面试成绩、平时表现等方面来选拔出有资格成为准科研助理的本科生。

随着创新基地培训制度的日趋正规化,创新基地的培训考核方式也逐步完善,凡是有意想要进入创新基地人员,有特殊情况可以不参加培训,但是必须通过创新基地培训考核。创新基地培训考核分为笔试、上机操作、实践动手能力三个方面。上述三个方面如有一个方面不合格者视为培训考核不合格。只有培训考核合格人员,才有资格接受创新基地的强化培训。为了使创新基地的考核也日趋正规化,基地专门设计制作了准科研助理选拔的考核题库。有关题库的具体内容介绍如下:

(一)题库的制作

创新基地要实现考核制度的正规化,就必须建立强大的考核题库,创新基地题库题目来源主要有以下几个方面:

(1)创新基地历届科研助理培训讲座题目内容;
(2)科研助理学习过程中收集总结题目内容;
(3)创新基地学术交流过程中所出现的题目;

(4) 在实际工程中,遇到的难题,包括方案设计、加工调试,等等;

(5) 专业指导教师根据专业方向提供一些试题。

创新基地建立的题库跟其他类别的题库有所不同,它是创新基地选拔人才的重要组成部分,具备如下特点:

"厚专业基础"。创新基地题库的基础试题库(图6-12),注重的是专业基础知识的学习,创新源于知识,这就要求学生必须具备专业方面的基本素质才能浅谈创新。同时这也是考察督促应聘人员学习专业基础知识。与学院的教学相呼应,提高学院的教学水平。

"重实践技能"。创新基地所建立的能力提升试题库,主要是从实际项目中抽象出试题背景,重点让培训人员锻炼结构设计和方案设计的能力。考核培训人员在参加培训时对项目的把握程度。通过考核了解参加培训能否具备设计方案、设计结构的能力。让他们对项目前期工作有一个宏观的认识。

"实践动手能力"。创新基地建立了实践动手能力题库,该题库分为两个部分,一是上机操作软件部分(图6-13),通过上机操作了解参与培训人员的软件水平,这是进入创新基地后,每一位科研助理必备的工具。另一部分是实际动手能力,创新基地将会提供题目所需要的硬件设施,让参加培训人员,亲自动手操作。如拆卸组装部件、加工零件、调试设备、测绘零件、检验零件是否合格、按照功能设计搭建机构,等等。这些都是实践环节我们需要考核的,目的在于培训学生动手能力,了解实践问题,只有了解实际问题后对设计才能够有理性的认识。

(二) 题库制作规范

1. 试题的分布结构必须合理

试题数量要足够多,每一个研究方向题库试题数要求不少于1 000题。在各指标属性区间内均衡分布,核心属性有基本知识点、实际问题难度与思想方向认知分类,以这三个属性为核心,形成三维立体交叉网络,网络上的每个交叉结点上都有合理的试题量,在保证这个核心结构的基础上,还应注意试题在题型和区分度上的合理分布,要处于基本的均衡状态。

2. 试题质量必须过关

试题内容要科学,无学术性错误;无歧义性,表述简单明确;无关联性,试题之间不能有相互提示,不能相互矛盾;试题参数标注要尽可能符合客观实际。

试题命题人,必须审核试题给出相应的答案,交于修改组负责人审核后,统一上交创新基地相关人员备案。

2009 年创新基地暑假培训期中测试

姓名：　　　年级：　　　班级：

一、作图题

1. 请补全图1、图2 的内、外螺纹（每小题3 分，共6 分）。
2. 补全图3 的俯视图(8 分)。

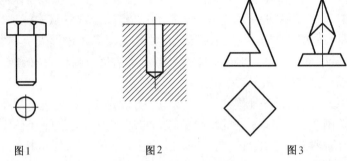

图1　　　　　　图2　　　　　　图3

3. 补全下列剖视图中的缺线（每小题3 分，共15 分）。

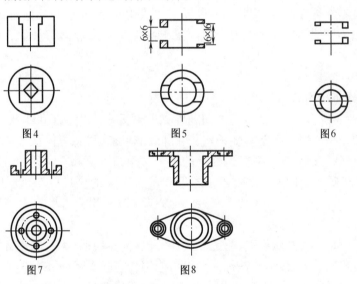

图4　　　　　　图5　　　　　　图6

图7　　　　　　图8

二、填空题（每空2 分，共24 分）

1. 在剖视图中，剖切面后方向的可见轮廓线应_____画出，一般不画_____轮廓线，只有当不足以表达清楚机器的结构时，才画出必要的虚线。
2. 零件图的技术要求主要包括：_____、_____、_____、热处理以及其他相关制造的要求。
3. 国际中规定，孔的上、下偏差分别由 ES、_____表示，轴用 cs、_____表示。
4. 根据机器的设计要求、工艺要求和生产实际的需要，国家标准中将配合分为三大类分别是：_____、_____、_____。
5. 形状误差是指线和面的_____对其_____的变动量。

三、看图填空(每空 2 分,画零件图每个 5 分,共 29 分)

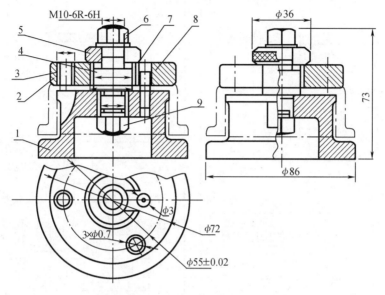

(1)主视图为_____剖线,左视图为_____剖,俯视图系_____视图。
(2)件 2 与件 3 是_____配合,件 4 与件 7 是_____配合。
(3)为取下工件壳松_____,再取下_____与件_____即可。
(4)钻模。工件装夹一次能钻_____个孔。
(5)装配图中的双点画线表示_____。
(6)钻模的总体尺寸为_____。
(7)拆画 1、2 的零件图。
(8)钻套的主要作用是_____,件 7 的作用是_____。

四、主观题(限定 100 字内)

1.你对团队合作的认识。(限定 100 字内)

2.你觉得应该怎样做一个项目。(限定 100 字内)

图 6-12　培训考核笔试基本题库事例

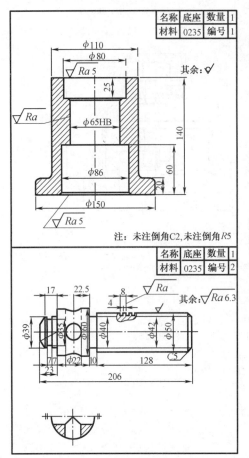
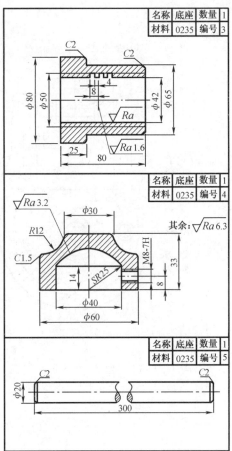
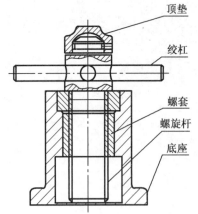

要求：
1. 用 UG 或 Pro/E 画出零件三维图。
2. 装配零件图。
3. 对装配图进行仿真。
4. 利用 UG 或 Pro/E 画出零件螺旋杆的工程图。

图 6-13　培训考核上机基本题库事例

(三)考核制度

本次考核时对参加培训人员在培训过程中的表现给予一个客观的评价,并且按照招聘计划人数120%分化,进入创新基地下一次强化实践培训。在本次培训中将根据培训期间的表现及作业情况进行主观评价,按照考试成绩做出客观评价。参加培训人员的主观评价成绩占总成绩的50%,客观评价占总成绩的50%。

培训过程不仅仅是培养了科研助理的后备人才,同时也锻炼了在职科研助理的综合素质,通过培训与被培训使得创新基地新老科研助理无论是在技术上还是在思想上都有了突飞猛进的提高,为以后基地更快更高的发展奠定了坚实的基础。

二、组织二次面试

根据培训考核评审的结果确定有资格进入二次面试的人员名单,公布在创新基地网站上,并组织人员以打电话形式通知参加二次面试的人员。面试小组由创新基地主任、学院领导、专业指导教师、创新基地科研助理负责人、高级科研助理组成。对参加二次面试的人员进行面试考核(图6-14)。

图6-14 科研助理招聘二次面试现场

三、公布准科研助理名单

根据最后每位考核成员的成绩进行汇总排名,确定准科研助理名单,并下发准科研助理聘书(图6-15和图6-16)。

序号	姓名	班级	性别	表达能力	软件基础	有何特长	综合素质	投票数	初定人员	备注
1	戴冰	机自04-2	女		✓			7		
2	邓文斌	机自04-1	男	✓	✓	✓	✓	5	✓	数学应用能力强
3	郭栋梁	机03-3	男	✓	✓	✓	✓	5	✓	软件基础好
4	郭恩航	机自04-2	男	✓		✓		3		
5	何炽洪	机03-1	男	✓				1		
6	季必宏	机自04-4	男			✓		1		
7	瞿李凯	机自04-4	男	✓	✓	✓	✓	5	✓	
8	李永鹏	机03-3	男		✓			5		软件基础不错
9	刘文珍	机自04-4	男			✓		1		
10	秦朋	机自04-3	男					1		
11	王锋坦	机04-3	男			✓		5		
12	王佳欣	机03-3	女	✓	✓	✓	✓	5		
13	夏小川	机03-3	男	✓				2		
14	王玉良	机自04-2	男					3		
15	谢刚	机械03-1	男			✓		1		
16	邢琦	机03-1	男	✓	✓		✓	5	✓	理论知识较强
17	徐登峰	机03-3	男		✓			2		
18	叶锐汉	机自04-2	男		✓	✓	✓	5	✓	有危机意识
19	于启富	机械04-3	男		✓			1		
20	于松岩	机自04-4	男			✓		5	✓	应用思考能力较强
21	曾德坚	机自04-3	男					2		
22	张亮	机自04-4	男	✓		✓		1		
23	张启宽	机自04-4	男	✓				2		
24	张晓松	机自04-4	男			✓		3		
25	朱忠广	机械04-3	男			✓		1		

图 6-15　科研助理面试成绩表

聘 书

吴慧 同学：

在北华大学大学生科技创新实践基地培训中，表现突出，综合能力符合科研助理的招聘要求。兹聘为北华大学机电集成技术研究所机械组科研助理。在2个月试用期间，如果发现该科研助理不符合基地的要求，基地有权随时解聘。试用期结束后，如果表现优秀将正式聘为C级科研助理。

北华大学大学生　　北华大学机电
科技创新实践基地　集成技术研究所
2010年06月29日　2010年06月29日

图 6-16　准科研助理聘书

第五节　准科研助理试用期的学习

一、了解创新基地

对于准科研助理来说想要了解创新基地首先则需要理解创新基地的文化，因为文化是基地的灵魂，是基地的精髓之所在。其次则应了解科研助理的培养模式，因为这关系到自己未来的发展，如果想要成为一名真正的科研助理，那至少知道自己将来将会朝着哪个方向发展，这种发展方向是否是自己所追求的，如果是，那接下来应该规划一下在这两个月的试用期时间里将如何去做来提升自己，使自己成为一名正式的科研助理。

二、提升自身学习能力

在作为准科研助理这一段时期里最主要的目的就是学习，要不断提升自身的学习能力，所谓学习能力，通俗地讲就是指获取知识、增长才干的本事。首先，要强化学习意识，切实做到想学、真学、能学。其次，要掌握学习的方法，切实做到会学、学好。第三，要善于挤时间学，要克服"工作忙没时间学"的思想观念。在学习的过程中"绝不找借口"，不能强调忙而不学。学与干是一对矛盾，两者关系处理得好，就会做到"两促进""两不误"。第四，要重视知识的更新。目前，随着知识更新的速度加快，"知识的保鲜期"相应缩短。对于学习来说也应与时俱进，既要强化继续学习的理念，树立终身学习的意识，自觉地增长知识，又要不断更新知识，创新学习。当然，学习的目的主要在于运用。学习运用与运用学习则是最为重要的学习能力。学习以及提高学习能力，重要的在于理论联系实际，学以致用和用中学习。时刻审视自己知识折旧的程度，养成闻风而动的习惯，是提高学习能力的真谛。

准科研助理在创新基地的学习包括硬件及软件两方面的学习,硬件方面主要包括理论知识的拓展,及动手能力的锻炼,并熟悉各个机械零件的形状及尺寸;在软件方面主要包括基地文化及运行模式的了解,做项目的流程,学习应用软件的能力,以及理论与实际结合的能力。

三、培养准科研助理做项目能力

准科研助理进入创新基地后在职科研助理会带领准科研助理一起完成各类项目(科研类、工程项目类、科技竞赛类、创新发明类),通过在实践中学习来培养他们做项目的意识并了解做项目的整个流程,其中包括对背景资料的检索,方案的设计及运用所学知识做方案的设计(运用二维软件表达出自己对结构的设计)。在这里,准科研助理首先要熟悉并了解做项目的整个流程并试着独立自主地完成对结构的分析,准科研助理在此期间要不断地培养自己的自学能力,不能依赖任何人,要具有解决问题的能力。

第六节 对科研助理的培养

经过两个月试用期学习的准科研助理,经观察考核后为优秀者方可成为科研助理。对科研助理的培养是创新基地培养人才的核心,它关系到在职科研助理未来的发展方向,所以在对科研助理培养的过程中,创新基地采取了循序渐进,由浅入深的策略。首先是科研自主学习阶段,紧接着又分为初、中、高三个阶段进行培养,最终培养出综合素质高的优秀毕业生。具体的培养流程如图6-17所示。

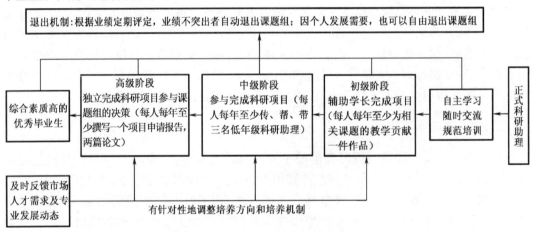

图6-17 正式科研助理培养的流程图

一、科研助理的培养机制

科研助理进入创新实践基地后,将参加的主要活动有以下几个方面:
(1)利用业余时间自主学习基本设计软件(在学长的指导和帮助下);
(2)参与定期召开的小组内学术活动(由学生自主组织的软件学习经验交流、项目进展

汇报总结、创新实践基地任务分配、项目审查等活动);

(3)辅助老师或学长完成指定的科研任务;

(4)独立完成学长或教师指定的预研任务;

(5)独立或参与课题组工程开发或科研任务;

(6)参与科技创新大赛,如挑战杯、电子设计大赛、机械创新设计大赛等专项赛事;

(7)担任某个项目的总体策划及监督指导人员,主要锻炼项目规划、项目总结、项目升华(撰写论文、申报专利、撰写研制报告的综合能力)。

通过这些层次多样的活动,全方位培养学生的自学能力、表达沟通能力、创新实践能力、协作组织能力,并在学习工作中不断培养强化奉献精神、敬业精神和不断进取的上进精神。

到目前为止,我们已经直接培养了科研助理436名,间接培养预备科研助理322余名,因此而受到培训人员243余名。所毕业的近百名优秀科研助理在实践能力上非常突出,多数都成为所在单位的技术骨干,还有一部分人因为创新能力很强,正在攻读硕士、博士学位。同时,研究所这种学习和工作作风又感染了学院的其他学生,引导了学习方向、净化了学风,起到了引导示范作用。

二、对科研助理培养内容及方法

(一)科研助理"师徒"传承模式

1. 模式推出背景

创新基地规模越来越大,科研助理人数越来越多,被辐射的同学也越来越多。创新基地是学生的创新平台,学生也是创新基地发展的主力军。创新基地之所以能在短时间内迅速的发展,不仅仅是因为有着良好的管理制度,更重要的是科研助理的科研能力在逐步提高,科研助理的综合素质也在逐步提高。历届以来,科研助理总是站在师兄的肩膀上开始新的学习、工作生活,师弟从师兄身上学习专业知识,学习做事方法,然后在此基础上去探索新的知识。而且师兄尽力通过学术讲座、项目实施及生活交流去指导师弟,为了在自己离开创新基地之后,师弟能够完全成长起来,并且超越自己,于是潜移默化地形成了"传承"。在过去关于本科生培养模式的运行过程中,也开展了各方面的传承工作,具体体现如下:

(1)在新科研助理进入创新基地以后,基地给每个新科研助理分派一个老科研助理,进行各方面的指导。目的在于使新科研助理尽早地适应基地生活,熟悉基地的运行模式。在新科研助理进来的一段时间里,高年级科研助理将组织学术讲座,传授一些软件方面知识,做项目的流程,等等。

(2)在每学年即将结束的时候,大四的科研助理将自己在基地学习、工作过程中所积累下来的东西通过讲座的形式传授给低年级的科研助理。同时将自己从事过的项目的资料集中整理,传承给指定的低年级科研助理。

(3)在部分项目组建过程中,采用高年级科研助理与低年级科研助理搭配的方式,高年级科研助理不仅充当项目主要设计人员,同时还扮演着指导老师的角色。在项目实施过程中,指导低年级的科研助理如何从事项目工作、如何分析问题、如何解决问题等。

(4)创新基地实施科研助理"一带三"培养模式,即每一位在职科研助理带领并指导三名或三名以上非科研助理同学,科研助理对所带的非科研助理进行专业方向指导、技术疑问解答、专业软件及技术培训、布置考核作业及成绩考核等工作,让更多的学生受益。

可以说,正是因为创新基地开展了这些传承工作,才出现了科研助理综合能力逐步提高,创新基地规模迅速扩大。但是在工作开展过程中,也暴露出了一些问题,主要体现在以下几个方面:

(1)因为没有明确的规章制度,所以在传承工作开展过程中,部分科研助理不知道该如何进行传承工作,导致没有将自己学到的东西通过合适的途径传承下去。而且在传承过程中没有注重低科研助理的意愿,有很多资料都是强加于人,以至于低科研助理没有注重对资料的消化、吸收、利用。

(2)本着对基地负责、对学弟负责的态度,部分科研助理从事了部分传承工作,负责任的科研助理将认真整理的资料传给学弟,在传授过程中,将应该注意的内容给予特别的说明(包括书面说明或者口头说明)。但是由于没有明确的规章制度进行约束,一些科研助理就直接将文件拷贝给低年级科研助理,这样的做法,导致了传承效果大打折扣,一些资料经几届科研助理后丢失。

(3)在每学年结束的时候,大四的科研助理将项目资料传承给低年级科研助理,由于低年级科研助理没有直接从事该项目,所以不能真正地理解和掌握其核心知识,这不仅使低年级的科研助理失去了一次提升的机会,也为项目后续工作的开展带来了困难。

(4)历届科研助理都会或多或少地提到"一带三"培养模式,但是这种制度实施力度严重不够,很难在基地真正地运行,没有使基地真正受益。

基于这些不足,在基地指导老师和科研助理的探讨下,特推出了"师徒"传承模式,以此来完善基地的传承工作,促进科研助理综合能力的提高,加快创新基地科研水平的发展。

2. 模式实施的意义

通过在科研助理之间建立完整的"师徒"制度,完善管理制度体制,规范奖惩制度,提高基地的资料、能力传承的力度,真正地做到科研助理站在前届科研助理的肩膀上,使一届比一届强。同时,也使基地实现又好又快的发展。

(1)"师傅"采用申请制度,一是对师傅能力的认可,促使高级科研助理更加奋进。师傅为了能保住自己的地位、得到"徒弟"的认可、得到主委会认可、创新基地的认可,不得不通过各种渠道对"徒弟"进行全面指导,这本身就是一个锻炼的过程,既提高了师傅的能力,也提高了徒弟的能力,在基地的发展中实现双赢。

(2)"师傅"尽力对"徒弟"进行指导,促使"徒弟"获取更多的知识。而且师傅具有对徒弟表现认可的权利,这直接关系到徒弟的业绩。因此,"徒弟"为了能得到"师傅"的认可,为了能继续留在创新基地,不得不努力地去学习,去处理好与"师傅"的关系,这样就对"徒弟"进行多方面能力的培养,不仅使徒弟的能力提升了,也使整个基地的实力提升了。同时也为将来科研助理适应企业"师徒"制度打下坚实的基础。

(3)因为有"师徒"关系的存在,科研助理的综合能力将逐步得到提高,为创新基地各项工作的开展打下坚实的基础,为创新基地的良性发展提供保证。

(二)以做项目为依托的培养

创新基地自成立以来,一直秉承着"主动寻找差距、敢于承认差距、努力缩小差距"的奋斗精神,一直把理论与实践相结合作为自己的育人理念;其中主要以科研项目、科技竞赛、工程项目、发明创造为依托,培养科研助理的动手能力、创新能力、独立思考能力等;在做项目过程中老科研助理通过一带三的模式来带领新进科研助理完成项目,通过项目的整个实施流程来学习、培养自身的能力。

在做项目过程中需要了解要研究的内容,如何研发并做好对外联系,一位在职科研助理带领并指导三名非科研助理同学,让更多的学生受益。一带三的具体实施方法如下:

以院办、院团委、科技创新联合会为依托,负责科研助理"一带三"模式的宣传、实施工作,以科技创新实践基地的科研助理为载体,启动科研助理"一带三"模式实施;院团委负责科研助理"一带三"模式的宣传工作,将"一带三"模式的意义对学生进行宣传,并使每个学生对现有科研助理的资料基本了解;学生按照自己的兴趣和发展方向选择科研助理,并将个人的基本情况交至所选的科研助理手中,同时科研助理也可以自己选择自己所带的三名同学,最终由指导教师和科研助理协调确定所指导的三名同学名单;科研助理有义务和责任对所带的三名非科研助理进行专业方向指导,技术疑问解答,专业软件及技术培训、考核,作业制定及考核等工作,在指导过程中不得有技术保留、故意指导错误等不良现象发生。并且在做项目过程中,要把自己知道的、能传授的教给新进科研助理,使科研助理的"一带三"模式能辐射到更多人。

三、对科研助理规划总结能力的培养

做任何事情都应该有规划和总结,如果科研助理在做项目之前没有认真地做好规划,那么在项目真正实施的时候就会手忙脚乱无从下手。在完成项目的过程中就会感到非常的吃力,结果也不会非常可观。只有有规划地去做事情才会将事完成得既有速度又有质量,如果在项目做到一定时期写一次总结,那么日积月累就会积累很多总结的经验,在以后遇到类似问题时就会少走很多弯路。而规划与总结也是创新基地对科研助理培养的核心内容之一,不仅使其对项目有规划与总结,而且对自己的发展方向也有规划与总结。科研助理养成这种规划、总结后,使其在将来做人、做事都非常有条理,工程项目自然会做得很漂亮,生活也很有目的(图 6-18 和图 6-19)。

假期总结

假期即将结束,我所负责的课题——64 路开关量监控系统的设计也基本完成,通过对真实课题的设计来进一步学习软件和运用软件,我觉得效果很好,自己在软件的学习和有关科研知识方面都得到了提高。和假期开始之前相比,感觉自己的能力在各个方面都有了一定的提高。

在接到自己的课题时,感觉压力很大,初次做课题,虽然课题不是很大,还是对自己没有很大的信心,也对自己掌握的软件水平没有把握,只能是边学习软件边设计课题。在对课题背景逐渐熟悉后,接着就要设计方案,特别是在方案设计时,真正学到了很多知识,学会了如何去设计方案和论证方案的可行性,学会了如何真正地做科研项目。在方案设计出来后,就着手进行详细设计。详细设计是我们按照方案逐步把课题设计具体化、详细化。

64路开关监控系统的详细设计主要分成了三大块：数据接收与处理、状态的界面显示、数据库和报表的设计。

在做数据的接收时用到了 VB 中的串口通信控件 Mscomm，对这个控件以前也没有接触过，所以就开始学习这个控件的属性和使用方法，在对这个控件有了一定的认识和掌握后，就开始对接收数据程序进行设计，并通过键盘模拟数据来检测程序的可用性。

在掌握了数据的接收程序后，接下来就是把一定的数据信息反映到界面上，在做这一块遇到的困难不是很大，所以这块的程序处理起来比较顺手，在这块用的时间不是很多。在这块主要是用到了图形的处理，比如图形的颜色变化等。

做这个监控系统时，遇到最大的困难就是数据库的设计，当时我们想了很多数据库的设计方案，但是模拟数据接收时，达到的效果不是很理想，没有达到预期的效果，之后我们在数据这一块花费了大量的时间。先后设计很多数据库的方案，但是在模拟数据接收时，达到的效果不是很理想，没有达到预期的效果，之后我们在数据库这一块花费了大量的时间，最终我们找到了一种比较好的方法来实现数据的接收和保存，而且效果很好。

在做以上三点设计时，我们遇到很多以前不曾遇到的困难，但是我们都一一解决了，在解决这些困难的同时，我也学到了很多知识，包括所用的软件方面，程序设计构思方面和解决一些问题的思路方面都有了一定的提高。

在做这个监控系统的同时，需要很多的辅助功能，比如时间控件 Time、文本控件 TextBox、标签控件 Lable、单选框控件 Option、命令按钮 Command 等。这就需要能较好地掌握 VB 编程知识，并能够运用。我们在设计程序的同时又将 VB 的相关知识又系统地学习了一遍，这就更好地掌握和运用所学的软件。

通过一个假期的学习，我感觉在软件的学习和应用上还是有一定的提高，没有浪费这个假期的时间，同时在研究的学习过程中，通过和其他师兄的接触，感觉到了研究所的学术氛围和学习的气氛，在这里能够学到很多知识。在这一个多月里，从中学到了很多以前没接触到的知识，特别是在磁石方面的知识，这从很多方面都使自己得到了锻炼和提高，这个假期过得很充实，开学后要继续保持这种状态来学习软件和参与研究所的相关活动。

许飞
2005 年 8 月 25 日

图 6-18　假期总结

个人学期规划

本学期，我将学习重点放在了单片机硬件控制方面，并着重学习了软硬件接的相关知识。现在对单片机方面的知识有了具体的了解和掌握，并能设计简单控制电路和执行程序，但综合水平仍需锻炼和加强。

◆个人学期规划实施

（1）MCS-51 单片机的系统学习。现已掌握其硬件结构和内部资源有关知识，并能实现单片机的软件编程。

（2）对硬件电路的学习。通过实际工程学习硬件控制技术、硬件电路的设计原理及其设计方法，现主要通过升级后康复床的硬件电路学习其硬件方面的知识。

（3）电子竞赛训练。前期已重点学习各硬件的相关知识，如 8279 芯片、AD、DA 和串口通信等，近期将统一联合调试。

（4）组织组内学术交流活动。现已准备完毕第一次交流内容，待张公平等师兄回来立即实施，并有规模、有组织、有气氛地实施下去，争取在大四师兄毕业之前最大容量地吸收其精华。

（5）管道机器人跟踪学习。对机械机构有所了解，主要对其控制方面（硬件电路和软件程序）重点学习。

(6)新型的增强型单片机 C8051F040 学习。本学期达到对其硬件资源、内部控制寄存器熟练掌握,并能初步编程,争取在准备下一届挑战杯之前熟练应用。

◆ 研究所今后发展建议

(1)规范管理制度,将管理条例真正实施。立项已对研究所日常管理规范条例做出合理、必要的修改,搬入新实验室后应当根据情况重新规范管理条件并逐条实施。

(2)学术氛围的培养。各组长应履行职责,监督和管理本组成员的学习风气和氛围,并做好学术交流的前期工作。

(3)个人负责制(仅用于对某个项目的实施过程中)。具体事情落实到个人,实施个人负责制,一方面便于学习,其次有利于项目进展,三则可以锻炼个人的综合素质。

许飞
2006 年 10 月 21 日

图 6-19　个人学期规划

第七节　科研助理培养模式的拓展

一、实行"本科生科研助理、实验助理、教学助理"培养模式

机械工程学院从 2002 年开始试行"本科生科研助理"的培养模式,取得了突出成效。在"挑战杯"中国大学生课外学术科技作品竞赛、"挑战杯"中国大学生创业计划书竞赛、全国大学生机械创新设计大赛、吉林省大学生电子设计竞赛等项赛事上一直处于吉林省高校的前列,共获得国际级奖 5 项、国家级奖 12 项、省部级奖 53 项,对于一个规模不大的学院来说确实是一件值得骄傲的事情。

如今,我院本科生培养模式已经扩展到科研助理、实验助理、教学助理的培养模式,受到全院教师和广大学生的欢迎,目前学生助理的总容量已经达到 189 人,专兼职指导教师已经达到 36 人。在短短的四年之内,这种培养模式的实施培养了一届又一届的优秀毕业生,同时,这种培养模式也是对应用型本科培养模式的一次全方位总结,也是对地方普通高校培养高素质人才的有益探索,将对我校深入开展教育教学改革起到积极的促进作用。

(1)已经形成规模:跨年级、跨专业、跨学科、个性化、弹性制;

(2)形成体系:招聘、培训、选拔、业务培训及技能实践、竞争淘汰机制;

(3)科研促进教学:教师—学生联合体,相互促进良性氛围。

二、科研助理、实验助理、教学助理的招收与录用

创新实践基地按照规范化的流程招收、培养本科生科研助理,同时按照规范化的方式开展层次多样的科技创新实践活动,并通过广泛开展公开性技术培训与学术讲座的形式发挥基地的辐射作用,引导广大学生参与科技创新实践活动。创新实践基地内的大学生将秉承"主动寻找差距、敢于承认差距、努力缩小差距"的奋进精神,以"能力受益于交流、创新根

植于实践"为理念的务实态度开展工作,按照公司化运行模式进行动态业绩管理,使学生学会并适应面对压力、竞争状态下的合作、沟通技巧,为培养快速适应工作岗位需求的高素质人才提供全面的、真实的模拟训练环境。目前,在基地内接受培养的本科生第一梯队科研助理有 189 人、第二梯队科研助理有 600 余人。专兼职指导教师 30 余人,初步形成了涵盖机械工程学院 4 个本科专业在内的 24 个研究方向,学科梯队完整有序。所形成的"指导教师—高年级学生—低年级学生"交叉融合的团队攻关模式,已经被规范化实施。

从 2002 年 3 月份开始,便陆续招收了若干批本科科研助理,每年春季(3~4月)、秋季(9~11月)各招收一次。其中,大一的占 10%、大二的占 30%、大三的占 60%。科研助理的招收和聘用采用笔试、面试、培训考核、试用期考核等方式进行。所有环节都由高年级科研助理独立完成,指导教师审定后实施。按照以下流程进行:

(1)张贴海报,公布招收专业及人数。

(2)应聘学生填写申请表,主要考核学生的基础知识掌握能力、文字表达能力。按照 50% 比例初步筛选出符合面试条件的人选。

(3)组织面试:主要考核学生的学习能力、应变能力、对课外科技创新实践的热情和决心。按照 30% 比例筛选出培训人选。

(4)基本技能培训:按照组别进行为期一个月的基本技能培训。机械设计小组主要培训三维设计软件(UG,Pro/E,ADAMS);智能控制小组主要培训单片机、PLC、电路设计软件等基本知识;数控、模具设计小组主要培训 AutoCAD,CAXA,UG(CAD,CAM)等软件;工业工程方向主要锻炼其组织管理等方面的综合能力;工业设计方向产品外观包装、形象设计,利用专业软件对机械运动做仿真动画的能力。目的主要考核学生的新知识接受能力、自我约束能力、创新学习及工作能力。从中筛选出 20% 的科研预备助理。

(5)试用期考核:在科研预备助理人选中,按照考核结果,选择一半(即招收人数)作为第一梯队人员,直接进入创新实践基地工作;另外一半人选作为第二梯队人员。他们将同步进入考核试用期。期限为两个月,主要任务是自主学习、跟随学长完成部分科研任务或创新竞赛任务。当试用期结束时,由小组成员决定第一梯队的人选的去留,如果合格转为正式科研助理,如果不合适将转入第二梯队;若第二梯队人选表现突出,可直接转为科研助理。通过这种方式,虽然只招收了有限名额的科研助理,但是直接影响了一批人。

另外,将科研助理分层次、分阶段、分梯队进行培养的模式,使得学生能够切身感受到竞争的氛围,强化了学生充分利用业余时间努力学习、勇于实践的热情和紧迫感。

第七章 科研助理培养模式的评价及激励机制

第一节 大学生创新能力评价的意义

2023年,中共中央办公厅、国务院办公厅印发了《关于完善科技激励机制的意见》,从强化使命激励、贡献激励、保障潜心研究等方面提出了系列改革举措,为进一步完善我国科技激励机制指明了方向。我国正处于努力实现高水平科技自立自强的关键时期,进一步完善科技激励机制、优化创新环境、最大限度激发科技人才的创新活力和动力,对于加快建设世界科技强国具有重要意义。

一、大学生创新评价是激励大学生创新培养的重要制度基础

大学生创新评价体系是指通过一系列的有关指标来全面地衡量大学生创新意识和创新能力的评价方法。所谓指标,指的就是被评价的因素,而被评价的全部因素的集合便是评价的指标体系,一般包括评价项目(指标)、评价的要点(标准)以及各项指标的权重系统与标准的文字描述。广义的评价指标体系还包括评价的方法、技术及其有关说明。假若没有指标体系,评价工作就会无从入手。人们就不清楚评什么、不评什么,应该重视什么、忽略什么。

建立大学生创新性评价指标体系的目的在于揭示我国高等教育系统中目前大学生创新水平的发展变化以及我国相关鼓励创新政策的落实情况和各项推进创新教育措施的相关性。通过量化的大学生创新性评价指标体系使我国的教育行政管理部门和有关的研究者能够在全面、准确、客观地了解我们高校大学生创新性评价运作和发展状况的基础上衡量、监控和评价我国高等教育的发展,保持其优点和长处、克服缺陷和不足并逐步完善有关大学生创新活动方面的政策和措施,提高大学的整体创新水平,建立良好的创新氛围。

二、合理的创新评价体系能有效推进创新培养

我国的传统教育对于学生学习成绩的评价准则,通常以学科和知识为中心,而不是以社会需要为标准。这种对大学生创新素质评价是不科学的,一定程度上阻碍了创新的进程。

任何教育评价所进行的价值判断,特别是针对学生做出的判断,都必须依从于教育目

标和人才培养标准——培养学生的综合素质。但是长期以来,我们的教育评价指标的选用不能良好地反映学生的综合素质。《中华人民共和国高等教育法》第一章第五条明确规定"高等教育的任务是培养具有创新精神和实践能力的高级专门人才,发展科学文化,促进社会主义现代化建设"。我们的教育评价偏重于评价的鉴定、甄别选拔和筛选的功能。

有鉴于此,设计出一套新的适合社会发展需求的大学生创新性评价指标体系来有效地推进大学生创新能力的培养已是教育界必须解决的一个重要问题。只有让有效的评价体系加以引导,我们才能挖掘出每个学生的潜力,也只有这样,才能真正地从根本上解决目前出现的所谓大学生"就业难"的问题。合理的高校大学生综合素质评价体系在激励大学生自我管理和自我教育方面发挥了积极的作用,是促进学生德、智、体全面发展,培养有理想、有道德、有文化、有纪律的社会主义建设者和接班人的重要手段。

三、大学生创新评价为大学生及企业提供参考

随着科学技术的日新月异,企业招聘人才也已出现了一些新的动向,社会对人的评价标准也发生了新的变化。变化主要体现在以下两方面:其一,为适应当今社会需要,要求人才有迅速掌握新知识的能力,这种能力比掌握较多已有知识更加重要;其二,这种人才必须能够运用已经掌握的知识去进行创新。

高校毕业生就业将在一个相当长的时间内处于"买方市场",在社会需求总量不足的时间内,毕业生挤占岗位的现象将是一个越来越强的趋势,要求高校毕业生要有正确的自我定位和社会定位,需要适当地降低期望值、拓宽就业渠道等。毕业生首先要努力打造自己的核心竞争力,使自己具有普遍的适用性和广泛的可迁移性,让自己在表达交流能力、数字运算能力、革新创造能力、自我学习能力、与人合作能力、解决问题能力、信息处理能力、外语应用能力等方面都具有优势。通过进行大学生创新评价,既可以使学生对自己的能力有清楚的认识,明确自己努力的方向,同时也为用人单位在招聘时提供了参考,用经济学术语来讲也就是缩小了"交易成本"。

第二节 大学生科研助理培养模式的评价与激励机制

北华大学机电集成技术科技创新实践基地在培养科研助理的过程中采取了科研助理的业绩晋级、创新学分认定及课程免修等方式来评价及激励科研助理,使其在创新基地更好地发展,科研助理的发展目标如下所示:

力争"三个优秀":
学习成绩优秀
技术水平优秀
综合素质优秀

以上目标的具体含义为:学习成绩理论水平、综合素质、技术水平共三项构成 A 级别科研助理的必备条件,如果只达到其中的两项为 B 级别科研助理,如果只满足其中的一项,根据具体情况分为第一梯队中的 C 级别科研助理和第二梯队预备科研助理,如果能力在满足"三个优秀"的前提下,某方面出类拔萃则晋升为 S 级别科研助理。

各级别的科研助理使命不同,S 级别科研助理可以独立承担某项重大任务;A 级别科研助理协助老师完成科研任务,并担负技术的传承及后续人员的培训,发挥"师徒"培养模式的辐射作用;B 级别科研助理具有提升自己的能力和发挥"一带三"培养模式;C 级别科研助理及预备科研助理处于学习的阶段。

一、科研助理的业绩晋级

科研助理晋级所有环节由现有高年级科研助理组成选拔委员会,选拔委员会将对面试、培训、试用阶段的选拔工作负全部责任,并采用分梯队的模式和竞争的机制招收和培养新科研助理。所有环节都由科研助理独立完成,经指导教师审定后实施。

鉴于大学生科技创新基地的发展和机械工程学院的教学改革需要,科研助理的规范化管理有利于科研团队整体素质的提高;有利于科技创新实践基地的建设和发展;有利于学院教学改革的执行。

科研助理综合信息管理规范化可以将每位科研助理的信息集中管理,信息的透明化和科研助理业绩考核机制在很大程度上可以促进科研助理向更高的层次结构发展,从而推动整个科研团队的发展。

科研助理的业绩考核信息全部记录在库,更加方便管理人员对每位科研助理的信息跟踪,从而更全面、更准确、更公平地对每位科研助理进行业绩考核,优胜劣汰,给予业绩考核优秀者更大的发展空间,对于考核不合格者让其自动退出基地,这样可以更好地集成和优化科研队伍,使科研基地的建设朝着良性的方向发展。

此外,为了便于基地的人员管理,现将科研助理统一编号,并做相应的任职牌(图7-1)并统一放到科研助理桌上的相应位置。

图 7-1　任职牌

编号规则确定如下：

编号例：JX 04I 01 033 045 A

编号释义：

JX 研究方向(工业控制 KZ；制造工艺 ZG；模具设计 MJ；工业设计 GS；创业创意 CY)。

04I 正式成为基地科研助理的时间。04 为年，I 为春季，II 为秋季。

01 所学专业(机械设计制造及其自动化 01；工业设计 02；材料成型 03；工业工程 04；电气自动化 05；计算机 06)。

033 所在年级班级信息。此为 03 级 3 班。

045 基地管理委员会给定标号。为成立机电集成技术研究所以来累计编号。

A 基地对本人业绩考核情况，水平为 A(共分三个等级，每三个月一次考核。三个月中有获得校级以上科技奖、发表过科技论文、完成两个项目以上、培训低年级科研助理内容多三种情况之一者，评定为 A；完成一个项目以上，培训低年级科研助理贡献较大者，评定为 B；协助老师或学长完成工程，参与日常事务，评定为 C)。

通过对科研助理设立不同的等级进而来对科研助理进行评定与激励，科研助理的级别设定是对科研助理能力的认可，同时对于新科研助理将给予业绩评定方面的动力，使其尽快地融入创新基地这个大家庭中，全面地培养自己；对于老科研助理将给予业绩评定方面的压力，促使他们更好地完成各项工作，而不会在业绩评定时被降级，同时在工作中提升自己的能力。

北华大学大学生科技创新实践基地科研助理级别评定申请表如表 7-1 所示。

表 7-1　北华大学大学生科技创新实践基地
科研助理级别评定申请表

姓　名	张春来	性　别	男	
专　业	机械设计制造及自动化	班　级	机自 07-3	
研究方向	机械设计制造及自动化	现任职编号	KZ08 II 014073243B	
申请等级(A、B、C)	B	联系电话	15044268226	

续表 7-1

申请情况	基本情况（参与创新实践基地项目、比赛、活动概况）： 1. 2009.3—2009.4 完成国家级教学成果奖申报专题网站的制作 2. 2009.3—2009.6 参与流体驱动速度可控式管道机器人获吉林省挑战杯一等奖 3. 2009.4—2009.6 参与取样样机上位机（组态王）的制作 4. 2009.7—2009.8 暑假期间对新招的科研助理进行培训 5. 2009.9.2 参加全国大学生电子竞赛 6. 2009.9—2009.10 参加全国大学生创新性实验计划 7. 2009.9—2009.10 参加"流体驱动速度可控式管道机器人"调试
	项目、活动中所承担的工作： 1. 国家级教学成果奖申报专题网站制作中，在刘晓勇老师，曾德山师兄等的指导下完成网站专题的建设 2. 挑战杯中，辅助大四师兄完成各项实验 3. 取样样机项目中，在罗荣能和曾德山师兄的指点下独自完成上位机（组态王）的制作 4. 在对新科研助理的培训中担任组态王的培训 5. 全国电子竞赛中，与曾德山及韩春锁同组完成比赛 6. 完成"全国大学生创新性实验计划"项目的申请、答辩 7. 在张坛师兄的指导下完成备用控制箱体的制作及调试工作

指 导 教 师 情 况

指导教师意见：

指导教师签字：
年　　月　　日

评 定 流 程
每 3 个月评定一次： 1. 考核期间每位创新实践基地科研助理提交科研助理级别评定申请表，并提交相应级别评定材料 2. 创新实践基地成立级别评定考核小组 3. 考核小组客观给予评定，及时公布结果并存档备案

考 核 小 组 讨 论 记 录

评定等级：　　　　　　　　　　　　　考核小组签字：

最终评定编号等级：

评审组组长签字：
年　　月　　日

二、科研助理的创新学分认定

为了在引导和激励机制层面促进大学生创新实践能力的培养质量,学院在培养方案上进行了深入的改革,创新学分申请方面做了细化的、系统的改革,由开始的纸质申请改为网上申请,并有一套严格的、细致的创新学分网上申请流程及申请细则,创新学分申请细则见附件16,网上的申请流程如下所示:

创新学分申请模块如图7-2所示。创新与素质拓展学分申请表如表7-2所示。

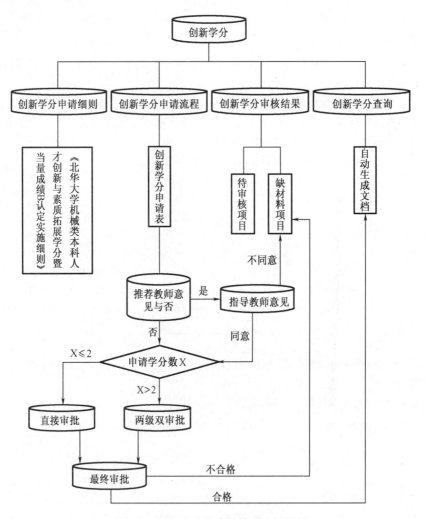

图7-2 创新学分申请模块基本框架图

表 7-2 创新与素质拓展学分申请表

学院:机械工程学院　　　　专业(年级):

姓名			学号		
班级		是否为科研助理		申请学分	
申请学分项目类别					

申请依据:依据《北华大学机械类本科人才创新与素质拓展学分暨当量成绩 B 认定实施细则》第_____章,第_____条,第_____款,申请创新与素质拓展选修课程学分

申请事由:

附件(证明材料):

年　　月　　日

推荐教师意见(以下内容教师手写):

签字:　　　　　　　　年　　月　　日

主管领导审核意见:

签章:　　　　　　　　年　　月　　日

学院教学工作委员会意见:

公章:　　　　　　　　年　　月　　日

三、科研助理的课程免修及毕业设计免修

科研助理的课程免修包括选修课免修及毕业设计免修,学生在大学期间根据自己在创新方面获得的成果而申请创新学分,根据创新学分累积的多少可以申请相应的选修课免修及毕业设计免修,以此来评价并激励科研助理在创新方面的能力,科研助理通过各类赛事及活动获得创新学分,进而做到了培养科研助理的个性化发展。

1. 选修课免修

学生根据已选修的下学期课程,且创新学分符合下述条件的同学,可申请相应课程免修:

申报课程免修应同时符合以下两个条件:

条件1:$A-14>2C$

条件2:$B>2C$

其中:A=已获得创新与素质拓展总学分;B=A中的科技创新类学分;C=申请免修课程的学分。

注意:创新学分满足免修条件的学生需本人提出书面申请(免修申请表在创新基地网站 http://bhcxjd.com 下载),免修申请表于每年7月16日15时之前交到1208王老师处审核(工业设计由于实习,故截止7月13日15时)。通过后,再经过学院组织于7月22日下午的公开答辩(工业设计答辩则安排在下学期开学第一周),答辩合格者才可免修相关申请的课程。

2. 毕业设计免修

毕业设计(论文)是学生在校学习期间的最后一个重要的实践性教学环节,是四年来的学习过程,尤其是专业课学习的系统总结。其目的是:

(1)培养学生综合运用所学理论知识和技能的能力,提高分析、解决工程实际问题的能力,使学生懂得工程设计、生产及管理工作的一般程序和方法;

(2)培养学生树立工程意识,在解决技术工作中所必备的全局观点、生产观点和经济观点,树立正确的设计思想和严肃认真的工作作风;

(3)培养学生调查研究,查阅技术文献、资料、手册进行工程计算、绘制图样、编写技术文件及撰写技术、管理类论文的能力;

(4)培养学生理论分析、试验设计、仪器设备的使用及对试验数据做出正确分析与评价的能力;

(5)培养学生在设计、科研工作中的独立工作能力及整体合作意识。

一系列的科研助理评价与激励机制目的是要实现创新型大学生应具备的能力。毫无疑问,我们研究科研助理创新能力的评价与激励体系的目的不是体系本身,而是想要最大限度地激发大学生的创新欲望,把大学生身上的潜在能力都调动起来,为创新服务。我们不仅要培养大学生的创新能力,同时也要培养大学生的检索文献和收集资料的能力、阅读文献资料并加以鉴别的能力、归纳综述能力、发现和提出问题的能力、逻辑思维和分析综合能力、文字表达能力及口头表达能力等。

北华大学专业选修课(限选)免修申请表如表7-3所示。

表7-3　北华大学专业选修课(限选)免修申请表

学院：　　　　　　　　　　　　　专业：

姓名		学号		班级	
是否为科研助理		已得创新学分			
申请免修课程					
个人经历及成绩					
申请理由					
答辩总评成绩		答辩组长签字			
学院审批意见： 　　　　　　　　　　　　　　　　教学院长签字： 　　　　　　　　　　　　　　　　公章：　　　　　年　　月　　日					

第八章　科研助理培养模式的实践成果

习近平总书记指出：实现高水平科技自立自强，归根结底要靠高水平创新人才。科技创新是影响和决定国家经济与综合实力的核心支撑，而科技创新离不开人才这个根本，创新是第一动力，人才是第一资源。

北华大学机电集成技术科技创新实践基地自2002年成立以来，培养出了一批又一批杰出的科研助理，大家的科技创新能力、团队精神、综合素质都受到用人单位的好评。在创新基地里通过自己的努力及学校的支持，他们取得了各类科研成果，并发表了多项作品。

第一节　优秀科研助理

时佰明：
毕业年份：2003年
工作单位：浙江飞亚电子有限公司
工作职称：总经理助理
个人简介：2002年3月至2003年7月在研究所担任科研助理。个人综合素质较高，进入公司后，很快被领导任命为总经理助理，主要完成公司的所有日常事务、公司策划、技术管理、业务管理工作。在工作过程中表现突出，深得公司董事信任。

孙海亮：
毕业年份：2003年
工作单位：上海宝冶建设有限公司
工作职称：技术部部长
个人简介：2002年3月至2004年7月在研究所担任科研助理。现任宝冶建设钢构分公司钢构二厂技术部部长，主要从事项目管理工作。曾负责："上钢一厂不锈钢厂房扩建工程""深圳前湾电厂""华能玉环电厂工程""南昌会展工程""郑州新郑机场工程""浦钢搬迁COREX炼铁工程""CCTV新址主楼工程"等项目的项目管理。

田利思：
毕业年份：2004 年
深造单位：韩国岭南大学
学位情况：硕士
个人简介：2002 年 6 月至 2004 年 7 月在研究所担任科研助理。擅长于机械结构 CAE 分析。2004 年毕业后，前往韩国岭南大学深造，主攻精密磨学方向。个人在外语方面有较高的自学能力，在韩国攻读硕士学位期间，曾用英语为同学和老师讲授 UG 软件。

刘利：
毕业年份：2005 年
工作单位：东莞厚街科技电业厂
工作职称：CAE 部门技术骨干
个人简介：2003 年 6 月至 2005 年 7 月在研究所担任科研助理。个人在机械设计方面有较深的领悟，熟练掌握了 ADAMS、ANASYS 等尖端机械设计软件。一直担任 SIMWE 论坛 ANASY 版版主。在公司主要负责零部件的强度、振动、冲击等 CAE 技术分析。电动工具产品的有关跌落实验，零部件的强度，整机振动等的 CAE 分析。

李恩来：
毕业年份：2006 年
工作单位：浙江飞亚电子有限公司
工作职称：助理工程师
个人简介：2004 年 6 月至 2006 年 7 月在研究所担任科研助理。现就职于浙江飞亚电子有限公司，在研究所经过了近两年的锻炼，个人综合素质得到很大提高，进入公司后很快被领导赏识，负责摩托车电子系统的总体设计。在校期间曾获得第九届"挑战杯"一等奖等两项国家级奖和 3 项省部级奖。

王绍江：

毕业年份：2006 年

工作单位：三多乐精密注塑（深圳）有限公司

工作职称：助理工程师

　　个人简介：2004 年 6 月至 2006 年 7 月在研究所担任科研助理。目前主要从事机械设计、动力学仿真方面工作。在工作不到 5 个月时间内先后完成了"自动插端子机械手的开发""轴承自动装配机的开发""出模自动分号机构的研制"三项工程项目研究。

焦宏章：

毕业年份：2006 年

工作单位：北华大学

工作职称：实验员

个人简介：2004 年 6 月至 2006 年 7 月在研究所担任科研助理。现留校任教，主要从事结构设计和动力学仿真方面的研究。曾荣获第三届中国青少年科技创新奖，第九届"挑战杯"大学生课外学术科技作品竞赛全国一等奖，首届全国大学生机械创新设计大赛东北赛区一等奖，2004 年获得国家一等奖学金；发表论文 1 篇，申请专利 4 项。

李忠伟：

毕业年份：2010 年

工作单位：北京云道智造科技有限公司

工作职称：架构师

个人简介：2006 年 3 月至 2010 年 7 月在研究所担任科研助理。现任北京云道智造科技有限公司平台组架构师，主要从事软件架构设计，关键技术攻关工作。曾负责"软件插件加载优化项目""软件平台重构项目""软件平台重写方案设计"等。

第八章　科研助理培养模式的实践成果

苏小波：
毕业年份：2010 年
工作单位：四川波凡同创机器人有限公司
工作职称：总经理、高级工程师
个人简介：2008 年 3 月至 2010 年 7 月在基地担任科研助理。2018 年自主创业，现任四川波凡同创机器人有限公司总经理、技术负责人。主要从事工厂自动化装备研发、生产，包含陶瓷、硬质合金粉末成型装备、工业机器人系统集成+智能末端、中央空调辅材生产装备、宇航产品地面测试装备等几个方面。获得专利、专著等 40 余项。
寄语：知识改变命运、实力成就未来！

王国伟：
毕业年份：2011 年
工作单位：耐世特中国投资有限公司
工作职称：耐世特电驱动采购经理
个人简介：2009 年 9 月至 2011 年 7 月担任科研助理，现任耐世特中国投资有限公司电驱动采购经理，主要从事电驱动供应链开发与整合、项目前期管理、采购战略制定等工作。
寄语：在基地学习与工作的时光不仅会成为人生中一段美好的回忆，更会为后续职业发展打下坚实的基础。

张明远：
毕业年份：2012 年
工作单位：上海德焱智能设备有限公司
工作职称：技术副总
个人简介：2009 年 9 月至 2012 年 7 月在研究所机械组担任科研助理，并兼任机械组组长。现任上海德焱智能设备有限公司技术副总，主要负责项目开发、技术方案、进程管理等工作。曾负责"上汽大众二厂仪表板装配机械手""一汽红旗底盘机器人自动拧紧系统""上汽乘用车多车型兼容合装托盘""本田飞轮全自动拧紧设备"等项目的研发、管理工作。
寄语：责任心是一个人不断实现自我价值的基础，把握好每一次给予你的重担，距离成功也就会更进一步。

张雪峰：
毕业年份:2012年
工作单位:戴姆勒大中华区投资有限公司
工作职称:财务成本控制
个人简介:汽车行业10年,从内饰结构设计、项目管理、成本分析到财务控制,一直在学习与成长的路上。
寄语:厚积薄发。

王龙：
毕业年份:2012年
工作单位:天津友信美卡国际贸易有限公司
工作职称:总经理
个人简介:大学期间在机械组担任科研助理。现任天津友信美卡国际贸易有限公司总经理,负责公司的整体运营、战略规划、市场营销等工作。
寄语:希望在校的科研助理们,学到真本事,掌握真技能,开阔眼界,建立自信;希望我校科研助理培养这条路,佳绩不断,捷报频传,为社会培养更多有技能、有思想、有胆识的卓越人才。

孙鹏程：
毕业年份:2013年
工作单位:华晨宝马汽车有限公司
工作职称:物料计划高级专员
个人简介:2011年5月至2013年7月在机械组担任科研助理。现任华晨宝马汽车有限公司物料管理科物料计划高级专员,主要负责国产零部件订购及供应链评审工作。
寄语:请珍惜在大学时光中的每一分与众不同,不仅仅是知识的积累,更是自信心的建立,这将是你日后勇于迈向大舞台的基石。

朱兵兵：

毕业年份：2016年

工作单位：科博达技术股份有限公司

工作职称：项目管理部主管

个人简介：2014年7月至2016年6月在研究所担任基地负责人。2015年12月至2017年3月任职于伟本智能机电股份有限公司，从事白车身焊装设计工作。2017年3月至2022年7月任职采埃孚汽车科技（上海）有限公司，期间从事过智能驾驶L3级别转向系统产品开发工程师、六西格玛问题解决工程师以及项目经理工作角色。2022年7月开始任职于科博达技术股份有限公司，担任项目管理部主管，主要从事汽车执行器部件的项目开发管理工作。

寄语：思维决定上层，行动铸就阶梯，望基地光辉不朽！

齐振迪：

毕业年份：2018年

工作单位：吉林省金越交通装备股份有限公司

工作职称：技术主管

个人简介：2014年12月至2018年6月在创新基地担任科研助理，并连续两年为CAD/CAM/CAE研究室负责人。现任吉林省金越交通装备股份有限公司技术主管，主要从事轨道车辆内装结构设计。在职期间先后参与长春市轨道交通3、4号线内装设计、北京市轨道交通3号线内装设计、智利奇廉项目内装设计、成都市轨道交通17号线内装设计、长春市轨道交通6号线内装设计等。

寄语：离开学校才知道在校时光是如此的珍贵和难忘，尤其是在研究室的日日夜夜，愿师弟们不忘初心、不负青春，永远秉持"803精神"。

史国华：

毕业年份：2019年

工作单位：长春一汽富维安道拓汽车饰件系统有限公司

工作职称：研发工程师

个人简介：2015年3月至2018年7月在研究所担任科研助理。现任一汽富维公司研发工程师，主要从事项目开发工作。曾负责："解放J6P项目""解放J7项目""青岛JH6项目""重汽NG17项目""红旗V506项目"等的开发及管理工作。

寄语：人总要经历困难经历挫折才会成长，不要退缩不要害怕，坚持不懈，努力让自己的羽翼变得丰满！

林春旭：
毕业年份：2019年
工作单位：中电科微波通讯(上海)股份有限公司
工作职称：结构工程师
个人简介：2015年3月至2019年6月在研究室担任科研助理。现任中电科微波通讯结构工程师，主要从事结构设计、力学仿真工作。参与了一些军用设备的仿真设计工作、卫星波导布局工作，以及一些雷达的结构设计。

王建港：
毕业年份：2019年
工作单位：苏州一光仪有限公司
工作职称：机械设计工程师
个人简介：2015年10月至2019年3月在研究室担任科研助理，期间获得第八届全国大学生机械创新设计大赛省一等奖，发表核心期刊一篇。工作期间主要负责"高精度核电管道内径测量装置""高精度红外天文定位定向测量系统""小口径红外光管经纬仪"等项目结构设计。
寄语：个人能力很重要，平台也很重要；扎实的能力，加以优秀的大学成果和荣誉，进入更好的平台，见识更广的世界，方可更加明确自我、提升自我，实现理想。

张佳乐：
毕业年份：2020年6月
工作单位：中电科微波通讯(上海)股份有限公司
工作职称：结构工程师
个人简介：2017年3月至2019年6月在北华大学科技创新基地CAD/CAM/CAE(机械组)研究室担任科研助理，现于中电科微波通讯(上海)股份有限公司任结构工程师一职，负责雷电天馈产品及轨道交通电子产品的结构设计，将研究室和学校里学习到的知识和经验很好地运用于工作之中，入职当年获得优秀新员工称号。
寄语：往者不可谏，来者犹可追。

蔡扬建：
毕业年份：2020 年
工作单位：元化智能科技（深圳）有限公司
工作职称：机械结构工程师
个人简介：2017 年 3 月至 2019 年 6 月在北华大学科技创新基地 CAD/CAM/CAE（机械组）研究室担任科研助理，期间跟随老师参加多项科研比赛，完成国家级大学生创新创业训练计划项目、发表学术论文和实用新型专利各一篇。同时，也参与和哈工大一起研究的航天七院分布式排雷和智能武器的研制。现于元化智能科技（深圳）有限公司任机械结构工程师一职，负责骨科手术机器人产品的机械结构设计，完成骨科机器人整机开发等工作。
寄语：一分耕耘，一分收获。

陶立爽：
毕业年份：2016 年
工作单位：北京普佳欣商贸有限公司
工作职称：工业设计师
个人简介：曾服务多家知名企业，较多的设计经验。
寄语：设计要具有与时俱进的风格，希望学弟学妹多开阔眼界，珍惜校园生活，不负韶华。

徐毅：
毕业年份：2017 年
工作单位：国洪尚品文化发展有限公司
工作职称：包装设计师
个人简介：目前担任国洪尚品文化发展有限公司包装设计师职务，进行包装设计及产品创意开发设计，先后开发设计"国礼·画家礼""国博十二生肖纪念酒"等产品。2022 年初开发冰壶纪念币，以体现冬奥开幕式热情。曾为中冶集团、恒天然集团、新兴集团、国家能源集团等提供品牌设计服务。
寄语：设计这个分支是注定越来越"卷"的，若想在这个行业深耕下去，请在学生时期好好积攒好作品，多横向观察其他学校学生作品，找到并减少差距。

李博:
毕业年份:2018 年
工作单位:无锡骏达汽车设计有限公司
工作职称:汽车设计师
个人简介:汽车三维造型设计师,代表项目:捷达 VS5、奔腾 T55、北京 BJ80、哈佛 F7、哈佛神兽、红旗 H5、红旗 HQ9。
寄语:用勤奋书写青春,用毅力铸造成功。

伊焕博:
毕业年份:2019 年
工作单位:青岛青源峰达集团
工作职称:集团品牌运营中心设计师
个人简介:2015 年进入北华大学机械工程学院工业设计专业学习,2016 年进入格物产品设计研究室学习,期间跟随刘老师与各位同学一起学习并参加比赛,获得过诸多设计奖项,受益良多。毕业后一直从事设计工作,热爱设计行业。
寄语:夯实专业基础 提高专业技能。

张怡琴:
毕业年份:2020 年
工作单位:浙江树蝶科技有限公司
工作职称:产品经理
个人简介:性格开朗、积极向上,具有较强的团队意识和协调能力。一年的研究室负责人经历,不仅增强了我的责任意识,还提高了我的沟通能力。学习刻苦努力,成绩优异,多次获得校级一等奖学金,还被评为校级优秀干部等荣誉称号。
寄语:留意在你面前飘落的每一滴雨,也许它正孕育着彩虹的美丽。

王泽琼：

毕业年份：2021年

工作单位：青岛乾程科技股份有限公司

工作职称：项目管理工程师

个人简介：设计竞赛积极分子，创作爱好者，曾在导师指导下获多项工业产品设计类省级一等奖、国家级奖项，爱钻研，爱探索，爱总结，爱国爱党爱人民。

寄语：所有成绩的取得，无不源于点滴日常的努力；所有事业的突破，无不得益于积年累月的奋斗。十年树木，百年树人，感恩良师，愿母校的工业设计学子能后浪推前浪，珍惜四年的时光，做出成绩，在时代发展、百舸争流中脱颖而出。

苏洪伟：

毕业年份：2022年

工作单位：吉利控股集团

工作职称：项目管理

个人简介：一个热爱生活 热爱设计的梦想青年。

寄语：回顾过去，我们无比自豪；展望未来，我们信心十足。我向母校致以最诚挚的祝福，愿母校永远辉煌，永远充满生机！

兰明：

毕业年份：2014年

工作单位：长春奔腾瑞马自动化有限公司

工作职称：机械工程师

个人简介：2012—2014年在工程力学研究室担任科研助理，现就职于长春奔腾瑞马自动化有限公司，担任机械设计工程师。主要从事汽车行业（一汽大众、北京奔驰、华晨宝马等）以及食品行业（海天味业、珠江啤酒等）相关输送线和非标自动化设备的设计。

寄语：用勤奋书写青春，加油吧少年！

武晓光：

毕业年份:2018 年

工作单位:中国航天科工集团公司第三研究院

工作职称:工程师

个人简介:2016 年 9 月至 2018 年 6 月在研究室担任科研助理。现就职于航天科工集团三院一五九厂,主要从事机加工艺和智能制造方面的工作,负责产品的工艺准备工作以及车间智能生产线的建设。

寄语:心之所向,生之所往。希望学弟学妹们在大学期间充分汲取营养,找到自己的方向并坚定追寻理想的人生。

党永银：

毕业年份:2015 年

工作单位:深圳市比亚迪电子部品件有限公司

工作职称:设计工程师

个人简介:2012 年至 2014 年在机械工程学院创新基地担任科研助理。毕业后曾先后在知名 FPC 企业日本 Mektec 集团、国内知名企业比亚迪集团等公司任职,主要从事手机的零部件的设计制造。曾经带队参加 Apple、OPPO 等多款手机 FPC 项目的设计研发;Google P23 项目关键物料的供应商质量管理等工作。

寄语:祝母校佳誉满天下,年年桃李,岁岁芬芳!

李诺：

毕业年份:2012 年

工作单位:中国中车长春轨道客车股份有限公司

工作职称:机加系统工程师

个人简介:2009 年至 2012 年在工程力学研究室担任科研助理。现就职于中国中车长春轨道客车股份有限公司,从事城铁车转向架工艺技术,从机械加工到机械装配,主要负责墨尔本地铁、澳大利亚地铁、哥伦比亚地铁、三亚有轨电车、武汉东湖低地板、重庆环线地铁等项目。

寄语:在校期间科研助理的角色让我学到了很多,创新能力,动手能力,团队协作能力,不仅仅在技术上更上一层楼,更锻炼了个人的沟通协作能力,这对于以后进入到社会有很大的帮助。愿母校发展越来越好,愿学弟学妹珍惜大学时光,多多充实自己,这都是你以后的财富。

赵义：

毕业年份：2015 年

工作单位：长春市朗瑞斯环保科技有限公司

工作职称：机械工程师

个人简介：2013 年 11 月至 2015 年 4 月在创新基地担任科研助理。现阶段在长春朗瑞斯环保科技有限公司做机械工程师，主要从事项目管理及产品设计工作。曾负责"A-2033 动车组集便系统""波尔图牵引辅助变流器""大同钢水车牵引变流器""弹性轮跑合试验台""长春 2 东延牵引系统"等项目的设计及项目管理等工作。

寄语：创新基地是一个学习和能力提升的地方，可以将书本的内容学以致用，还可以在导师的带领下参与项目的研发、设计，增加对机械结构的认知，体会团队合作带来不一样的大学生涯，而且对今后从事机械工作的同学有很大的启蒙作用。

陈中成：

毕业年份：2010 年

工作单位：广东省深圳市燕麦科技股份有限公司

工作职称：产品五部总工

个人简介：2010 年 10 月至 2012 年 10 月任深圳市大路科技（燕麦科技前身）助理工程师。现任深圳市燕麦科技产品五部技术总工，主要负责测试系统方案设计及项目技术指导与研发，以及团队管理与规划。曾负责"ACF 双工位精密对位测试设备""双工位转盘 RF 测试设备""片式探针 RF 测试精密模组"等项目开发与研制。

寄语：以身力行，不负青春，不留遗憾，敢闯敢拼！

凌信景：

毕业年份：2010年

工作单位：中山驰鼎专利商标代理事务所、广东驰鼎慧达知识产权服务有限公司

工作职称：执行事务合伙人、执行董事

个人简介：2010年毕业后在台达集团从事自动化电子贴片技术工作，任SMT工程师；2012—2020年，在中山市科创专利代理有限公司先后任代理部副经理、代理部经理及副总经理，主要负责知识产权管理工作和国内知识产权事务（包括专利诉讼）；自2020年，先后成立中山驰鼎专利商标代理事务所、广东驰鼎慧达知识产权服务有限公司，任执行事务合伙人、执行董事，主要从事国内、外知识产权事务服务。

寄语：在创新基地3年的学习和实践，为我踏上社会工作夯实了基础，作为创新基地的一员，我时刻铭记并践行创新基地训语：主动寻找差距，敢于承认差距，努力缩小差距。在此特别感谢创新基地及老师们的栽培！祝创新基地越办越好，培养更多优秀学子，再创佳绩！

刘洋：

毕业年份：2013年

工作单位：毕恩（上海）建筑工程管理公司——PM Group

工作职称：项目EHS经理

个人简介：自2013年7月毕业至今，参建国内外大型石化项目、医药厂房项目以及食品加工等领域，轨迹涉及国内诸多中南沿海城市、马来西亚、新加坡、阿联酋以及阿曼等国。曾就职于世界知名EPC工程管理公司，包括Bechtel、CB&I以及McDermott等。目前就职于PM Group驻内蒙古蓝威斯顿薯条加工项目，并担任项目EHS经理。该项目总投资额2.5亿美元（16亿人民币）。

回顾在校期间担任科研助理，给予了我敢闯敢拼的勇气，脚踏实地地完成眼前每一件事！

寄语：过一种你想要的生活，做一个许多年后值得回忆的人！

孙鹏淋：
毕业年份:2012 年
工作单位:广东博智林机器人有限公司
工作职称:高级工程师
个人简介:2009—2012 年担任研究所科研助理。自 2012 年 7 月份毕业以来一直从事 3C 产品、硬脆性材料、建筑类机器人等行业自动化研发设计。目前就职于广东博智林机器人有限公司,担任环保施工机器人产品线机械负责人,主要负责环保机器人项目研发设计与工作规划,同时负责产品对外的媒体采访与推广。
寄语:花季的蓓蕾,展翅的雄鹰,明天是我们的世界,一切因我们而光辉。

雷江平：
毕业年份:2022 年
工作单位:汇川技术股份有限公司
工作职称:锂电行业服务端负责人,应用技术工程师
个人简介:2018 年 11 月至 2021 年 8 月在机械设计及数控加工研究室担任科研助理。现任汇川技术市场体系应用技术工程师,主要负责锂电行业 OEM 方案制定承接,客户现场问题技术支持,产品选型与配套方案应用(主要产品为:PLC、伺服电机、变频器),产品联保等工作。主要参与的项目有:电芯极耳激光点焊机,电芯制作切叠一体机,电芯测试一体机等项目。
寄语:文明高雅,乐学善思,自尊自信,自强不息,用严谨代替松散,行动代替愿望,创最好的研究室,做最好的科研助理!

马赫：
毕业年份:2016 年
工作单位:一汽模具制造有限公司
工作职称:供应商质量工程师
个人简介:2013—2016 年在数控组担任科研助理,现任一汽模具制造有限公司质量保证部供应商质量工程师一职,主要从事供应链开发、供应商项目管理、供应商质量策划及供应商质量能力保证和提升工作。曾负责奥迪、宝马、大众及红旗等主机厂零部件供方的项目开发及质量管理工作。
寄语:感恩师长的谆谆教诲,呕心沥血,感念我们的青春岁月如歌,感慨我们的成长之路思源,唯 愿机械学院蒸蒸日上永立一流、欣欣向荣人才辈出!

黄瑞：

毕业年份:2021年

工作单位:豪中豪健康科技有限公司

工作职称:工业设计师助理

个人简介:目前主要做新按摩椅设计,协助上级处理相关事项,现有产品的新配色,新物料锁样(色板、皮料)与结构工程师对接,调整模型,外观专利六视图处理,已批量生产产品介绍ppt制作等。

寄语:①在大学期间,多做创新设计(概念设计,不用考虑先走加工工艺限制,重点是好看,设计合理,够新),可以多参加比赛,最好是有含金量的比赛:当代好设计,if奖,省长杯,市长杯等。②工业设计毕业主要是从事外观设计,产品设计有外观和产品两个方向。一个人在大学的精力和时间是有限的,因此在大学主要是做外观设计,不用太多去考虑结构,但做出来的产品一定是合理的。③心态很重要,抗压能力,还有就是要有想法。④大学主要靠自学,可以借助互联网学习,哔哩哔哩等,学习专业知识,还有最新的行业动态。⑤软件和手绘后期可以学,也没有必要很精通,但基础技能还是要会。

肖新缘：

毕业年份:2022年

工作单位:广东佛山的道可工业设计有限公司

工作职称:工业设计师助理

个人简介:目前担任产品外观设计师一职,主要的工作就是根据要求来完成一款产品的外观设计,从调研收集材料,创意手绘,建模渲染,出图,完成这个流程。

寄语:按照我的经历和认知来说,大学期间,首先需要以软件和手绘为主,熟练掌握软件,并且坚持画手绘;其次是对外观创意的把握,设计同一款产品时,如何做外观可以与同类型产品拉开差距;最后就是对实际生产和结构的一些基础知识的了解,例如开模、材料、强度等。

吴佳琦：

毕业年份：2022 年

工作单位：沈阳智加设计

工作职称：工业设计师助理

个人简介：目前在做汽车渲染，与东软合作大众的外饰内饰渲染。

寄语：软件使用的熟练程度是很重要的。基础的手绘，在设计公司也非常重要，手绘是跟同事、老板交流探讨的最重要的方式，但设计思维是从事设计行业最重要的。

张春来：

毕业年份：2011 年

工作单位：科世达（上海）管理有限公司

工作职称：南京研发中心开发副经理

个人简介：2009 年 3 月至 2011 年 7 月在创新基地担任智能控制组组长。现任科世达上海管理有限公司南京研发中心开发副经理，负责整个南京研发中心的团队组建，项目管理工作。目前管理的开发人员有 70 人左右，主要负责汽车电子相关产品 HMI、SCM、SBW、KBCM、OBC 等的基础软件开发，及部分 HMI 和 VIU 域控制器的应用软件开发，负责的客户包含国内外各大主机厂及造车新势力蔚小理和特斯拉等。曾与德国总部同事共同开发 OBC 产品基础软件部分，以及组建印度开发团队 15 人左右开发 KBCM 产品基础软件。

范鹏：

毕业年份：2014 年

工作单位：广州翼辉信息技术有限公司

工作职称：研发部经理

个人简介：2011 年 3 月至 2014 年 7 月在研究所担任科研助理。现任广州翼辉信息技术有限公司研发部经理，主要从事研发管理、嵌入式实时操作系统 SylixOS 内核开发维护工作。

寄语：凡事预则立，不预则废，希望学弟、学妹珍惜实验室学习机会，能够充实且有意义地过好大学生活。

郝文豪:
毕业年份:2021年
工作单位:长春理工大学
工作职称:硕士
个人简介:16级控制组实验室学生,受实验室培养,期间荣获2018年中国工程机器人大赛暨国际公开赛国家一等奖,2019年中国工程机器人大赛暨国际公开赛国家特等奖,2019年第二届中国高校智能机器人大赛国家一等奖。
寄语:路是自己走出来的,唯有不懈努力与坚持自己才能取得成功。

王奎:
毕业年份:2016年
工作单位:安徽农业大学工学院
工作职称:特任副教授
个人简介:2012.9—2016.7,本科就读于北华大学机械工程学院机械设计制造及其自动化专业(分流专业为机电一体化),获工学学士学位。
2016.9—2021.12,硕博连读于内蒙古农业大学机电工程学院。硕士专业为机械电子工程,博士专业为农业电气化与自动化专业,研究方向为农业工程测试与控制。
2022.3至今,安徽农业大学工学院,特任副教授。本人开展与精准畜牧养殖相关的研究,例如畜禽行为的智能化感知、智能化养殖设备的开发等。涉及的知识有机械结构设计、控制系统开发、深度学习算法应用等。
寄语:主动寻找差距,敢于承认差距,努力缩短差距。

施良才：
毕业年份：2020 年
工作单位：浙江理工大学
工作职称：硕士
个人简介：17 年进入智能控制组，度过了一段终生难忘的时光，收获一批志同道合的兄弟，也认识到这个世界还有更多高手，便选择读研，选择了水下机器人。
寄语：做大做强，持续辉煌。

张艳阳：
毕业年份：2011 年
工作单位：恒玄科技（上海）股份有限公司
工作职称：高级蓝牙软件工程师
个人简介：2008 年 9 月至 2011 年 7 月在研究所担任科研助理，本科毕业后到华南理工大学继续三年的研究生深造，现在恒玄科技从事蓝牙开发工作。毕业后一直从事芯片领域的软件开发工作，4 年的底层软件研发工作，4 年国内外大客户项目支持工作。
寄语：发扬"803"研究所拼搏和不服输的气质，加强与企业合作，探索产学研的合作模式，希望北华科研创新基地越来越好！

李江兴：
毕业年份：2014 年
工作单位：东莞怡合达自动化股份有限公司
工作职称：高级经理
个人简介：2011 年 4 月至 2014 年 4 月在流体传动与控制研究室担任科研助理，现任怡合达股份有限公司高级经理，主要从事管理直驱类单轴机器人、高精运动平台部门的设计开发和运营工作。
寄语：英雄不问出处，豪情不问末路，别找失败借口，只问成功缘由！

王薪盟：
毕业年份:2014 年
工作单位:JOT 自动化技术(北京)有限公司
工作职称:机械工程师
个人简介:毕业后在 SMC 工作担任技术销售,2017 年在小伙伴的创业公司担任技术经理,2020 年来到北京从事机械设计行业。
寄语:敢于尝试,总有一款适合你。

宁曼莹：
毕业年份:2016 年
工作单位:北京路浩知识产权代理有限公司
工作职称:专利代理师
个人简介:2015 年实习期间在深圳从事专利工程师一职,2017 年回到吉林市从事专利代理行业,2018 年考取专利代理师资格证,2021 年来到北京继续从事专利代理行业至今。
寄语:坚持比努力更可贵。

李鑫：
毕业年份:2014 年
工作单位:长城汽车股份有限公司
工作职称:线控底盘系统开发工程师
个人简介:2016 年就读哈尔滨理工大学车辆工程专业工程硕士,2019 年毕业后入职长城汽车股份有限公司的哈弗技术中心的底盘研发部,参与公司第一款无人配送车项目;2021 年参与长城汽车线控底盘项目,暂未量产。
寄语:目标明确,只管大步前行,未来自会给你一个交代。

陈桂宇：

毕业年份：2011年

工作单位：申雅密封件（广州）有限公司

工作职称：开发主管

个人简介：2011年6月毕业于北华大学机械设计制造及自动化专业；2011年7月进入广东福迪汽车有限公司产品开发部电器空调科担任整车线束开发工程师；2014年调至广东福迪汽车有限公司内饰附件科担任内外饰件开发工程师；2015—2019年担任广东福迪汽车有限公司产品开发部内饰附件科科长职位；2019至今：担任申雅密封件（广州）有限公司产品开发主管职位。

寄语：相信美好，生活才能更美好。

李鸿勃：

毕业年份：2017年

工作单位：江苏有为环保设备有限公司

工作职称：公司总经理

个人简介：

2014年5月有幸加入流体传动技术研究室担任科研助理，2016年担任研究室学生负责人，至2017年5月毕业后离校正式步入社会。

2017年7月加入河北天龙环保科技有限公司，负责VOCs废气处理环保设备机械结构设计工作，2019年1月担任公司产品设计部部长，2019年7月因个人发展原因离职，工作期间主要工作事迹：

(1)蓄热式热氧化炉（RTO）标准化结构设计；

(2)担任江南造船厂/江南长兴岛造船厂4套VOCs废气处理设备沸石转轮+RTO项目负责人，项目标的5 000万元；

(3)担任济南轻骑铃木摩托车3套VOCs废气处理设备沸石转轮+RTO项目负责人，项目标的4 000万元。

2019年7月加入海乐尔（中国）有限公司，担任南通分公司VOCs废气部负责人，工作至2020年7月离职。

2020年8月创办江苏有为环保设备有限公司，担任公司总经理。公司主要从事VOCs废气处理项目及废气处理设备生产销售，VOCs废气在线监测设备及配件的研发、生产与销售，VOCs废气处理系统技术服务等，公司现有办公人员6人，生产及项目部人员10人。

寄语：千锤百炼，方能铁杵成针；历尽千帆，方能抓住机遇。克服困难，方能有所成就。

余运锋:
毕业年份:2014 年
工作单位:上海宇航系统工程研究所
工作职称:航天器系统设计
个人简介:毕业后,从哈尔滨工业大学获得硕士学位和博士学位,然后进入上海宇航系统工程研究所从事航天器系统设计工作。
寄语:坚持理想,不忘初心。

张振:
毕业年份:2012 年
工作单位:郑州地铁集团有限公司
工作职称:车站设备室主任
个人简介:2009 年 5 月至 2012 年 7 月在流体传动与控制研究室担任科研助理。现任郑州地铁集团有限公司机许市域铁路公司客运部车站设备室主任。先后被评为"总经理特别奖"、集团公司"先进工作者"、优秀共产党员等。牵头地铁智能运维工作,河南省交通厅科技创新项目(G2019)《城市轨道交通设备健康管理(EHM)研究与应用》在郑州地铁 1 号线进行试点,实现了设备状态的实时监测、预警功能,提高了设备整线服务质量。项目研究期间,申请专利 2 项,发表核心期刊论文 2 篇,获得由中国土木工程学会等主办的中国城市轨道交通科技创新创业大赛全国优秀项目奖 1 项、赛区二等奖 1 项。参与筹备郑州地铁 14 号线一期,郑许线等线路,为市民畅通出行贡献了力量。
寄语:信心是最宝贵的财富,奋斗是最鲜明的底色,实干是最嘹亮的号角。

方佳鹏：

工作年份:2013年

工作单位:吉林市永正科技有限公司/吉林市宏盛机械有限公司

工作职称:公司法人

个人简介:2013年7月毕业,成立了吉林市永正科技有限公司,主营模具设计、汽车焊接工装检具设计与加工制造,与长春市春城祥和汽车部件有限公司、舒兰通用机械厂、吉林江北机械制造有限责任公司、北华大学机械工程学院等建立了长期的合作关系。2018年成立了吉林市宏盛机械有限公司,现有加工中心5台、数控车床6台、线切割机床4台、转塔式数控钻床4台。

寄语:理想是人生道路上的指示明灯,向着它的方向勇往直前终有一天会获得成功。

张柯亮：

毕业年份:2011年

工作单位:广东瑞达智能装备有限公司

工作职称:创始人、总经理

个人简介:2008—2011年期间担任科研助理。自毕业以来,一直从事自动化设备的研发与制造;于2020年成立广东瑞达智能装备有限公司,公司主要业务根据生产制造型企业的实际情况,提供智能化产品及整体解决方案。目前在白色家电、家具、电机、机器人集成应用、仓储物流等领域帮助客户实现核心工艺突破和工艺路线优化。

寄语:相逢于初心,相交于梦想,感谢基地为我提供了梦想的翅膀,愿创新基地越来越好。

第二节　典型项目解析

北华大学大学生创新实践基地自成立以来,一直把理论与实践相结合作为自己的育人理念;其以科研项目、科技竞赛、工程项目、发明创造为依托,注重培养学生的动手能力、创新能力、独立思考能力等;从成立至今创新实践基地在老师和科研助理的共同努力下完成了许多项目,其中科研助理的部分项目作品如下:

一、科研类

科研项目包括研究内容、产品开发、对外联系、教师或研究生发表论文等。目前北华大学大学生创新实践基地的科研项目主要有:与哈尔滨工业大学共同完成的国家863计划,省杰出青年基金项目,教师发表学术论文等。北华大学大学生科技创新实践基地迄今为止已完成的典型科研项目约有20余项,在此期间积累了丰富的科研经验,这对于创新基地今后发展具有重要的指导意义。这些经验主要包括对科研项目的提出,对科研项目的方案优化、如何在整个方案设计的过程中运用CAD\CAM\CAE软件以及如何应对其在加工调试过程中出现的一些未知状况等,其中典型的科研项目如下所列。

1.FL-9增压风洞试验驾车动力学模拟(图8-1)

作　　者:任周灿、吴宣、唐永文

班　　级:机械99级、00级

作品简介:本项目是与哈尔滨空气动力研究院协作的课题。它始于2001年,由于当时测试样机在风洞中的参数一直困扰着哈尔滨空气动力研究院的工作人员,为了解决该问题他们专门成立了一个课题组,并找到了创新实践基地,与基地协作共同完成了实验参数的测定。在参数测定的过程中,创新基地的科研助理利用先进的机械设计软件UG、动力学仿真软件ADAMS对其按照真实环境进行模拟分析,并求解相关速度、加速度、受力等关键数据。此项目于2002年通过了哈尔滨空气动力研究院的工作人员的验收并得到了肯定。

(a)

 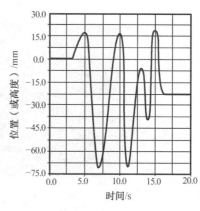

(b)

图 8-1　FL-9 增压风洞试验驾车动力学模拟

(a)风洞照片；(b)测试机构模型在虚拟样机 ADAMS 中的动态仿真

2. 海底管道内爬行器及其检测技术（模拟样机）(图 8-2)

作　　者：任周灿、范红强、田利思、唐永文、吴暄、吴克利、王海会

班　　级：机械 00 级

作品简介：本项目属于国家 863 重大专项子课题。创新实践基地主要负责"海底管道内爬行器及其检测技术"一块。由于该机器人需要携带多种检测装置在海底管道内爬行完成监测任务，因此需要较大的拖动力，但在姜生元院长的带领下，课题组成功研制了六电机并联驱动管道机器人实物样机，整个爬行器共携带六个驱动电机，空间上呈圆周分布，在保证拖动力的前提下，大大减小了机器人体积。在方案设计及后续优化过程中我们采用了设计软件 UG、PRO/E 建立三维数字化模型来确保设计的科学性并避免装配的干涉。在机械设计完成之后我们借助先进的动力学仿真软件 ADAMS 在电脑中对真实环境进行模拟，即在设计阶段就对未来实物样机的性能有了明确的预见性。本项目于 2003 年年底结题并通过验收。

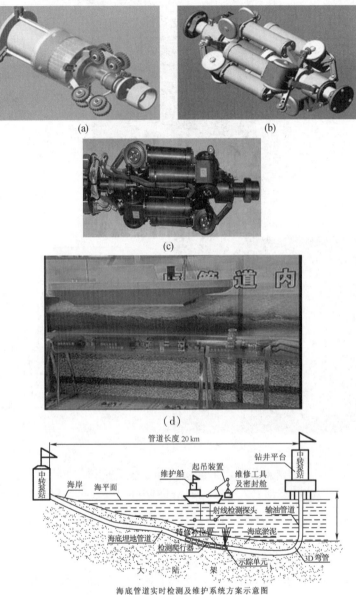

图 8-2 海底管道爬行器

(a)单电机刚性驱动管道机器人虚拟样机模型；(b)六电机并联驱动管道机器人虚拟样机模型
(c)实物样机照片；(d)工程样机运行试验台；(e)方案图

3. 经济型多功能管道机器人实用化技术研究(图 8-3)

作　　者:韩高青、李春伟、王绍江、胡敬华、焦宏章、谢加呈

班　　级:机械 01 级、02 级

作品简介:本项目是 2004 年吉林省杰出青年基金项目。本项目主要完成以下几个方面的工作:

(1)系统研究实现管道无损探伤、管道内壁防腐喷涂、管道清淤、内壁视觉检查等功能的自动化装备所涉及的关键技术。

(2)从技术成熟性、经济实用性、使用及维护的方便性等角度,建立管道机器人产品的经济适用性定量评价标准,确定出能够适应当今管道施工状况的机器人产品所应该遵循的设计标准。

(3)从功能实现的角度出发,研究管道机器人核心功能的模块化划分方法。以产品化为目标,对各核心模块的关键技术进行技术集成。

(4)制作一套机器人模型样机,并以其为平台,研究管道机器人的拖动力、驱动效率、弯管通过性、越障能力、控制系统的实时性与柔顺性等关键性能指标的定量数学模型。

(5)以虚拟样机(ADAMS)技术为核心,构建机器人本体的全数字化三维动力学模型,在此模型上进行仿真测试。

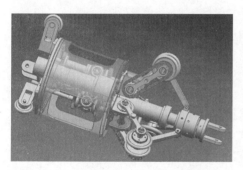 

图 8-3　经济型多功能管道机器人三维数字化模型

4. 三角联动陪护椅(图 8-4)

图 8-4　三角联动陪护椅数字化模型

作　　者:焦宏章、韩高青、祝新良、刘利、胡敬华、谢加呈

班　　级:机械 01 级、02 级

作品简介:本项目属北华大学机电集成技术创新基地自主研发项目,属于陪护椅系列产品。该床能够实现床—椅的转换,而且能够充分折叠,占地空间小,外形美观大方。而且已经系列化,经过试用顾客十分满意。整个椅子由背板、腰板、腿板三折构成。椅子状态时三部分呈三角形,变成床时三部分成一字形,椅子两条腿呈 U 形并通过连杆与椅身相连。设计过程中充分利用四杆联动机构,使得床-椅的转换变得十分简便,而且视觉效果较好,体现了人与物的和谐。本项目已申请国家专利(200620028872.X)。在整个项目中主要运用了 UG、PRO\E 对其进行三维建模来检查其是否有干涉。

5. 海底管道内爬行器及其检测技术(工程样机)(图 8-5)

作　　者:王绍江、李春伟、胡敬华、谢加呈、焦宏章、郑跃君、郭栋梁、李永鹏、叶锐汉、邓文斌、高翔、韩景宇、刘国祥、王祖程、窦义康、许飞

班　　级:机械 02、03、04 级

作品简介:本项目属于 863 项目"海底管道爬行器及其检测技术"的专项子课题。爬行器实现的功能有:

(1)六杆式驱动臂结构,周向 60 度等间距分布,首尾交替布置,六轮驱动;

(2)驱动臂分布在爬行器外层空间,端部直接安装驱动轮,径向占用空间小,结构紧凑;

(3)前后两个驱动截面,输出拖动力达 800 N;

(4)力封闭可调式的结构,由调整电机直接驱动,调整简单,可靠;

(5)解锁后,即解除与管臂的封闭力,由支撑轮可被动拖动行走,便于救援;

(6) 更换不同的支撑杆即可适应不同的管径;

(7) 采用了车氏密封,爬行器在 2 MPa 下运行仍保持完好的水密性。

为了实现以上功能,创新实践基地的科研助理们在姜院长的带领下开始对爬行器的机械本体进行设计,在此期间科研助理熟练运用 CAD\CAE\CAM 软件进行现代化设计并且在最后运用 ADAMS 进行动力学仿真,得到实际爬行中的运动参数,确保了样机的可行性,此项目于 2005 年底送工厂加工工程样机,于 2006 年 5 月底工程样机的机械部分包括 2 MPa 的密封性都已完成。

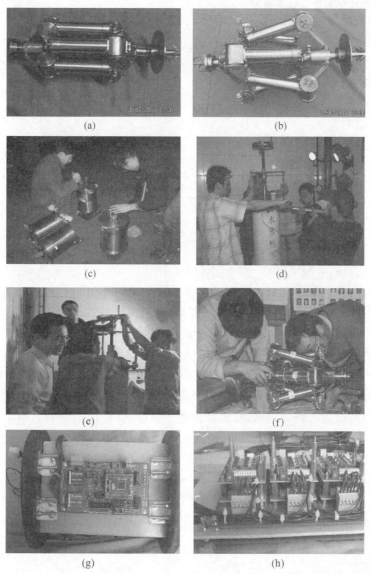

图 8-5　海底管道内爬行器

(a) 195 爬行器实物照片;(b) 297 爬行器实物照片;(c) 在工厂安装;(d) 调试;(e) 水密性实验现场;(f) 爬行器与控制箱的接线和调试;(g) 示踪定位控制板;(h) 爬行器控制板

6. 基于VB与单片机的智能监控系统

作　　者：许飞、王祖程

班　　级：机械04级

作品简介：本项目是北华大学大学生创新实践基地的科研项目,该智能监控系统主要应用在室内。其对室内环境、门窗安全和某些突发事件实时监控并作出相应的报警处理,通过上位机监控界面观察室内情况,并能通过监控软件对云台进行旋转操作,改变摄像头的拍摄视角并抓拍图片。

根据监控系统软件和硬件相结合的特点,本系统配有自主研发的监控软件一套,同时满足以下功能点:

室内图像抓拍;

室内视频监控;

报警信息采集;

环境温度监测及显示;

远程智能监控;

信息数据库处理,信息报表。

7. 带压封堵管道机器人(图8-6)

作　　者：魏亚博、卢壮旗、曹誉严、刘鑫、李朝阳、施良才、于振南

实 验 室：CAD/CAM/CAE实验室

指导教师：李忠山

班　　级：机械16级、17级

作品简介：本项目属于北华大学重点科研项目。并且获得第十六届挑战杯吉林省大学生课外学术科技作品竞赛二等奖。项目组根据目前国内外管道抢修工艺和封堵管道机器人的技术发展现状,研制了一种带压封堵管道机器人。整个管道机器人分为三个单元:封堵单元、驻锚单元及驱动调速单元。该机器人可以借助管道输送的有压介质推动其前行,成对使用,利用驻锚锁定机构可准确停靠在待维修管段两端,并通过封堵机构使机器人有效封堵住待维修管道上下游的有压介质,从而有效将维修管道隔离出来。在快速实施管道更换维修作业后,机器人解除封堵,管道恢复介质输送,并在输送介质的推动下,依次前行,并在下一出口取出。本项目构建了具有行、调、停、堵四个功能的管道封堵机器人系统,实现了管道短时停输下封堵维修作业,相对于传统的架设旁通管维修方案,具有高效、安全、可靠等优点。

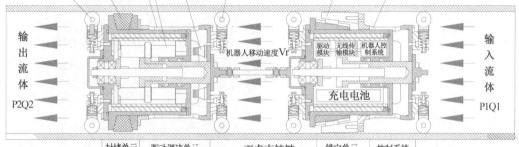

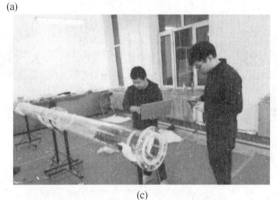

图 8-6 带压封堵管道机器人

(a)带压封堵管道机器人原理图;(b)带压封堵管道机器人 ;(c)模拟环境图片

8．手持式菠萝采摘装置(图 8-7)

作　　者:齐绪平、王建港、魏亚博、刘行、高达

实 验 室:CAD/CAM/CAE 实验室

指导教师:高兴华、董绪斌

班　　级:机械 15 级、16 级

作品简介:本项目为北华大学参加"第八届全国大学生机械创新设计大赛"获得吉林省一等奖项目,主要针对南方菠萝采摘需要,创新基地自主开发了此装置。该装置简便、轻量、无须外置动力、成本低廉,能够在不削减劳动力、不损伤植株的情况下帮助果农实现快速采摘,具有较高的实用价值。该装置主要有以下创新点:

(1)以简单的方式实现了两个操作完成三个动作,能够一个动作实现 X,Y 方向联动。

(2)翻转水平对切机构,能够在刀槽与夹取臂运动后翻转至水平状态,完成切割。该装置采用 SW 软件三维建模后,运动仿真分析,计算出最大受力位置,对主要受力部件做了静力学仿真分析。

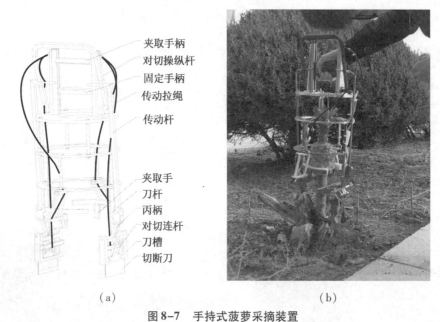

图 8-7　手持式菠萝采摘装置
(a) 手持式菠萝采摘装置整体方案图；(b) 室外实物模拟演示图

二、科技竞赛类

北华大学大学生创新实践基地成立至今一直很注重比赛类项目,其中气动蠕动式缆索机械人的研制成功是北华大学大学生创新实践基地创新型人才培养的一个里程碑。目前北华大学大学生创新实践基地主要参加的比赛有:全国大学生挑战杯、全国大学生机械创新设计大赛、吉林省大学生挑战杯、工业设计大赛、大学生创业计划大赛、全国大学生电子竞赛、飞思卡尔大赛等。在国家、省级各项比赛中都相继取得了优异成绩。并且经过国内的各种大小型比赛的洗礼后,每一届的科研助理都会给创新实践基地留下非常宝贵的竞赛经验。从创新实践基地成立至今共参加全国比赛达30余项,正是由于历届科研助理的经验才使我们每一届科研助理针对各种比赛都具有不同的应赛经验,针对不同的竞赛题目,制作不同的参赛作品以及在比赛中应该怎样应对各种复杂的比赛状况等。创新实践基地的科研助理依靠现代机械设计软件结合历届科研助理留下的丰富的竞赛经验顺利地完成比赛任务。

1. 气动蠕动式缆索机器人的研制(图 8-8)

作　　者:吴暄、任周灿、唐永文、田利思、范红强、陈勇、陈泽军

班　　级:机械00级

作品简介:本项目属于北华大学重点科研项目。同时代表北华大学参加第八届"全国大学生课外学术科技作品竞赛"获得一等奖。该项目主要针对目前人们对斜拉桥的维护是依靠人力,这不仅效率低下,而且极不安全这一问题,我们希望能够利用机器人完成这一危险任务而开展的项目。经过近一年的时间,课题组终于设计出这一款气动蠕动式缆索机器

人,该机器人跟国内其他类似产品相比,具有科技领先性。除了能够检测斜拉桥缆索外,机器人的潜在应用领域也非常广泛,比如高空桅杆类物体顶部彩旗条幅的收放、高压线的无损探伤等。在设计中科研助理除了运用现代化机械设计软件(UG、PRO/E)建立三维数字化模型外,还应用动力学仿真软件 ADAMS 对其按照真实环境进行模拟分析,求解相关速度、加速度、受力等关键数据。这对整个缆索机器人的性能及可靠性在真实样机加工完成之前作了客观的分析,确保了加工的准确性,方案的可行性。

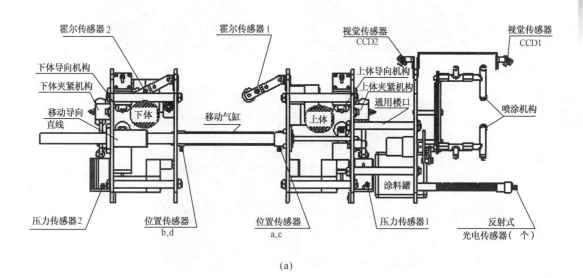

(a)

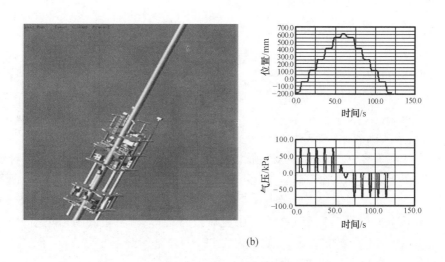

(b)

图 8-8 气动蠕动式缆索机器人

(c)

(d)

续图 8-8

(a)缆索机器人原理图;(b)缆索机器人的虚拟样机仿真;(c)缆索机器人的实物照片
(d)缆索机器人受到社会各界关注与好评

2. 经济型多功能电动康复床(图 8-9)

作　　者:祝新良、刘利、韩高青、胡达、赵立昌、焦宏章

班　　级:机械 01 级

作品简介:本项目是吉林市杰出青年基金资助课题。代表北华大学获得第一届机械创新大赛东北赛区一等奖,该项目是从第一届机械创新设计大赛提出康复床出发设计的一款为中风、偏瘫、截瘫、骨折、腰肢行动不便、昏迷、大手术及其他坐卧、翻身困难等生活不能自理的病人设计的一款新型康复医疗器械。其具有以下功能:(1)电动轮椅;(2)床身直立;(3)体位调整;(4)大小便自理;(5)按摩。康复床设计合理,具有很好的市场前景,并且在设计过程中运用了现代化的机械设计软件(UG,PRO\E)。在当时具有一定的先进性,这也成为经济型多功能康复床在设计过程中的一个亮点。

 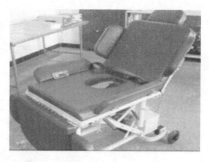

(a)

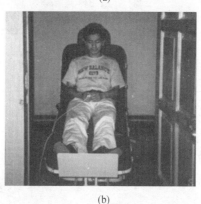

(b)

图 8-9 经济型多功能电动康复床

(a)经济型多功能电动康复床实物；(b)经济型多功能电动康复床穿过门口

3. 高压输电线缆检测机器人的研制(图 8-10)

作　　者：焦宏章、李恩来、李春伟、谢加呈、胡敬华、王绍江、高翔、张公平

班　　级：机械 02 级、03 级、电气 03 级

作品简介：本项目属于北华大学重点科研项目。同时代表北华大学参加第九届"全国大学生课外学术科技作品竞赛"获得一等奖。针对高压输电线自动检测和自动巡线的工程需要，创新基地自主开发了"吊臂式高压输电线检测机器人"。该机器人同国内外同类产品相比，主要有以下创新点：(1)提出了吊臂式高压输电线机器人创新传动原理，利用两个驱动电机即可实现机器人轮式移动、越障、摆臂平衡、联动压紧、主电池箱在线收放等多个动作；(2)设计了以 X 型杆机构为核心的越障驱动机构；(3)设计了联动四杆机构为核心的平衡机构，有效抑制了俯仰失稳、侧摆失稳，结构简单，动作可靠；(4)首次提出在线补能方案，可以在不从高压线上取回机器人的前提下，给机器人更换电源，使机器人的作业距离达到无限远。

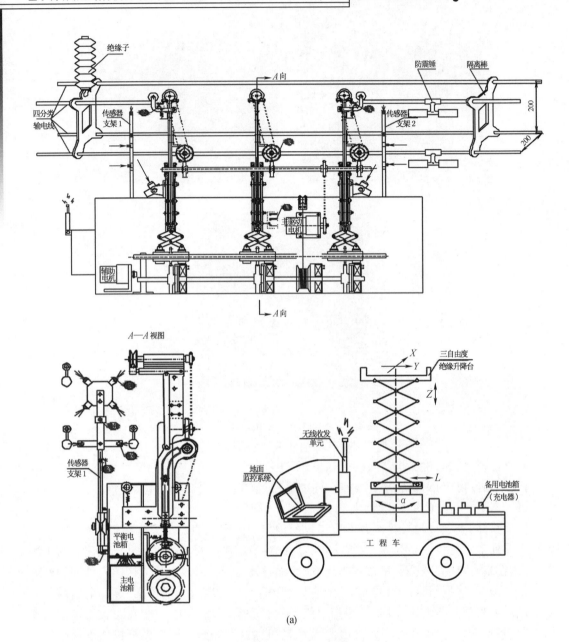

(a)

图 8-10 高压输电线缆检测机器人

第八章 科研助理培养模式的实践成果

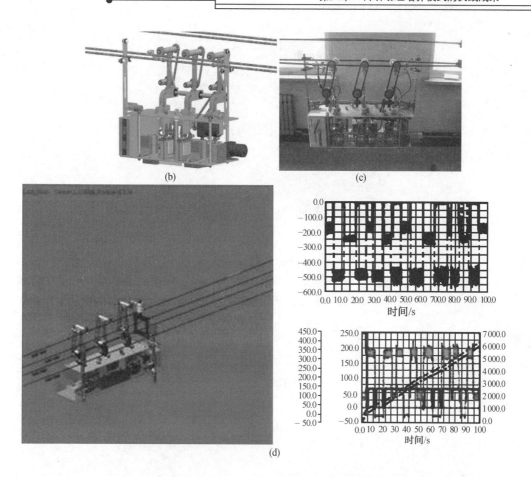

(e)

续图 8-10

(f)

续图 8-10

(a)高压输电线检测机器人原理图;(b)高压输电线检测机器人数字化模型;(c)高压输电线检测机器人实物照片; (d)高压输电线检测机器人虚拟样机仿真;(e)参赛选手给专家讲解机器人结构;(f)凯旋的参赛选手

为了确保在整个机械本体的设计中不出现尺寸的问题,除了合理的设计,更重要的是运用现代的机械设计软件来确保其尺寸不发生干涉现象,并且为了验证加工的样机能像设计过程中的运动路线,我们运用 ADAMS 进行真实的模拟,来得到各个环节的运动参数。

4. 介质流管道机器人(图 8-11)

图 8-11 介质流管道机器人实物样机

作　　者：万鹏、罗荣能、高照曾、陈盛发、叶锐汉、许飞
班　　级：机械04级、05级

项目简介：本项目是重点科研项目,曾获得全国大学生挑战杯三等奖,介质流驱动能源自给式管道机器人样机实现了长时间远距离作业,并且具有结构简单,行进速度平稳可控,可靠性高,扩展性好,机动性强,性价比高等优点。其主要应用于石油天然气输送主干线的管道焊口探伤、补口、管径测量、管道清淤等工作,也可应用于长距离输水、排污管道的检测。在整个设计的过程中,我们利用作业的环境提出了压差驱动,并且能在线补给能量的环境下,将远距离作业变为可能。在整个设计的过程中,首先用AUTOCAD提出我们自己的方案,然后运用先进的三维建模软件UG,PRO\E构建三维数字化模型,最后我们利用动力学仿真软件去测量出介质流管道机器人在行走过程中的动力学参数。

5. 双齿条传动无侧力燃油发动机(图8-12)

图8-12　双齿条传动无侧力燃油发动机实物样机

作　　者：陶海风、余兴、李忠伟
班　　级：机械05级、06级

项目简介：本项目是我校科研项目,曾获得全国大学生课外挑战杯三等奖。本项目主要在分析曲柄连杆式发动机传动特性的基础上,以消除活塞侧向力、提高发动机的传动效率、减小速度波动性为目标,提出的一种以齿条、不完全齿轮为核心的双齿条传动无侧力燃油发动机系统。该系统能够提高发动机的传动效率,它是创新实践基地对发动机行业进行的一次"革命"。在整个项目的进行过程中,创新实践基地的科研助理对这种想法提出了不同的方案,并用先进的机械设计软件对其进行三维建模,动力学仿真软件对其进行动力学仿真,从理论上分析其可行性,使这项"革命"的想法变成了实物。

6. 流体驱动速度可控式管道机器人（图8-13）

(a) (b)

图8-13 流体驱动速度可控式管道机器人

(a)流体驱动速度可控式管道机器人调试完成；(b)流体驱动速度可控式管道机器人实物样机

作　　者：孔庆龙、苏小波、张坛、李兴楼、陈登云、姜来、王国伟、张春来

班　　级：机自06级、07级

项目简介：本项目是创新实践基地科研项目，也是北华大学大学生创新实践基地参加全国大学生"挑战杯"大赛二等奖的作品。本机器人是一种利用流体驱动、机械式在线获取电能及速度可控的新型管道机器人。该机器人由以径向尺寸可控的驱动气囊为核心的新型恒速驱动单元、摩擦轮式在线取能单元、双闭环实时调速单元及变径支撑单元等组成。其中驱动单元通过控制气囊的径向尺寸，从而改变气囊外径与管道内壁所形成的环形溢流间隙，调节和控制机器人前后两端的流体介质压差，实现恒速行进；同时，新构建的在线取能单元以摩擦轮组、发电机为核心，通过传动及运动合成机构将摩擦轮的转速及转矩传递给发电机，将流体动能以机械取能方式转化为控制系统所需电能，使管道机器人的长距离作业成为可能。在完成整个设计的过程中，科研助理运用的软件主要有：AUTOCAD、UG、PRO\E、ADAMS、3D、Photoshop等现代化设计软件，最终使其在比赛现场具有很好的演示、宣传效果。

7. 基于擒纵原理的高楼循环逃生器（图8-14）

作者：刘克民、周德雷、汪波、马文凯

班级：机自11级、12级

项目简介：获得第四届全国大学生机械创新设计大赛省一等奖；申报了国家级大学生创新性实验计划项目；获得第十二届"挑战杯"全国大学生课外学术科技作品竞赛省级三等奖。

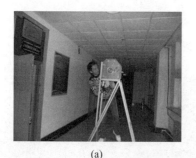

(a) (b)

(c)

图 8-14 基于擒纵原理的高楼循环逃生器
(a)样品展示与使用；(b)参赛选手；(c)获奖证书展示

8. 灯具安全装卸手(图 8-15)

作　　者：刘克民、陈兴隆、周德雷、李野、宗乐、符方权、郑裕明、杨海东、苑晓峰

年　　级：机械 09 级

指导教师：王开宝

作品简介：本产品为一种用于完成高位灯具快速装卸的辅助工具，主要由握持控制杆、伸缩机构、手爪装置等部分构成，握持控制杆包括支撑杆、握柄、控制手柄；伸缩机构包括升降组件、滑动导轨、限位块和滑动块；手爪包括三个机械爪、联动机构、辅助摄像头等。本装置通过手爪完成对灯具进行安装，装卸时对正灯具位置，先通过伸缩杆上的滑动块带动手爪到达合适位置，再通过摄像头辅助观察，确定准确位置，由联动手爪完成灯具的抓取，再通过控制杆控制手爪旋转对灯具完成装卸。本产品具有结构简单、易操作等优点，可提高高位灯具更换速度，同时避免高空作业带来的安全隐患，实用性强，具有广阔的市场前景。

9. 辅助上下床功能的助行装置(图 8-16)

作　　者：王明旭、李海连、聂方成、张勇、白玉林、王建国、刁心炫

实 验 室：CAD/CAM/CAE 研究室

指导教师：王明旭　李海连

作品简介：具有辅助上下床功能的助行装置是 2020 年全国机械创新设计大赛国家级一等奖，该装置具有以下创新点：

(1)以提高老人居家生活自主性为设计目标，研制了辅助坐立装置和辅助起卧装置，

图8-15 灯具安全装卸手

(a)样品展示与使用；(b)参赛选手给专家讲解装卸手结构；(c)凯旋的参赛选手；(d)获奖证书展示

图8-16 辅助上下床功能的助行装置获得机械创新大赛一等奖

通过机构拓扑综合,合理利用安装空间,构建了辅助坐立托起机构和辅助上床摆腿机构,通过两套装置的有机衔接,有效解决了半失能老人,卧、坐、立、蹲、行的体位转换机械外力辅助问题。

（2）以辅助坐立装置使用安全性和便利性为优化目标,基于双轮驱动方案,采用智能寻迹自动泊车技术,安全地实现床边厕所等狭小空间的避障和转向问题;采用操控手柄和无线遥控手柄双模态控制方式。便利地实现坐立装置的一键召回。

10. 螳螂冰车(图8-17)

图8-17　螳螂冰车

作　　者:黄鹏春、王菲、李志峰、孙智民、许润泽
实 验 室:CAD/CAM/CAE研究室＆机械设计及数控加工研究室
指导教师:李海连、罗春阳
班　　级:机自19级、20级、材料20级、智造20级、工设19级
作品简介:本项目属于北华大学重点科研项目。同时代表北华大学参加第十届机械创新设计大赛获得国家一等奖和第十五届全国三维数字化创新设计大赛获得国家二等奖。基于螳螂造型将传统冰车进行改良提出系列螳螂冰车的研制设想:通过对螳螂后足蹬地动作的力学分析,设计双冰锥交替滑冰机构用以提供前进动力,限制冰锥与地面间离地高度以保证冰车运行的安全性;基于换挡手柄控制滑移齿轮移动的冰车变速单元,可实现高/低速挡位自由切换,增加冰车的娱乐性。

11. 便携式生命探测柔性索(图8-18)

作　　者:王明旭、齐振迪、许秋硕、刘译元、祝晶晶
实 验 室:CAD/CAM/CAE实验室
指导教师:李建永、高兴华
班　　级:机械10级、机国际14级、机械14级
作品简介:采用仿生原理构建一款半自动化搜救装置,该装置采用人工作业方式,由两人配合操作使用,一名施救人员为其提供前进推动力,另一名施救人员通过安装在柔性索前端的摄像头反馈的视频信息控制柔性索的前进方向,选择合适的路径深入废墟中的狭小缝隙曲折前行。该装置作为人工搜寻的辅助工具,能够快速准确地提供幸存者的定位信息、生命体征及其被困区域的环境信息,为制定营救方案提供依据,也可为幸存者提供一定的给养供给,维持其生命体征,为破障救援赢得宝贵时间。同时,柔性索前端安装有语音模

(a) (b)

图 8–18　便携式生命探测柔性索
(a)便携式生命探测柔性索比赛演示照片；(b)比赛展位

块，施救人员可通过语音功能对受困者进行语音对答和心理疏导，提振幸存者生存信心。

12. 链传动立体式循环车库的研制（图 8–19）

(a) (b)

(c)

图 8–19　链传动立体式循环车库参赛照片

作　　　者：史国华、李宁、王远、程铂涵、蔡扬建
实　验　室：CAD/CAM/CAE 实验室
指导教师：李建永
班　　　级：机械 15 级、16 级、机国际 16 级
作品简介：本项目属于北华大学重点科研项目。同时代表北华大学参加第八届"全国大学生机械创新设计大赛"获得省级一等奖。机械式停车设备行业是我国近十几年来发展

起来的新兴行业,随着城市机动车保有量的不断增大,停车也是越来越难,目前部分城市已经在推广立体车库,以便解决停车难等一系列问题。该车库同国内外同类产品相比,主要有以下创新点:

(1)采用卧式循环方式,无须开挖施工即可实现对现有车位的有效扩容,不改变传统停车模式,充分提高了空间利用率。

(2)采用换向转盘和梳齿交接装置,实现车辆的最小半径转向和自动入库,有效地提高了地面空间的利用率。

(3)采用链式传动与导轨滑块相结合的传动方式,确保载车板始终保持水平状态,为车位的循环调取提供技术保障。

13. 床椅一体化助老机器人(图8-20)

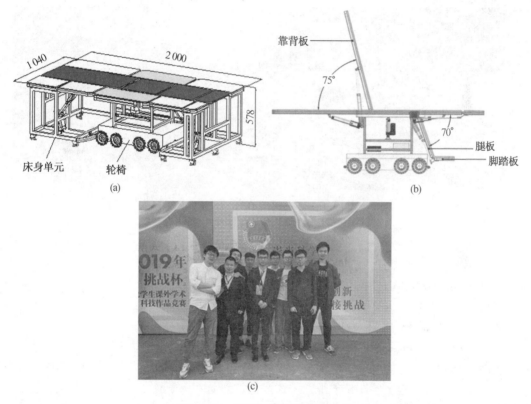

图8-20 床椅一体化助老机器人
(a)床椅一体化助老机器人原理图;(b)参赛合影

作　　者:沈彤、蔡扬建、高帆、张佳乐、谢小宇、郝文豪

实　验　室:CAD/CAM/CAE 实验室

指导教师:罗春阳

班　　级:机械16级、研17级

作品简介:本项目属于北华大学重点科研项目。并且获得第十六届"挑战杯全国大学生课外学术科技作品竞赛"获得三等奖和2019年"挑战杯"吉林省大学生课外学术科技作

品竞赛一等奖。床椅一体化助老机器人是一款集床椅结合、自主定位与导航、多模态人机交互等功能于一体的,针对国内养老及因残、病卧床亟须护理问题的人工智能机器人。该机器人具有以下技术特点:

(1)床椅结合优化。将可移动轮椅嵌入护理床内,解决行动不便人士床椅切换的烦恼。针对用户需求和体验,对床椅结合及分离进行了优化。

(2)室内 SLAM 定位导航技术。实现室内环境的地图构建和自动路径规划,便于轮椅的自主行走。

(3)多模态指令输入。避免用户难以接受复杂的操作指令,使用摇杆与语音输入相结合的方式,为老、残用户提供更好的交互方式。

14. 双层无避让立体停车库(图 8-21)

(a)

(b)

图 21　双层无避让立体停车库

(a)双层无避让立体停车库原理图;(d)参赛队伍

作　　者:林春旭、郭义星、吴铮、张佳乐、李君

实　验　室:CAD/CAM/CAE 实验室

指导教师:罗春阳、彭贺

班　　级:机械 15 级、机械 16 级

作品简介:本项目属于北华大学重点科研项目,并且获得第八届全国大学生机械创新设计大赛吉林省赛区一等奖。双层无避让立体停车库是基于城市小区停车难的问题,研制的一款以小区内家用地上停车位或地上一楼车库扩容为目标,无须破土施工即可实现车库扩充的小型立体停车装置。该装置由举升系统和回转系统两大部分组成。其中举升系统包括推移连杆装置、固定轨道、驱动装置;回转系统由载车架、托车盘、翻转装置、舵机组成。在实现过程中,载荷平稳,方便快捷。

二层存取车功能。双层无避让立体车库采用四杆机构原理实现停取车,车库的前部是连杆组合,后部分是固定轨道,连杆组在运动过程中会实现两个平行四边形的部分运动轨迹,与后部的固定轨道配合,形成两个完整的平行四边形,实现车辆平稳的举升。落地自动回转功能。车辆在二层存取车时,因受小区地方限制,不适宜倒车入库和侧方停车。在二层载车架降到地面后,车主通过控制按钮,使载车架上的拖车板进行 90°的回转,两侧的翻转板进行转动供车主停车。同理使拖车板复位,翻转板上倾。

15. 项目名称:基于 EasyDL 餐具污渍检测及清理系统(图 8-22)

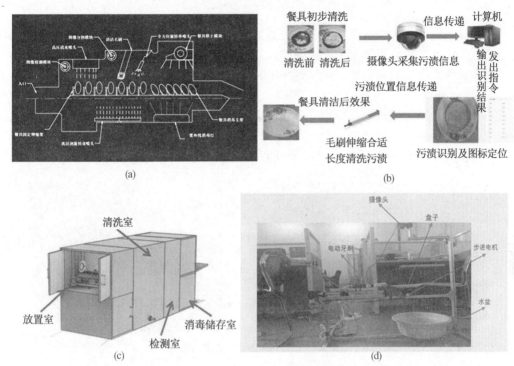

图 8-22　基于 EasyDL 餐具污渍检测及清理系统
(a)洗碗机内部工作模块;(b)项目总体方案;(c)洗碗机建模;(d)清洗结构实物图

作　　　者:赵雅轩、王宏翔、李明宽
实　验　室:1204 工程机器人
指导教师:董绪斌
年　　　级:20 级

作品简介:本项目是北华大学重点科研项目。该项目在 2022 中国高校计算机大赛-人工智能创意赛赋能组赛中,获得东北赛区一等奖,以东北赛区第一名进入总决赛获得国家三等奖。餐具油污图像检测基于 EasyDL 平台模型算法,可高效完成洗涤工作并达到节能降耗的效果,达到更高的分类准确率。针对顽固污渍使用机电控制系统将信息传递至清洗机构,结合机械原理对实物建模分析创作。项目有以下创新点:

(1)本项目基于 EasyDL 图像检测餐具污渍及清理的方法,针对餐具数据集获得最优模型和最优超参结合,高精算法等精度优化功能优化模型效果。

(2)基于传统式洗碗机全机械清洗,采用图像检测技术改进后,能够智慧针对污渍清洗,对污渍位置精确到坐标定位,以直线坐标形式确定清洗范围,达到节能降耗效果。针对中式餐饮习惯,对顽固污渍设计出较好的解决办法,不单单是传统洗碗机,对于刷锅等较难清洗的污渍,也能高效完成洗涤任务。

（3）餐具清洗后识别是否有残留物，并对餐具进行消毒。

三、工程项目类

工程项目是北华大学大学生创新实践基地的一个特色实践环节，通过工程项目使科研助理具有一定的工程实践经验，使创新实践基地毕业后的学生能够更快地适应岗位的需求。北华大学大学生创新实践基地经过历年的发展，其毕业的科研助理在上岗之后被企业称为"技术业务通""上手快、后劲足"等称号，这也是北华大学大学生创新实践基地的培养方式得到社会认可的体现。其中大部分科研助理在校期间都参加了一定的工程项目，部分工程项目如下所列。

1. 普通机床的数字化改造（图8-23～图8-25）

图8-23　CA6140普通车床数控改造

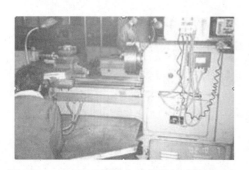

图8-24　CA6250普通车床数控改造调试现场　　　图8-25　PLC控制界面

作　　者：孙海亮、魏云红、时佰明、任周灿、唐永文、田利思

班　　级：机械99级、00级

作品简介：本项目属于长春春城汽车配件厂技改项目，本项目也是北华大学大学生创新实践基地成立后第一个工程实际项目。其改进后要实现：

（1）可以加工出传统机床加工不出来的曲线、曲面等复杂零件；

（2）可以实现加工的自动化、柔性化，效率可以提高3～7(2～3)倍；

（3）加工的零件精度高、尺寸分散度小（加工精度的一致性好）；

（4）可实现多工序的集中，减少零件的频繁搬运；

(5)可以实现自动报警、自动监控、自动补偿等多种自律功能;派生出的好处:降低工人的劳动强度、节省劳力、避免对人的过分依赖。

经过近一星期的努力,最终于2002年通过该厂的验收并交付使用。在整个改造的过程中科研助理主要运用了 PLC 对其进行控制,实现了普通车床的数字化改造。

2.制动梁闸瓦托挡圈液压切除机(图 8-26)

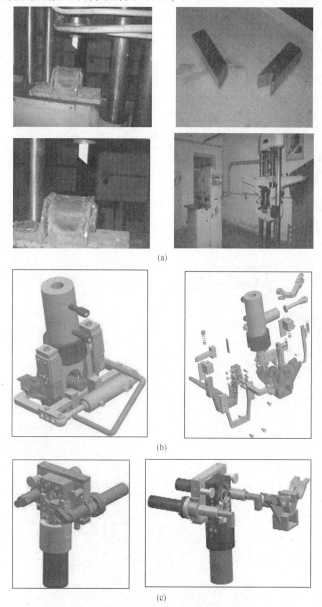

图 8-26　制动梁闸瓦托挡圈液压切除机

(a)制动梁闸瓦托挡圈液压切除机实用化现场;(b)上切式切垫机三维模型;(c)下切式切垫机三维模型

作　　者：韩高青、刘利、祝新良、胡达、李云明、赵立昌、王绍江、李春伟
班　　级：机械01级、02级

作品简介：本项目属于吉林市民营企业重点科研项目。目前我国铁道部管辖的货车机车每年都要检修，依靠人工不仅劳动强度大，效率低，而且分解后的挡圈不能重新利用。针对这一情况，我们设计了挡圈液压切除机，采用分解机进行挡圈分解相比原来的手工作业方式，除降低劳动强度、节省人力资源以外，还大大提高了挡圈重新利用率（分离机切除挡圈完好率95%以上，扣除15%报废挡圈，挡圈重新利用率80%左右），所设计的切垫机目前正在吉林市龙潭区铁路段使用。在项目研发的过程中主要使用的机械设计软件有：AUTOCAD，PRO\E，UG等。

3. 锅炉煤耗智能计量系统（图8-27）

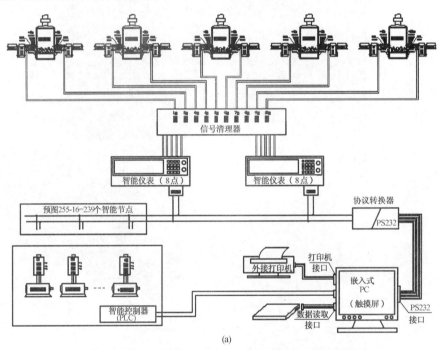

(a)

(b)

图8-27　锅炉煤耗智能计量系统

作　　者:李云明、赵立昌、李恩来

班　　级:机械01级、02级

作品简介:本项目来源于吉林轻型车厂技术改造项目。于2004年完成。整个系统由两级计算机系统构成,现场级包括两套8路智能数据记录仪,完成10路现场信号的实时采集、记录及显示等功能。管理级由高可靠性嵌入式工控机完成日、月、年的煤耗数据统计、存储以及打印等管理功能。两级计算机通过485网络进行通信,并预留239个485子站,便于系统的升级改造。并为上一级管理系统预留了TCP/IP通信接口。该项目主要由组态王6.53,PLCS7-200控制软件完成。其主要实现的功能如下:

(1)日煤耗统计表、月煤耗统计表、年煤耗统计表;

(2)煤耗动态监视;

(3)Excel报表生成;

(4)分权限安全管理功能;

(5)操作记录;

(6)日、月煤耗管理功能;

(7)煤耗统计分析;

(8)报表输出打印与数据备份;

(9)系统升级冗余功能。

4. 玉米粉基一次性餐具生产线(图8-28)

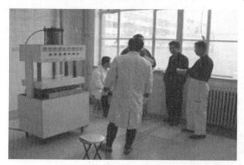

(a)

(b)

图8-28　玉米粉基一次性餐具生产线

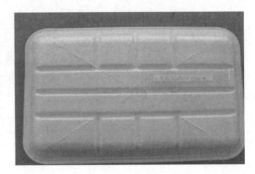

(c)

续图 8-28

(a)玉米粉基一次性餐具生产实验现场;(b)玉米粉基餐盒模具照片
(c)玉米淀粉餐盒产品照片

作　　者:姜生元、李建永、张玉峰、罗春阳

作品简介:此项目受北京广博信环保有限责任公司委托,设计一条餐具生产流水线。整体的生产线设计包括配料、定量分切、热轧成型、内侧涂膜、外侧涂膜及杀菌、码垛等环节。创新基地主要承担项目生产线规划、厂房布置、餐具模具的设计制作。在整个设计过程中,科研所采用先进的 CAD\CAE\CAM 软件完成了餐具的模具设计,并完成整个生产线的方案、规划设计,最终该项目于 2005 年完成。

5. 便携式扩频天线支架(图 8-29)

图 8-29　便携式扩频天线支架工作现场

作　　者:钟英金、万鹏、陶海风、李照刚、陈盛发

班　　级:05 级

项目简介:本项目是与白山移动公司合作的项目。扩频天线支架具有体积小、重量轻、分装方便、操作简单等特点,便于携带运输,轿车后备箱内即可携带,可作为移动公司架设临时扩频天线支架、会馆国旗升降支架以及公安、消防部门野外临时照明支架等用途,也可用于布展公司作为悬挂条幅支架,其具有良好的市场前景。目前北华大学大学生创新实践基地已经成功地销售了近10台,并拥有自主知识产权,此项目在设计过程中科研助理运用了先进的机械设计软件(UG、PRO\E)自主设计加工,完成设计任务。

6."痔疮膏药灌装机"的机械主体的设计(图8-30)

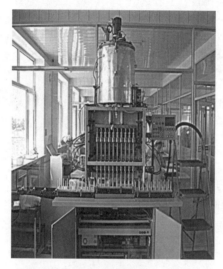

图8-30　痔疮膏药灌装机工作现场

作　　者:万鹏、高照曾、余兴、李忠伟、梁九州、张云飞、苏小波

班　　级:05级、06级

项目简介:本项目是为哈尔滨天地人制药有限公司研发项目,痔疮膏药灌装机的设计,弥补了市场对小口径膏药灌装的空白,提高了生产效率,减少了生产成本,降低了工人劳动强度,实现半自动化生产,操作简单,维修方便。在整个设计的过程中,科研助理主要运用现代化设计软件(AUTOCAD、PRO\E、UG),完成灌装机本体的设计,并运用ADAMS对其进行动力学仿真,确保其具有可靠的工作性能。此项目于2008年结题,并交付哈尔滨天地人制药厂投入使用。

7. 探测器模拟件(图8-31)

作　　者:王明旭、罗春阳、郭庆东、贾诚心

实　验　室:CAD/CAM/CAE研究室 & 机械设计及数控加工研究室

指导教师:王明旭、罗春阳

项目时间:2022年8月

作品简介:探测器模拟件为探月三期子课题项目,为"中国空间技术研究院——503所"提供使用。探测器模拟件主要由着陆器、上升器、避让展开单元、钻取机构、预留安装面等

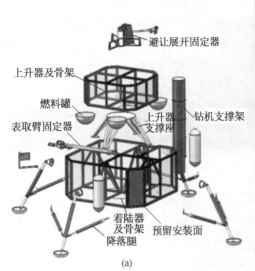

图 8-31 探测器模拟件

组成,通过着陆器骨架和上升器骨架安装表取、钻取采样模拟件、样品封装模拟件和预留安装面,并承受相应重量和工作载荷,并为验证器装置提供安装接口、支撑平面,整机采样作业流程、功能完成情况、性能指标、环境适应性、接口匹配性、与其他单元的干涉特性开展试验测试。

8. 载荷舱包装箱(图 8-32)

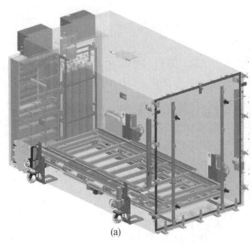

图 8-32 载荷舱包装箱

作　　者:李建永、高兴华、罗春阳、王明旭等
实　验　室:CAD/CAM/CAE 研究室 & 智能控制研究室 & 机械设计及数控加工研究室
项目时间:2016 年 5 月

作品简介:二期批产载荷舱包装箱以一车单程运双星载荷舱/单星载荷舱作为包装箱设计的主要输入。二期批产载荷舱运输包装箱应适用于公路运输,具有温度、湿度、压力、振动、冲击等实时监控、记录、显示功能。载荷舱包装箱是适应载荷舱通用的包装箱,该包装箱采用公路运输方式,满足由北京——西安运输,以及在装卸地点的过渡间密闭环境内卸装包装箱、卸装载荷舱的相关要求。载荷舱包装箱还包括包装箱吊具等附属件。

9. 空间站模拟舱操作平台(图8-33)

图8-33 空间站模拟舱操作平台

作　　者:李建永、王明旭、罗春阳等
实 验 室:CAD/CAM/CAE研究室
项目时间:2016年2月

作品简介:空间站模拟舱操作平台为探月三期子课题项目,为"中国空间技术研究院——529所"提供使用。为满足空间站初样阶段、正样阶段、建造及运营阶段的验证试验需求,需要研制空间站环控生保系统,空间站模拟舱操作平台。空间站模拟舱操作平台是为开展环控生保系统中和性能测试试验提供模拟空间站各舱体环境物理空间,为环控产品安装和试验人员活动的主要场所。组合体模拟舱由三舱两船,按照空间站"十"字形对接构型建造,包括核心舱模拟舱一套。

四、创新发明类

北华大学大学生创新实践基地为了推动科研助理的创新能力及整个学院创新建设的发展,搭建了创新平台,并组建北华大学创新联合会。其根本目的在于培养全院学生的创新能力。通过模拟工程项目、竞赛项目让学生发挥自己的特长,在自己所学专业的基础上进一步发展。经过多年的实践证明,北华大学大学生创新实践基地的创新平台具有良好的发展前景,能够培养一批又一批具有很强的创新思维的人才。

1. 高校科研机构信息管理系统(图8-34)

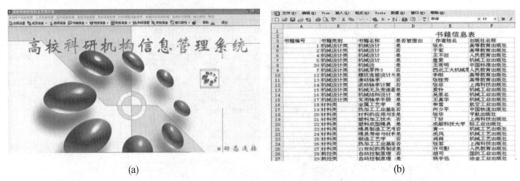

(a)　　　　　　　　　　　　　　　　(b)

图 8-34　高校科研机构信息管理系统

(a)软件运行主体界面;(b)信息报表自动生成界面

作　　　者:李志刚、张延忠、徐海军、胡达、赵立昌、高青云、郑跃君

班　　　级:工业设计02级、机械01、02级

作品简介:本项目是科研机构管理系统,其由科研信息管理、图书信息管理、人员管理和物资管理这四大部分组成。该系统是为了实现高校科研业务的数字化管理,提高科研业务管理人员以及科研人员的工作效率,减少不必要的重复劳动;加速信息的记录、查阅以及传播速度;与"数字校园"中的其他系统相配合共同实现无冗余的统一信息管理而开发的。

其技术核心在于(1)自动取值的算法;(2)数据库动态连接与更新;(3)在 Access 中实现库存取数据的模糊查询;(4)信息报表的自动生成;(5)借书期限的算法等。科研助理经过方案的讨论后,最终于 2006 年 11 月运用程序设计软件 Visual Basic 6.0 完成界面的开发任务。该高校科研机构信息管理系统软件实现了系统用户、人员、图书、物资、财务、科研课题、参赛获奖等信息管理和报表打印管理等功能,从而实行数据库动态更新和管理,其详细功能如下:

(1)系统用户信息管理:添加用户、删除用户、修改密码、权限设置、退出使用;

(2)人员信息管理:教师信息管理(添加教师信息、查询教师信息、修改/删除教师信息)、成员信息管理(成员基本信息管理、成员学习信息管理、成员科研信息管理);

(3)物资信息管理:物资信息管理、借出物资信息、还入物资信息;

(4)图书信息管理:书籍类别管理、书籍信息管理、借书信息管理、还书信息管理;

(5)财务信息管理:预支信息、报账信息、收入信息、支出信息;

(6)科研课题信息管理:科研课题信息、详细课题信息;

(7)参赛获奖信息管理:作品参赛获奖信息;

(8)报表打印管理:人员信息管理(教师信息报表、成员信息报表)、图书信息管理(书籍种类信息报表、现有书籍信息报表、借出书籍信息报表)、物资信息管理(现有物资信息管理、借出物资信息管理)、财务信息管理(预支信息报表、报账信息报表、支出信息报表、收入信息报表)、科研课题信息管理、参赛获奖信息管理;

(9)窗口排列:水平、垂直、层叠三种排列方式;

(10)帮助:包括帮助文件和关于软件两部分。

2. 智能化英语考试系统

作　　者:李立桩、高青云、李志刚、郑跃君、詹永

班　　级:机械02级、03级

作品简介:本项目属于科研模拟项目,开发英语考试系统主要是为了实现英语考试的计算机化,充分利用计算机强大的数据库管理功能,通过计算机来完成考生信息的管理、考试、阅卷、成绩统计、试题编辑等操作,尽量减轻人的工作负担,提高工作效率。科研助理通过运用Visual Basic 6.0完成程序开发任务,本系统于2004年11月完成。该系统主要实现的功能如下:

(1)只有数据库中存在的特定考生和教师才可以登录;

(2)系统界面友好美观,操作简单易行,查询灵活方便,数据存储安全;

(3)系统维护方便可靠,有较高的安全性,满足实用性、先进性的要求;

(4)实现多点操作的信息共享,相互之间的信息传递准确、快捷和顺畅;

(5)通过英语智能化考试管理系统的实施,使考试更加高效、迅捷。

3. 64路开关量监控系统设计(图8-35)

作　　者:许飞、王祖程、郑跃君、李恩来

班　　级:机械03级、04级

作品简介:本项目属于工程模拟项目。在一些工厂或车间,会有很多的控制开关,每一个开关都将控制一个系统或电路,但是控制技术人员只能在控制区才能了解到当时的控制状态,而且每一种控制状态持续的时间也不能很好地掌握。再者,这种控制没有日志表记录,当天的一些控制信息也不能保留下来,这给将来的查询也带来了很大的不便。基于这种现状,我们设计开发了一种监控软件,并设计了64路开关,用监控软件来实现对64路开关量的监控,模拟对工厂的控制开关的监控。该监控系统的开发主要用到VB编程软件的Mscomm控件(串口通信)、数据库和报表控件以及其他一些辅助控件。用Mscomm控件来完成计算机的CPU端口和单片机的端口的连接,以完成数据的采集和接收。用数据库和报表控件来完成控制日志表的设计。还用到一些辅助控件(文本控件Text,命令控件Command,时间控件Time)来完成监控系统功能的进一步完善。完成后的监控系统会将监控信息反馈到监控界面,监控人员可以通过监控界面来了解到监控时间段内的信息。

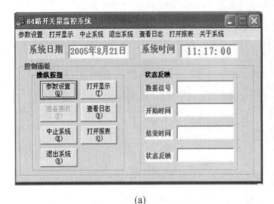

(a)   (b)

图 8-35 64 路开关量监控系统
(a)64 路开关量监控系统主界面;(b)串口通信参数设置界面;(c)数据报表生成界面

4. 机械工程学院院徽设计作品(图 8-36)
作　　者:刘洪敏
班　　级:工业设计 03-1 班

作品简介:此项目是北华大学机械工程学院本院院徽征集比赛。北华大学机械工程学院在学院领导的建设下,发展越来越迅速,其中创新性工程人员的培养模式已经成为近年来国内各高校学习的典范,在这种氛围下创造出具有别具一格的院徽对北华大学及机械工程学院是必要的,因此工业设计科研助理使用设计软件 CorelDRAW 进行制作,其齿轮意指机械又象征着太阳,暗示机械学院就像一枚冉冉升起的太阳,绽放光芒,同时又巧妙地加上了两笔,与齿轮很好地组成一张笑脸,预示着学院的办学质量使您满意,旁边的书籍说明学院注重文化培养,注重理论实践结合,体现出北华大学机械工程学院的办学特色。

黑白稿

设计说明:本设计综合考虑学院的办学理念。具轮意指着机械又象征着太阳。暗示机械学院就像一枚冉冉升起的太阳,绽放光芒。同时巧妙地加上两笔,与齿轮很好地组成一张笑脸。预示着学院的办学质量使您满意。旁边的书籍说明学院注重文化培养,注重理论实践相结合。

设计:刘洪敏　班级:工业设计 03-1　指导教师:田帅

图 8-36　机械工程学院院徽设计

5. 鱼尾图(图 8-37)

图 8-37　鱼尾图

作　　者:薛淼

班　　级:工业设计 04-1 班

作品简介:北华大学机械工程学院鼓励学生利用课余时间进行创新设计,来提高学生的创新意识。本设计属于课外个人创作,其运用 Photoshop 进行设计,并且运用了大量的技巧,细节之处处理得比较精细。主要用于壁画装饰等。

第三节　创新竞赛成果

一、获奖情况统计

2020 年至 2022 年 12 月 31 日科技创新获奖情况见附录 4。

二、部分获奖证书集锦(图 8-38 和图 8-39)

图 8-38　2002—2010 年北华大学科技创新实践基地所获奖杯集锦

图 8-39　2002—2010 年北华大学科技创新实践基地所获荣誉证书集锦

三、代表性奖励介绍

1. 中国青少年科技创新奖（图8-40）

图8-40　科研助理的优秀代表——焦宏章荣获了第三届中国青少年科技创新奖
（全国大、中、小学生共100名）

焦宏章,于2006年8月获得第三届中国青少年科技创新奖。(备注:全国共评选出100名,大学组40名、中学组40名、小学组20名;其中吉林省共有2人获奖,另一名为东北师范大学的学生)

该奖是邓小平同志亲属在邓小平同志100周年诞辰之际,按照他的遗愿,捐献出邓小平同志生前的全部稿费142万元,经党中央批准,由共青团中央、全国青联、全国学联、全国少工委共同设立了中国青少年科技创新奖励基金,专门用于鼓励青少年的科技创新。基金设中国青少年科技创新奖,主要奖励在校的大、中、小学生,每年奖励100人左右。

2. "挑战杯"全国大学生课外学术科技作品赛（图8-41）

第八届大学生课外学术科技作品竞赛获国家一等奖1项(2003年);
第九届大学生课外学术科技作品竞赛获国家一等奖1项(2005年);
第十届大学生课外学术科技作品竞赛获国家三等奖2项(2007年);
第十一届大学生课外学术科技作品竞赛获国家二等奖1项、三等奖1项(2009年)。

"挑战杯"全国大学生课外学术科技作品竞赛是由共青团中央、中国科协、教育部、全国学联主办的大学生课外学术科技活动中一项具有导向性、示范性和群众性的竞赛活动,每两年举办一届。被誉为全国大学生课外学术科技作品竞赛的"奥林匹克"。

大赛的宗旨:崇尚科学、追求真知、勤奋学习、锐意创新、迎接挑战。

竞赛的目的:引导和激励高校学生实事求是、刻苦钻研、勇于创新、多出成果、提高素质,培养学生创新精神和实践能力,并在此基础上促进高校学生课外学术科技活动的蓬勃

图 8-41　2003 年 11 月,科研助理的科技作品"气动蠕动式缆索机器人"参加了第八届"挑战杯"全国大学生课外学术科技作品竞赛,获得了全国一等奖

开展,发现和培养一批在学术科技上有作为、有潜力的优秀人才。

竞赛的基本方式:高等学校在校学生申报自然科学类学术论文、哲学社会科学类社会调查报告和学术论文、科技发明制作三类作品参赛;聘请专家评定出具有较高学术理论水平、实际应用价值和创新意义的优秀作品,给予奖励;组织学术交流和科技成果的展览、转让活动。

3. 全国大学生机械创新设计大赛(图 8-42)

图 8-42　"智能化多功能电动康复床"获得了第二届"全国大学生机械创新设计大赛"全国一等奖

"首届全国大学生机械创新设计大赛"东北赛区一等奖(2004年);

"第二届全国大学生机械创新设计大赛"全国一等奖1项、吉林省一等奖3项、二等奖1项(2006年);

"第三届全国大学生机械创新设计大赛"吉林省一等奖3项、二等奖4项(2008年);

第四届全国大学生机械创新设计大赛全国一等奖1项,吉林省一等奖5项,二等奖1项,三等奖5项(2010年);

第五届全国大学生机械创新设计大赛全国二等奖1项,吉林省一等奖3项,二等奖4项,三等奖7项(2012年);

第六届全国大学生机械创新设计大赛全国二等奖2项,吉林省一等奖6项,二等奖5项,三等奖3项(2014年)。

全国大学生机械创新设计大赛是经教育部高等教育司批准,由教育部高等学校机械学科教学指导委员会主办、机械基础课程教学指导分委员会、全国机械原理研究会、全国机械设计研究会联合著名高校共同承办的一项大学生机械学科知识创新与设计大赛,大赛每两年举办一次。

大赛的目的是:培养大学生的创新设计能力、综合设计能力和协作精神;加强大学生动手能力和工程实践的训练;提高针对实际需求进行创新思维、设计和制作等实际工作能力;推动大学生课外科技活动的深入开展,促进学生基础知识与综合能力的培养、理论与实践的有机结合。

大赛的基本形式:大赛分三级赛事,即高校选拔赛、赛区预赛、全国决赛三个阶段。各参赛高校自行组织学校作品参加选拔赛,选拔作品参加各赛区预赛。在预赛的基础上推荐优秀作品参加全国决赛。

4."挑战杯"中国大学生创业计划竞赛(图8-43)

第四届"挑战杯"中国大学生创业计划竞赛铜奖(2004年);

第五届"挑战杯"中国大学生创业计划竞赛银奖(2006年);

第五届"挑战杯"吉林省大学生创业计划竞赛金奖(2006年);

第五届"挑战杯"吉林省大学生创业计划竞赛铜奖(2006年);

第七届"挑战杯"吉林省大学生创业计划竞赛金奖1项,铜奖2项,优秀奖2项(2010年);

第八届"挑战杯"吉林省大学生创业计划竞赛银奖1项,铜奖1项(2012年);

第八届"挑战杯"全国大学生创业计划竞赛二等奖1项(2012年);

第九届"挑战杯"吉林省大学生创业计划竞赛银奖1项,铜奖2项(2014年)。

竞赛由共青团中央、中国科协、教育部和全国学联共同主办。

创业计划又名"商业计划"(Business Plan),是一无所有的创业者就某一项具有市场前景的新产品或服务向风险投资家游说,以取得风险投资的商业可行性报告。由共青团中央、中国科协、教育部、全国学联主办的"挑战杯"中国大学生创业计划竞赛不但是一种创新活动,更是一种科技创业的启蒙教育。

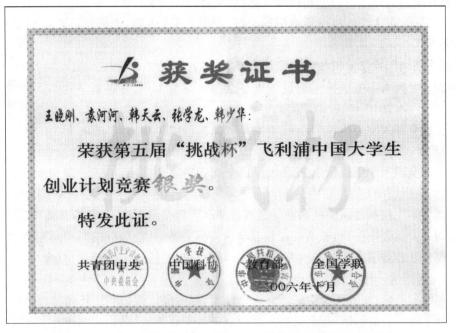

图 8-43　第五届"挑战杯"大学生创业计划书大赛获得国家银奖

目前,创业计划竞赛已与课外学术科技作品竞赛一道,成为"挑战杯"旗帜下的重要赛事,并形成两赛隔年举办的格局。且从 2002 年起,教育部也成为主办单位之一。作为学生科技活动的新载体,创业计划竞赛必将在培养复合型、创造型人才,促进高校产学研结合,推动国内风险投资体系建立方面发挥越来越积极的作用。

5. 全国大学生电子竞赛(图 8-44)

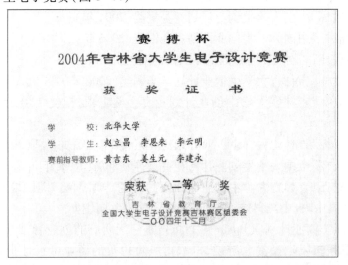

图 8-44　学科交叉的成果:智能移动小车,获得 2004 年电子竞赛二等奖

吉林省电子竞赛一等奖1项、二等奖4项、三等奖5项。

全国大学生电子设计竞赛活动,由全国大学生电子竞赛组委会组办,是受教育部高等教育司、信息产业部人事司委托承办,两年举办一次。竞赛采用全国统一命题、分赛区组织,"半封闭、相对集中"的方式进行。

竞赛目的:在于推动全国普通高等学校促进信息与电子类学科面向21世纪课程体系和课程内容的改革,促进教育也要实现两个转变重要思想的落实,有助于高等学校实施素质教育,培养大学生的创新能力、协作精神和理论联系实际的学风;有助于学生工程实践素质的培养、提高学生针对实际问题进行电子设计制作的能力;有助于吸引、鼓励广大青年学生踊跃参加课外科技活动,为优秀人才的脱颖而出创造条件。

竞赛方式:全国大学生电子设计竞赛努力与课程体系和课程内容改革密切结合,与培养学生全面素质紧密结合,与理论联系实际学风建设紧密结合。竞赛内容既有理论设计,又有实际制作,可以全面检验和促进参赛学生的理论素养和工作能力。全国大学生电子设计竞赛的组织运行模式为:"政府主办、专家主导、学生主体、社会参与"十六字方针,以充分调动各方面的参与积极性。

6. 大学生数学建模竞赛(图8-45)

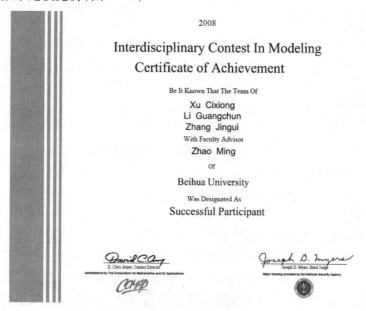

图8-45　李光春等同学获得2004年国际大学生数学建模竞赛荣获银奖

大学生数学建模竞赛国际二等奖一项、国际成功参赛奖一项、吉林赛区一等奖3项、二等奖4项。

全国大学生数学建模竞赛是全国高校规模最大的课外科技活动之一。本竞赛每年9月第三个星期五至下一周星期一(共3天,72小时)举行,竞赛面向全国大专院校的学生,不分专业(但竞赛分甲、乙两组,甲组竞赛任何学生均可参加,乙组竞赛只有大专生(包括高职、高专生)或本科非理工科学生可以参加)。国际大学生数学建模竞赛是由美国举办,全世界大学生参与的一项国际赛事,每年的2月份进行。

  主办单位:教育部高等教育司、中国工业与应用数学学会、美国

  竞赛的宗旨:创新意识、团队精神、重在参与、公平竞争

7. 数控技能竞赛(图8-46)

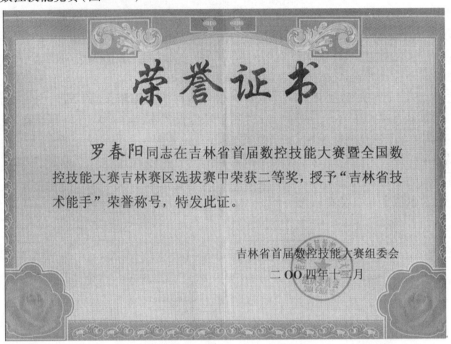

图8-46　第二届数控大赛获得二等奖

第二届吉林省数控技能大赛数控车第五名;

第二届吉林省数控技能大赛数控车第六名;

第二届吉林省数控技能大赛数控铣第六名;

第二届吉林省数控技能大赛数控铣第七名。

  竞赛采取由政府部门主办、社会力量参与、企业公益性支持的方式进行。竞赛以中国制造业产业升级为主题,以数控技能竞赛为主线,配之以岗位实训、技术练兵的各种辅助活动,以竞赛为平台,着力培养和展现能同时掌握数控软件编程和机床操作技术的数控技师及技术工人。竞赛设数控车工、数控铣工及加工中心操作工三个工种,根据参赛对象的不同,设立学生组和职工组。

8. 工业设计大赛

第二届国际大学生产品设计毕业作品竞赛优秀奖3项;

"李白杯"眼镜设计大赛全国二等奖1项;

"美迪杯"风扇设计大赛全国三等奖1项。

  工业设计大赛由中国工业设计协会主办,一般为不定期、知名企业冠名的全国大赛。

比赛的主题一般由赞助企业确定,工业设计协会组成专家组进行评审。我院学生曾经获得了"美迪杯"全国工业设计大赛三等奖。

9. 大学生创新性试验计划项目(图 8-47)

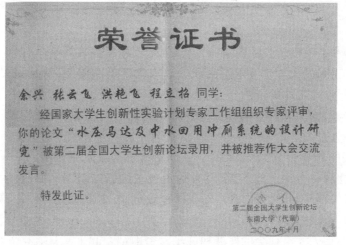

图 8-47　余兴等论文被第二届全国大学生创新论坛录用

承担国家级大学生创新性实验计划项目 5 项;
承担国家级大学生创新性实验计划项目 7 项;
承担国家级大学生创新性实验计划项目 6 项;
承担国家级大学生创新性实验计划项目 10 项。

大学生创新性实验计划项目旨在探索并建立以问题和课题为核心的教学模式,倡导以学生为主体的本科人才培养和研究型学习教学改革,调动学生学习的主动性、积极性和创造性,激发学生的创新思维和创新意识,同时在项目实践中逐渐掌握思考问题、解决问题的方法,提高其创新实践能力,培养大批"一线创新人才"。

"大学生创新性实验计划"以党的十七大培养一批"一线创新性人才"精神为指导,以《国家大学生创新性实验计划指南》为依据,遵循"兴趣驱动、自主实验、突出重点、重在过程"的原则,推动以学生为主体的创新性实验改革,充分调动学生的主动性、积极性和创造性,尊重学生个性发展和兴趣取向。以大学生科技创新基地、实验教学中心为依托,大力倡导学科带头人和科研团队参与大学生创新性实验计划,促进科研与教学结合和互动。

思索与感想

　　高校是培养和造就创新人才的摇篮,培养创新人才是高校的根本任务。但在我国传统教育模式下培养出来的大学生普遍不具备创新人才的基本素质,特别是欠缺实践能力,毕业后,从事具有开创性工作的能力很差,不能适应知识经济时代的需要。习近平总书记指出:"加强统筹协调,大力开展协同创新,集中力量办大事,抓重大、抓尖端、抓基本,形成推进自主创新的强大合力。"

　　从全球发展的趋势看,一个国家的自主创新将直接决定着该国的未来,中国要真正屹立于世界之林,摆脱贫穷落后的面貌,就必须走自主创新的道路。而当代大学生作为未来的建设者和接班人,其创新能力的强弱对我国建设创新型国家起着至关重要的作用。高等学校是培养创新人才的重要场所,应当将创新精神与创新能力的培养作为教育教学工作的重点,把培养创新型人才与社会的发展和进步紧密地结合起来。只有培养出大量具有创新意识和创新能力的创新型人才,才能改变我国一线创新人才严重不足、自主科学技术少、对外技术依存度高的现状,才能使我们有能力参与日趋激烈的国际竞争,并保持在竞争中立于不败之地。

　　基于该种大学生培养需要,北华大学机械工程学院提出了"厚专业基础,重实践能力,个性化培养""过程培养人""综合素质培养"的育人理念,并于2002年成立机电集成技术研究中心。在2006年被吉林省教育厅批为当时吉林省唯一一所省级示范性大学生科技创新实践基地;历经8年的发展,由最初的6名同学和3名指导教师发展到现在的187名科研助理及32名指导教师,共分成24个研究分室,每个研究室培养着不同年级不同专业的科研助理,以上足以印证了科研助理培养模式的科学性、推广性。通过我们在发展中不断地探索,总结出大学生科技创新基地科研助理的培养模式的4个发展阶段,这4个阶段高度概括了这种模式从无到有再到推广,科研助理从少到多,科研助理能力从弱变强的全过程。

一、教师为主,学生为辅

　　这个阶段出现在机电集成研究中心成立后的前两年,在这段时间内机电集成研究中心完成整个团队的技术、经验的原始积累,指导教师与第一批科研助理以"FL-9增压风洞试验驾车动力学模拟""海底管道内爬行器及其检测技术(模拟样机)""普通机床的数字化改造"项目为依托,展开机电集成研究中心的创建,在这个创建的历程中指导老师与科研助理生活在一起,老师带领科研助理共同完成项目,让科研助理了解自己所学专业的工作(做项目)流程,使科研助理具备一定的项目经验,并将其获得的学习方法、动手能力、技术经验通过讲座形式传承给下一届科研助理。

二、师生并行,共同完成

这个阶段出现在机电集成研究中心成立后的第三年到第五年,标志是机电集成研究中心更名为机电集成研究所。在这期间内,由于前两年学生知识和技术的积累,学生已经可以开始接触到一些项目,并且针对一些项目能够提出自己的方案及想法与老师共同探讨、完成。在这个阶段指导教师和科研助理共同完成老师的教研课题、竞赛课题、企业的横向课题,其中典型项目有"经济型多功能管道机器人实用化技术研究""三角联动陪护椅""气动蠕动式缆索机器人的研制""经济型多功能电动康复床""锅炉煤耗智能计量系统""玉米粉基一次性餐具生产线"等。在这个时期主要锻炼科研助理的个人能力,使部分科研助理能够对项目的整体进展有一个规划,并实现了科研助理的学生组织(各个实验室负责人)拥有自己的项目带头人。同时也在这个时期,机电集成研究所使科研助理培养模式更具系统化,并逐渐推广、扩大科研助理培养模式的规模,在学生中形成科研助理个人能力强、综合素质高的形象。

三、学生为主,老师为辅

这个阶段出现在机电集成研究中心成立的 5 年后一直到现在,标志是机电集成研究所正式命名为北华大学大学生科技创新实践基地。在这个阶段科研助理具有丰富的技术经验和较高的科研能力,并且科研助理的培养模式在整个学校工科学院得到大范围推广。大学生科技创新实践基地已经拥有以科研助理为主的、独立的管理机制与运行模式,科研助理在这个阶段已经形成在科研、竞赛、工程等项目中,借鉴指导教师的建议,自主完成项目、课题。目前大学生科技创新实践基地正处于这个阶段,并在这个阶段完成"在线取能式长距离输油管道内壁清洗装置""基于 VB 与单片机的智能监控系统""介质流管道机器人""双齿条传动无侧力燃油发动机""流体驱动速度可控式管道机器人""便携式扩频天线支架"等重大项目。学院已经形成以兴趣为驱动,学生个性化发展的良性发展机制。

四、学生选题,自主完成

这个阶段是科研助理培养模式高度"发达"阶段,也是北华大学大学生科技创新实践基地正在未来几年需要过渡到的阶段,在这个阶段,科研助理培养模式高度成熟。科研助理通过大学生科技创新实践基地的历届科研助理技术、经验的传承,使进入大学生科技创新基地的科研助理具有在校期间可以独立完成竞赛课题、科研课题、企业横向课题的立项—方案设计—结构设计—加工调试。形成科研可以脱离老师,学生组织(创新联合会)自主管理、运行,科研助理带动非科研助理共同科研的良好学术氛围。

经过数年的发展,在创新基地集体老师及科研助理的努力下,大学生科技创新实践基地如今桃李满天下,取得了累累硕果。这种培养大学生科技创新的模式已经形成了学院的特色,并且得到了教育界人士的高度认可,教育部原副部长周远清教授说:"北华大学创建了机电集成技术创新基地,带动了吉林省大学生科技创新基地的建设与发展,以基地为依托,机电类专业成为国家特色专业,北华大学也成为国家创新性项目的大学。"哈尔滨工业大学副校长、教育部机械基础课程教学委员会主任委员邓宗全教授,在考察北华大学大学生科技创新实践基地时说:"源于科研项目的合作,我曾多次考察北华大学大学生科技创新实践基地,我认为,本科生科研助理的培养模式具有原创性,具有重要的示范作用和推广价值。"

成绩属于过去,创新引领未来,"803人"会秉承主动寻找差距、敢于承认差距、努力缩短差距的差距意识,去创造谱写大学生科技创新实践基地的辉煌。我们真心地希望通过此书让更多的兄弟院校了解北华大学机械工程学院的育人理念、大学生科技创新实践基地的科研助理的培养模式;并使其得到相应的推广,为我国高校培养创新型人才提供参考,也真诚希望社会各界人士为科研助理的培养模式提供宝贵的意见!同时能起到引导我院更多的学子加入创新实践基地这个团体(大家庭)中。

附录1　北华大学机电集成技术大学生科技创新实践基地各创新室情况

创新室名称	主要指导教师	基本情况介绍	工位数
CAD/CAM/CAE创新室	王明旭(博士) 李建永(教授)	CAD/CAM/CAE创新室,简称"机械组",成立于2002年,属创新基地最早成立的创新室之一。主要从事机电产品研发,数字化建模以及虚拟样机分析,利用先进的机械设计软件对产品的方案设计、结构分析和加工工艺进行可预测性参数化建模、系统动力学仿真及优化、分析、校核等一系列研发工作。伴随创新基地成长至今累计培养科研助理300余名,完成科研及比赛类项目200余项,申请国家专利10余项,其中发明专利2项,实用型专利16项。曾先后多次积极参加学科竞赛:"挑战杯"大学生课外学术科技竞赛中荣获国家级奖项6次;全国大学生创业计划竞赛中荣获国家级奖项6次,全国大学生机械创新设计大赛中荣获国家级奖项3次。曾多次在大学生创新论坛等知名学术年会和期刊上发表论文,创新室培养的科研助理经用人单位反映普遍优秀且很快成为技术骨干	28
智能控制创新室	高兴华(教授)	智能控制创新室,简称"控制组",成立于2002年,属创新基地最早成立的创新室之一。主要承担科研类、工程类、比赛类、航天类项目,主要从事微电子控制、工业控制、机电产品智能控制等方面的研究。创新室擅长电路设计、单片机开发及应用、DSP应用、嵌入式系统开发、FPGA应用及软件VC++、Labview、DXP的应用等。控制组伴随创新基地创立至今,已完成国家868项目2项,教育部项目2项,省级资助项目12项,企业委托项目40余项以及航天项目等。智能控制组拥有从创新基地成立以来丰富的科研经验和硬件资源。一代代科研助理在做项目的过程中能力得到提升,能够在某些项目中独当一面	28

续表

创新室名称	主要指导教师	基本情况介绍	工位数
工程机器人创新室	董绪斌（博士）	工程机器人创新室成立于2018年，依托北华大学机电集成技术大学生科技创新实践基地与特种机器人技术工程研究中心，开展工程机器人技术研究与机器人方向科研助理的创新培养。本创新室主要研究内容面向工程机器人，综合运用机器人机构设计与分析、动力学及控制、电液伺服驱动技术进行机器人本体研发，利用人工智能、环境感知、智能控制及数字孪生技术完成机器人智能化集成。创新室先后在中国工程机器人大赛、中国大学生机械工程创新创意大赛——智能精密装配赛、中国高校计算机大赛——人工智能创意赛获得国家级奖项	14
流体传动技术创新室	张玉峰（副教授） 裴杰（高级工程师） 李忠山（高级实验师）	流体传动技术创新室简称"1503"，创新室成立于2008年，以流体传动与控制知识为基础，采用现代先进机械设计方法，主要从事液压与气动技术的工程研发、机械生产线的改造等方面的研究。创新室成立以来，累计培养科研助理230余名，参加各类比赛100余项，曾先后多次积极参加学科竞赛：大学生数学建模比赛荣获国际二等奖；"挑战杯"大学生课外学术科技竞赛中荣获国家级一等奖1次、二等奖2次，荣获省级银奖1次、铜奖2次；全国大学生机械创新设计大赛中荣获省级一等奖2次、二等奖3次。曾多次在大学生创新论坛等知名学术年会和期刊上发表论文	28
先进设计与制造创新室	关尚军（教授） 杨克（教授）	先进设计与制造创新室，简称"ADM"，成立于2011年，现有指导教师3人。主要研究方向有：机械设计理论，液压系统设计，单片机控制理论，电气控制理论等。伴随创新基地成长至今累计培养科研助理50余名，发表论文25篇，申请国家专利7项，其中，发明专利2项。创新室指导方向是培养学生的绘图能力，主要采用AutoCAD二维制图、SolidWorks三维制图，机械运动仿真分析软件采用adams，力学受力分析采用ansys。参加的比赛有：机械创新大赛，挑战杯大赛，电子竞赛，工业设计大赛，3D大赛，数学建模等，并获得许多奖项。先后完成的纵向和横向科研项目有：五轴联动数控工具磨床、数控导盘车床、管束抽装机、管束安装机、餐卷机等。不仅给学校带来了荣誉，也锻炼了学生们的创新能力，为学生的就业增加了一份重重的筹码	28

续表

创新室名称	主要指导教师	基本情况介绍	工位数
尚品工作室	田帅	尚品工作室自2016年成立以来,致力于培养学生的创新能力与设计实践能力。主要研究方向:产品设计、工业可视化。尚品工作室先后培养科研助理100余人,其中已经毕业80余人,分别就职于青岛海高集团、北京洛可可工业设计、上海浩汉工业设计、北京现代汽车、深圳水立方等知名企业与公司	28
宇航空间机构创新室	孙丽霞(博士、教授) 李鹏(博士)	创新室成立于2017年9月,以"名师工作室"为载体,是集学术研究、工程项目研发于一体的科研基地。创新室指导教师有孙丽霞老师、张玉峰老师、张其久老师、白岩老师、李鹏老师(兼职教师),学生队伍包括多名硕士生和本科生。宇航空间机构创新设计创新室以学术研究和工程项目为载体,研究方向可分为航天机构设计及控制、微流控技术、液压与气压传动、控制理论与控制工程。创新室配备有各领域专业的指导教师和研究生,并配有多台仿真工作站、多功能打印机、液晶显示器、实验间、学生宿舍等硬件设施。创新室目前已发表SCI论文3篇,核心论文10篇,专利4项。创新室现与燕山大学、浙江金大万翔环保技术有限公司等高校和企业开展合作,学生有机会与上述单位进行学术交流	36
力行工业设计创新室	尹雷	力行工业设计创新室以自强、力行、友爱作为创新室的品质和理念。特别重视学生设计实践能力的培养,目前工作室已和吉林市小小爱迪生教育科技有限公司合作成立了小小爱迪生智能儿童玩教具产品研发中心,学生将会接受指导教师和企业负责人的双重指导,智商培养与情商培养并重,设计理论与设计实践并行,既培养做事又培养做人	28

续表

创新室名称	主要指导教师	基本情况介绍	工位数
精密加工与材料工程创新室（1306）	孙永强（教授、技能名师）王月（博士）刘通（博士）	研究方向：非标准机械设计与制造、先进材料及其加工技术、精密切削加工技术。精密加工与材料工程创新室，成立于2018年。主要从事非标准机械设计与制造、先进材料及其加工技术、精密切削加工技术等方面的研究。期间创新室在大学生创新创业训练计划中共获得省级1项，校级1项，省级竞赛二等奖2项，三等奖1项，并在工程训练大赛及"挑战杯"全国大学生课外学术科技作品竞赛中取得优异成绩。创新室为每位成员提供三维实体建模与运动仿真（CATIA）、结构创新设计、零件制造及安装调试方面的培养与锻炼，精益求精、育人育才	16
数字智造创新室	白岩（博士、副教授）	创新室介绍：1204数字智造创新室，是2023年下半年新成立的实验室，与原1204工程建模与分析合并，现主要研究数字孪生、虚幻引擎等方面技术	14
工程力学分析创新室	吕相艳（副教授）	工程力学分析创新室，原名"工程力学创新室"，成立于2009年12月。主要研究方向：工程力学分析与机械结构设计，培养科研助理利用先进的力学分析软件对产品的设计方案、机械结构进行力学分析、计算的能力以及机械结构的设计能力。创新室秉承"先做人后做事"的原则，注重学生品格的培养，致力于全面提升学生的综合素质。创新室成立至今累计培养科研助理30余名，完成科研及比赛类项目50余项，创新室科研助理协助指导教师完成教科研项目4项，编写省部级教材1部，发表论文5篇，申报国家专利1项，完成大学生创新创业训练计划项目3项；创新室曾多次帮助其他创新室在国家级、省级等各类赛事中完成作品的力学分析与计算。创新室培养的已毕业科研助理在工作单位多以上手快、能力强、肯吃苦的优势得到单位的认可和重视	12

续表

创新室名称	主要指导教师	基本情况介绍	工位数
机械设计及数控加工创新室	罗春阳(高级实验师) 李海连(博士、副教授)	机械设计及数控加工创新室(数控组)成立于2005年,是北华大学机械工程学院唯一的"国家级实验教学中心"。主要从事非标准机械设计与制造、产品装配设计、系统集成与安装调试、数控加工与工艺等方面的研究。实验室拥有全面的硬件设备,独立的办公学习环境,制度严格;指导老师优秀,认真负责;实验室成员参赛经验丰富,配合默契,共计获得国家级、省级奖项百余次	36
机械创新设计与分析创新室	王开宝 (博士、副教授)	机械创新设计与分析创新室,简称"803",成立于2007年12月,隶属于北华大学机电集成技术研究所。本创新室主要研究方向:农林机械研发、医疗器械开发以及航空航天机构设计。本着以机械工程产品的现代设计理论及方法为主要研究内容,以机械创新设计为核心,在机构学、机械结构强度学、机械振动学和计算力学理论、机械创新设计方法及理论的基础上,综合运用计算机辅助设计技术、虚拟样机技术等来解决在机械创新设计中所遇到的问题。要求科研助理深入学习机械产品设计与开发的基本知识;掌握机械系统的组成原理、运动转换、功能变换、方案设计、结构设计等基础理论;并具有较强的实践能力;熟练应用 AutoCad、SolidWorks、CATIA 等计算机辅助设计类软件以及 Adams、Ansys 等计算机辅助分析软件。创新室累计培养科研助理 80 余名,先后完成各类竞赛项目近 150 项,参与科研项目 20 余项,发表学术论文 10 篇,申请专利 6 项。创新室团队目前正处于迅速发展中,团队内学习、学科竞赛及项目研发氛围极好。不忘初心,快乐学习,全面发展,不争名利	28

续表

创新室名称	主要指导教师	基本情况介绍	工位数
光机工程技术创新室	甘新基(博士、副教授)	光机工程技术创新室成立于2007年7月,位于三教五楼(3503)。实验室以科技创新发展为导向,以提高同学们的动手能力、培养同学们的工程意识、开拓同学们的创新思维为目的,打造了一支更富有活力且具有创新能力的团体。甘新基老师主要研究方向是光电对抗技术,创新室先后承担过省级科研课题以及横向科研课题。	12
创新设计与先进成图技术创新室	张耀娟(博士、副教授) 刘维维(博士、副教授)	创新设计与先进成图技术创新室成立于2019年10月。其主要研究方向:创新设计、先进成图技术、三维建模以及仿真分析等方面。自成立以来,创新室培养了大批优秀科研助理,并在第十三届"高教杯"全国大学生先进成图技术与产品信息建模创新大赛中获得全国团体一等奖1项、团体二等奖1项,获得个人单项一等奖12项,二等奖4项;机械类优秀指导教师全国一等奖3项、二等奖4项。创新室指导教师完成省级项目5项;获得国家专利1项,发表学术论文40余篇,其中SCI论文2篇,EI检索论文4篇,指导学生参加国家级、省级竞赛,获国家级一、二等奖46项,省级一、二等奖32项。	28
1104	周德坤(高级实验师)	1104实验室主要负责本科专业基础实验教学工作,同时作为大学生课外科技创新基地承担着提供实践平台以及承担相关教学研究课题和科研项目的研究工作	20

续表

创新室名称	主要指导教师	基本情况介绍	工位数
格物产品设计创新室（1211）	刘华伟（副教授）	格物产品设计创新室以"致知在格物,物格而后知至"为创办理念。致力于培养品行优秀,专业技能突出的工业设计人才。创新室为学生提供了优越的学习环境。指导教师具有优秀的专业知识与出色的品行,能为学生提供专业方面最专业、最有价值的指导和建议。使同学们在实验室能够锻炼过硬的专业能力,塑造敏捷的创新思维。德育双修,两才并举	28
拓维	牛莉莉（副教授）	研究方向:产品可视化。属创新基地最早成立的创新室之一,在教师的指导下曾先后多次积极参加学科竞赛:"挑战杯"、冰雪大赛、工业设计等大赛且获得各类奖项	28
机械制造技术创新室	李洪洲（博士、教授）	1308实验室全称为机械制造技术创新室,成立于2009年12月,是北华大学大学生科技创新实践基地核心创新室之一。主要围绕机械设计与制造、机械加工工艺、设备技术改造等方面开展技术研究。研究方向包括航空航天研究、医疗和农业器械制造以及现代机械结构可靠性分析	28
智能加工与仿真创新室	周小龙（博士） 曹霖霖（博士） 杨知伦（博士） 陈铎文（博士）	研究方向:机械设计、力学分析、三维造型设计等方面。于2023年下半年成立,已参加冰雪大赛、3D大赛等比赛,并取得较好成绩	10
仿生机器人创新室	王影杰（博士） 魏巍	1503仿生机器人创新室,是2023年9月新成立的实验室。创新室致力于仿生柔性机器人的研究,研究工作涉及机械、仿生、控制、材料等多学科交叉领域	8
柔性机器人创新室	彭贺（博士） 王霞	研究方向:以气动柔性作为主要研究方向,针对柔性手的设计与应用。致力于培养创新性思维与优秀的动手能力。成立于2018年9月,在两位指导教师的倾力指导下实验室有浓厚的学习氛围,引导学生进行独立思考并相互配合,在各类比赛中独具创意	14

续表

创新室名称	主要指导教师	基本情况介绍	工位数
材料成形及控制工程创新室	伦凤艳(博士、副教授) 裴永存	研究方向:先进材料成形技术、创新设计、仿真分析。创新室以培养学生创新与工程实践能力为出发点,以带领学生参加相关竞赛和科研项目为依托,提高学生的学习和科研能力,增强就业竞争力。创新室自成立以来,培养了大量优秀科研助理,在第十二届全国大学生金相技能大赛中获得国家二等奖1项、国家三等奖5项。在吉林省第一届大学生金相技能大赛中,获省级一等奖1项,二等奖7项	14

附录2　创新与素质拓展选修学分计算表

项目	考核内容及标准		学分值	备注
竞赛	1. 获各类学科竞赛奖# 2. 获各种专项竞赛奖# 3. 获校级各种比赛奖# 4. 获院级各种比赛奖#	国家级一等奖	10	有证书
		国家级二等奖	8	
		国家级三等奖	6	
		省部级一等奖	7	
		省部级二等奖	6	
		省部级三等奖	5	
		校级一等奖（院级特等奖）	5(4)	
		校级二等奖（院级一等奖）	4(3)	
		校级三等奖（院级二等奖）	3(2)	
		校级优秀奖（院级三等奖）	1(0.5)	
	正式体育比赛中破纪录	全国纪录	20	有证书或证明
		省高校纪录	14	
		校纪录	10	
发表论文#	1. SCI、SSCI、EI、ISTP 收录论文		12	
	2. 中文核心期刊		6	
	3. 正式出版刊物		4	
	4. 非正式出版刊物		2	
科技成果#	1. 国家级	一等奖	20	有证书或证明
		二等奖	15	
		三等奖	12	
	2. 省部级	一等奖	10	
		二等奖	8	
		三等奖	6	
	3. 市校级	一等奖	6	
		二等奖	4	
		三等奖	3	
	4. 获得国家专利	发明专利	10	有证书
		实用新型	8	
		外观设计	6	

续表

项目	考核内容及标准		学分值	备注
职业技能鉴定#	高　　级		4	有证书
	中　　级		2	
	初　　级		1	
通过国家外语水平考试	通过四级考试(非外语专业)		2	
	通过六级考试(非外语专业)		4	
通过全国计算机考试	全国高等学校非计算机专业等级考试	获二级证书	不加分	
		获三级证书	2	
	全国高等学校计算机考试	获二级证书	1	
		获三级证书	2	
	全国高等学校计算机专业软件水平考试	获初级程序员证书	2	
		获高级程序员证书	4	
科技创新活动#	1. 在科学研究中取得一定成果		1~6	有总结报告
	2. 辅助教师完成科研/教研课题		1~6	
	3. 参加学术报告会议,并整理形成报告摘要		0.4/次	
	4. 辅助教师完成大学生技能培训工作		1~2	
	5. 辅助教师担任大学生素质拓展指导工作		1~2	
	6. 辅助学院完成各类教学管理工作		1~2	
	7. 辅助实验教师指导各类实验		1~2	
	8. 设计制作科技作品		1~2	
	9. 自拟实验方案,完成综合性、设计性、创新性实验		1~2	
	10. 自制、改制实验仪器/教学模型,实验设备维修		1~2	
	11. 作为主讲,开展学术讲座(经学院认定)		1~2	有讲稿
	12. 参加大学生创新性实验计划项目、创新创业训练计划项目	国家级	6	立项书、中期检查报告、结项报告
		校级	4	
		院级	2	
社会实践活动	1. 参加社会实践活动受表彰者	国家级	8	有总结报告及证明
		省级	7	
		校级	3	
	2. 在学院组织的社会实践报告或调查报告评比中获奖	一等奖	2	
		二等奖	1.5	
		三等奖	1	
		优秀奖	0.5	
	3. 参加青年志愿者活动		0.5~1	
课外文体活动	参加学校、学院组织的大型活动(未获奖)		0.3~0.5	
素质拓展教育	完成各项素质教育任务并撰写调查报告		0.2	
大学风采宣传	学院网络维护、电子期刊及公开出版的报刊		0.5~4	

续表

项目	考核内容及标准	学分值	备注
学生体质健康标准	测试成绩连续四年优秀者	1	
创业活动#	勤工助学、利用学院平台创业、实体创业等	0.5~20	

注:1. 最低修4学分:其中带(#)项目不低于2学分;

2. 同一项目多次获奖者,以最高奖励学分值计算,不重复计学分值;

3. 只有带(#)项目的累积学分可以用于学分置换;

4. 每项具体加分标准详见《北华大学机械工程学院创新与素质拓展学分认定实施细则》;

5. 未列入的其余各类院级及以上奖项,经学院教学工作委员会研究决定后,参照相关奖项等级给予相应学分。

附录3　2016—2019年主要获奖情况统计（省级以上）

序号	作品名称	竞赛名称	获奖等级	获奖时间	指导教师	学生姓名	获奖类别
1	基于FIPFG的快递包装设备	第七届全国大学生机械创新设计大赛吉林赛区	一等奖	2016.05	李建永		省教育厅、全国机械设计大赛吉林赛区组委会
2	基于行星齿轮传动原理的硬币自动分拣装置	第七届全国大学生机械创新设计大赛吉林赛区	一等奖	2016.05	王开宝		省教育厅、全国机械设计大赛吉林赛区组委会
3	基于"互联网+"的同城快递专用车	第七届全国大学生机械创新设计大赛吉林赛区	一等奖	2016.05	李海连		省教育厅、全国机械设计大赛吉林赛区组委会
4	钱币清分机	第七届全国大学生机械创新设计大赛吉林赛区	一等奖	2016.05	张耀娟		省教育厅、全国机械设计大赛吉林赛区组委会
5	小型硬币分拣计数一体机	第七届全国大学生机械创新设计大赛吉林赛区	一等奖	2016.05	李洪洲		省教育厅、全国机械设计大赛吉林赛区组委会
6	快递员安全助理运载手推车的设计	第七届全国大学生机械创新设计大赛吉林赛区	一等奖	2016.05	李洪洲		省教育厅、全国机械设计大赛吉林赛区组委会
7	基于直径尺度的单通道式硬币分拣包装机	第七届全国大学生机械创新设计大赛吉林赛区	一等奖	2016.05	甘新基		省教育厅、全国机械设计大赛吉林赛区组委会
8	基于钱币分离整理的公交车投币箱	第七届全国大学生机械创新设计大赛吉林赛区	一等奖	2016.05	甘新基		省教育厅、全国机械设计大赛吉林赛区组委会

续表

序号	作品名称	竞赛名称	获奖等级	获奖时间	指导教师	学生姓名	获奖类别
9	半自动果蔬包装机	第七届全国大学生机械创新设计大赛吉林赛区	一等奖	2016.05	贾双林		省教育厅、全国机械设计大赛吉林赛区组委会
10	数学建模	2016年国际大学生数学建模比赛	二等奖	2016.06	张泽健		美国工业与应用数学学会
11	婴幼儿微型注射器	2016年全国大学生工业设计大赛吉林赛区	一等奖	2016.06	尹雷		省教育厅
12	"多一点"杯具设计	2016年全国大学生工业设计大赛吉林赛区	一等奖	2016.06	刘华伟		省教育厅
13	大学校园用代步工具设计	2016年全国大学生工业设计大赛吉林赛区	一等奖	2016.06	刘华伟		省教育厅
14	方形折叠空中无人机	2016年全国大学生工业设计大赛吉林赛区	一等奖	2016.06	刘华伟		省教育厅
15	电子竞赛	2016年吉林省大学生电子设计竞赛	省部级一等奖	2016.09	李建永		吉林省教育厅
16	便携式生命探测柔性索	吉林省第二届互联网+大学生创新创业竞赛	一等奖	2016.09	李建永		吉林省教育厅
17	三自由度林木球果采集装置	吉林省第二届互联网+大学生创新创业竞赛	一等奖	2016.09	罗春阳		吉林省教育厅

续表

序号	作品名称	竞赛名称	获奖等级	获奖时间	指导教师	学生姓名	获奖类别
18	防震包装成形机	2016年全国三维数字化创新设计大赛	一等奖	2016.01	高兴华		科技部等
19	基于行星齿轮传动原理的硬币自动分拣装置	2016年全国三维数字化创新设计大赛	特等奖	2016.11	王开宝		科技部等
20	随机韵动	2016年全国三维数字化创新设计大赛	一等奖	2016.11	王开宝		科技部等
21	山楂去核机	2016年全国三维数字化创新设计大赛	一等奖	2016.11	张耀娟		科技部等
22	硬币分离整理机	2016年全国三维数字化创新设计大赛	一等奖	2016.11	张耀娟		科技部等
23	管束安装机管束装入机构设计	2016年全国三维数字化创新设计大赛	一等奖	2016.11	张耀娟		科技部等
24	安全快递助力手推车	2016年全国三维数字化创新设计大赛	一等奖	2016.11	李洪洲		科技部等
25	膝内外翻矫形康复床	2016年全国三维数字化创新设计大赛	一等奖	2016.11	李洪洲		科技部等
26	基于三自由球齿轮柔性臂	2016年全国三维数字化创新设计大赛	一等奖	2016.11	高兴华		科技部等

续表

序号	作品名称	竞赛名称	获奖等级	获奖时间	指导教师	学生姓名	获奖类别
27	隐身警察——超行逆止减速带	2016年全国三维数字化创新设计大赛	一等奖	2016.11	贾双林		科技部等
28	陆地龙舟训练器	2016年全国三维数字化创新设计大赛	一等奖	2016.11	贾双林		科技部等
29	神奇的披萨星球	第八届全国大学生广告艺术大赛	一等奖	2016.11	田帅		中国高等教育协会等
30	普宙，开启新的方向	第八届全国大学生广告艺术大赛	一等奖	2016.11	邵翌鑫		中国高等教育协会等
31	数学建模	2017年国际大学生数学建模比赛	二等奖	2017.05	张泽健	朱宏军、张赫、徐岩	美国工业与应用数学学会
32	数学建模	2017年国际大学生数学建模比赛	二等奖	2017.05	张泽健	杨航、丁浪、苑忠奇	美国工业与应用数学学会
33	"先进成图"建模	第十届"高教杯"全国大学生先进成图技术与产品建模创新大赛	国家级一等奖	2017.07	张耀娟、杨克、刘晓波、张学文		教育部高等学校工程图学课程教学指导委员会、中国图学学会
34	"先进成图"建模	第十届"高教杯"全国大学生先进成图技术与产品建模创新大赛	国家级一等奖	2017.07	刘冬梅、周德坤、甘新基		教育部高等学校工程图学课程教学指导委员会、中国图学学会
35	四旋翼自主飞行器探测跟踪系统	2017年全国大学生电子设计竞赛	国家级一等奖	2017.08	罗春阳		教育部、工业和信息化部

续表

序号	作品名称	竞赛名称	获奖等级	获奖时间	指导教师	学生姓名	获奖类别
36	电子竞赛	2017年吉林省大学生电子设计竞赛	省部级一等奖	2017.08	张耀娟		吉林省教育厅
37	未来概念轮滑鞋	全国3D大赛10周年精英联赛	特等奖	2017.08			科协、教育部、工业和信息化部、科技部
38	基于行星齿轮传动原理的硬币自动分拣装置	2017年全国三维数字化创新设计大赛	特等奖	2017.11	王开宝、尹雷		科技部等
39	蠕动机器人	2017年全国三维数字化创新设计大赛	特等奖	2017.11	王开宝、杨秋晓		科技部等
40	柔性伸缩手臂	2017年全国三维数字化创新设计大赛	特等奖	2017.11	杨克、张耀娟		科技部等
41	无	2017年全国高校密码数学挑战赛	国家级一等奖	2017.12	北华大学教师组	雷向前、刘宇博	中国教育部高等教育司、中央网信办网络安全协调局、工业和信息化部
42	仿生手指式水果采摘剪	第八届全国大学生机械创新设计大赛吉林赛区	一等奖	2018.05	王开宝、张其久	刘玉力、韩杰、侯代兵、秦庆坤	省教育厅、全国机械设计大赛吉林赛区组委会
43	侧向举升式车辆停车装置	第八届全国大学生机械创新设计大赛吉林赛区	一等奖	2018.05	王开宝、田帅	陈玉田、周振强、郭文琦、宋春雷、秦庆坤	省教育厅、全国机械设计大赛吉林赛区组委会
44	新型立体循环停车库	第八届全国大学生机械创新设计大赛吉林赛区	一等奖	2018.05	李海连、王月	史国华、王远、蔡扬建、程博涵	省教育厅、全国机械设计大赛吉林赛区组委会

续表

序号	作品名称	竞赛名称	获奖等级	获奖时间	指导教师	学生姓名	获奖类别
45	双层无避让立体车库	第八届全国大学生机械创新设计大赛吉林赛区	一等奖	2018.05	罗春阳、彭贺	林春旭、郭义星、张佳乐、吴铮	省教育厅、全国机械设计大赛吉林赛区组委会
46	无	2018年中国工程机器人大赛暨国际公开赛	国家级一等奖	2018.05	高兴华、董绪斌	郝文豪、高彪、高帆	教育部、科技部
47	手持式菠萝采摘装置	第八届全国大学生机械创新设计大赛吉林赛区	一等奖	2018.05	高兴华、董绪斌	齐绪平、王建港、魏亚博、刘行	省教育厅、全国机械设计大赛吉林赛区组委会
48	智能位面车库	第八届全国大学生机械创新设计大赛吉林赛区	一等奖	2018.05	甘新基、王立才	刘俊安	省教育厅、全国机械设计大赛吉林赛区组委会
49	数学建模	2018年国际大学生数学建模比赛	二等奖	2018.06	张丽春	张赫	美国工业与应用数学学会
50	数学建模	2018年国际大学生数学建模比赛	二等奖	2018.06	李文钰	王泽	美国工业与应用数学学会
51	仿生手指式水果采摘剪	第八届全国大学生机械创新设计大赛	国家级一等奖	2018.07	王开宝、张其久	刘玉力、韩杰、侯代兵、秦庆坤	教育部
52	侧向举升式车辆停车装置	第八届全国大学生机械创新设计大赛	国家级一等奖	2018.07	王开宝、田帅	陈玉田、周振强、郭文琦、宋春雷、秦庆坤	教育部

续表

序号	作品名称	竞赛名称	获奖等级	获奖时间	指导教师	学生姓名	获奖类别
53	机械类建模	第十一届"高教杯"全国大学生先进成图技术与产品建模创新大赛	国家级一等奖	2018.07	张耀娟、李冬梅、吕相艳、周德坤	陈俊林	教育部高等学校工程图学课程教学指导委员会、中国图学学会
54	智能自动探测灭火机器人	2018年全国大学生工业设计大赛吉林赛区	一等奖	2018.07	刘华伟	沈明剑、徐毅	省教育厅
55	智能护栏清洗车	2018年全国大学生工业设计大赛吉林赛区	一等奖	2018.07	刘华伟	沈明剑、王宝民	省教育厅
56	太阳能医疗助手	2018年全国大学生工业设计大赛吉林赛区	一等奖	2018.07	刘华伟	沈明剑、彭文宣	省教育厅
57	家用智能厨具消毒器	2018年全国大学生工业设计大赛吉林赛区	一等奖	2018.07	刘华伟	王宝民、赵桐	省教育厅
58	雪伊智能家用机器人冰箱	2018年全国大学生工业设计大赛吉林赛区	一等奖	2018.07	刘华伟	林智杰	省教育厅
59	落地架"旋转木马"	2018年全国大学生工业设计大赛吉林赛区	一等奖	2018.07	牛莉莉	陆展华、周倩、葛馨隆、黄谢地、陈翔	省教育厅
60	电子竞赛	2018年吉林省大学生电子设计竞赛	省部级一等奖	2018.08	高兴华	高彪、侯小虎	吉林省教育厅
61	家用空气除湿加湿一体机	全国3D大赛11周年精英联赛	特等奖	2018.08	刘华伟、岳昆	沈明剑	科协、教育部、工业和信息化部、科技部
62	雪地爬犁	2018年全国三维数字化创新设计大赛	特等奖	2018.11	王开宝、张其久	张冰冰、郭文琦、秦庆坤、宋春雷、后健彬	科技部等

续表

序号	作品名称	竞赛名称	获奖等级	获奖时间	指导教师	学生姓名	获奖类别
63	矿难环境探测机械装置	2018年全国三维数字化创新设计大赛	特等奖	2018.11	王开宝、张其久	马建鹏、迟明田、秦庆坤、王浩澄、宋春雷	科技部等
64	拉伸-压痕试验机	2018年全国三维数字化创新设计大赛	特等奖	2018.11	李海连、罗春阳	管延吉、王学伟、王铭伟、马洪帅、谢睿	科技部等
65	"天眼"智能滑雪镜设计	2018吉林省首届冰雪创意大赛	一等奖	2018.11	刘华伟	沈文静、赵梓硕、汤涛、赵琪、张怡琴	吉林省教育厅
66	"雪炮"——冰雪娱乐器材设计	2018吉林省首届冰雪创意大赛	一等奖	2018.11	刘华伟	李传丰、徐凡	吉林省教育厅
67	生命装载者(雪地急救担架)	2018吉林省首届冰雪创意大赛	一等奖	2018.11	刘华伟、钟梓楠	汤涛、沈文静、张怡琴、赵崧淳	吉林省教育厅
68	小型电动除雪车	2018吉林省首届冰雪创意大赛	一等奖	2018.11	刘华伟、李甜畅	张怡琴、沈文静、赵崧淳、刘雨桐、汤涛	吉林省教育厅
69	冲锋战神	2019年中国工程机器人大赛暨国际公开赛	冠军、国家级一等奖	2019.04	高兴华、王月	任翔、郝文豪、王雷、成明洋	教育部、科技部

续表

序号	作品名称	竞赛名称	获奖等级	获奖时间	指导教师	学生姓名	获奖类别
70	我们不会拧魔方	第二届中国高校智能机器人创意大赛	国家级一等奖	2019.05	高兴华、李忠山	高彪、郝文豪、高帆	中国高等教育学会、教育部工程图学课程教学指导委员会
71	数学建模	2019年国际大学生数学建模比赛	二等奖	2019.06	徐长玲、李群	张振林、李德江、孙明扬	美国工业与应用数学学会
72	床椅一体化助老机器人	2019年"挑战杯"吉林省大学生课外学术科技作品竞赛	省部级一等奖	2019.06	罗春阳、李海连		共青团吉林省委、吉林省科协、吉林省教育厅
73	尺规绘图	第十二届"高教杯"全国大学生先进成图技术与产品信息建模创新大赛	国家级一等奖	2019.07	王开宝、关尚军	潘雷霆	教育部高等学校工程图学课程教学指导委员会、中国图学学会
74	雪地三角翼的研制	全国3D大赛12周年精英联赛	特等奖	2019.07	王开宝、张其久	宋瑞东、彭宇、后建彬、李贺、陈明阳	科协、教育部、工业和信息化部、科技部
75	矿难环境探测机械装置	全国3D大赛12周年精英联赛	特等奖	2019.07	王开宝、张其久	赵瀛、宋瑞东、杨雨、后建彬、彭宇	科协、教育部、工业和信息化部、科技部
76	机械类、建模	第十二届"高教杯"全国大学生先进成图技术与产品信息建模创新大赛	国家级一等奖	2019.07	张耀娟、刘维维、甘新基、王开宝	薛跃峰	教育部高等学校工程图学课程教学指导委员会、中国图学学会

续表

序号	作品名称	竞赛名称	获奖等级	获奖时间	指导教师	学生姓名	获奖类别
77	3D彩色打印喷头	全国3D大赛12周年精英联赛	特等奖	2019.07	甘新基	黄伟峰、王珠珠、董朋林、凌乾康、徐冰	科协、教育部、工业和信息化部、科技部
78	【吉韵】雪圈文化创意摆件	全国3D大赛12周年精英联赛	特等奖	2019.07	刘华伟、岳昆	沈文静、王佳慧、刘雨桐、韦锐、汤涛	科协、教育部、工业和信息化部、科技部
79	弩炮式冰上漂移车	2019吉林省第二届冰雪创意大赛	一等奖	2019.08	罗春阳、李海连		吉林省教育厅
80	急速雪地跑车设计	2019吉林省第二届冰雪创意大赛	一等奖	2019.08	刘华伟		吉林省教育厅
81	履带造雪机	2019吉林省第二届冰雪创意大赛	一等奖	2019.08	刘华伟、邵翌鑫		吉林省教育厅
82	"瑞雪丰年"——茶具设计	2019吉林省第二届冰雪创意大赛	一等奖	2019.08	刘华伟		吉林省教育厅
83	万里江山不"吉"你	2019吉林省第二届冰雪创意大赛	一等奖	2019.08	刘华伟		吉林省教育厅
84	器"章"霸气雪地车	2019吉林省第二届冰雪创意大赛	一等奖	2019.08	刘华伟、邵翌鑫		吉林省教育厅
85	邂逅吉林	2019吉林省第二届冰雪创意大赛	一等奖	2019.08	刘华伟		吉林省教育厅
86	全地形救援车	2019吉林省第二届冰雪创意大赛	一等奖	2019.08	田帅		吉林省教育厅
87	吉祥物"吉吉"	2019吉林省第二届冰雪创意大赛	一等奖	2019.08	田帅		吉林省教育厅
88	小雪花早餐机	2019吉林省第二届冰雪创意大赛	一等奖	2019.08	田帅		吉林省教育厅

续表

序号	作品名称	竞赛名称	获奖等级	获奖时间	指导教师	学生姓名	获奖类别
89	吉祥物设计:岁寒雪友	2019吉林省第二届冰雪创意大赛	一等奖	2019.08	田帅		吉林省教育厅
90	冰上救援充气平台	2019吉林省第二届冰雪创意大赛	一等奖	2019.08	田帅		吉林省教育厅
91	冰雪吉祥物小布丁	2019吉林省第二届冰雪创意大赛	一等奖	2019.08	田帅		吉林省教育厅
92	MR轮子	2019年中国工程机器人大赛暨国际公开赛	国家级一等奖	2019.04	董绪斌、马宇姝	任翔、侯小虎、王梦龙、邹鹏涛	教育部、科技部
93	家庭护理智能机器人	第二届中国高校智能机器人创意大赛	国家级一等奖	2019.05	高兴华、马宇姝	沈彤、王雷、吴端丽	中国高等教育学会、教育部工程图学课程教学指导委员会

附录4 2020—2022年主要获奖情况统计

序号	竞赛名称	作品名称	学生姓名	获奖时间	获奖类别	获奖等级
1	全国三维数字化创新设计大赛第13届3D大赛	可拆卸安检消毒仓设计	孙景华、沈蛟龙、苏宏伟、李姿锐	2020.12	国家级	三等奖
2	全国三维数字化创新设计大赛第13届3D大赛	可拆卸安检消毒仓设计	孙景华、沈蛟龙、苏宏伟、李姿锐	2020.12	省部级	特等奖
3	全国大学生工业设计大赛	面向自闭症儿童训练与康复的治愈系玩具	张小燕、王泽琼、李雪慈、刘永明、谭蹇	2020.09	省部级	金奖
4	全国大学生工业设计大赛	耐低温双手柄螺丝刀	谭蹇、郎雪莹、王泽琼、李雪慈、孙景华	2020.09	省部级	金奖
5	全国大学生工业设计大赛	瑞雪丰年	郭倩男、孙景华、陈格格、苏宏伟、于东立	2020.09	省部级	金奖
6	全国大学生工业设计大赛	伤口护理止血细菌检测仪	王泽琼、谭蹇、方文成、孙景华、杨希达	2020.09	省部级	金奖
7	全国大学生工业设计大赛	商场组合式扫地机器人设计	李松、李贺、葛莹莹、付一栋、余臣俊	2020.09	省部级	金奖
8	全国大学生工业设计大赛	树洞车载空气净化器设计	孙景华、谭蹇、陈格格、李雪慈、李贺	2020.09	省部级	金奖
9	全国大学生工业设计大赛	月牙小箱折叠式儿童平衡车	李佳怡、王泽琼、方文成、孙景华、陈格格	2020.09	省部级	金奖
10	全国大学生工业设计大赛	智能自助体检一体机	韦锐、程心茹、方文成、赵聪、张飘	2020.09	省部级	金奖

续表

序号	竞赛名称	作品名称	学生姓名	获奖时间	获奖类别	获奖等级
11	"挑战杯"吉林省大学生创业计划竞赛	"松江暮雪"系列创意灯具设计	沈蛟龙、孙景华、李雪慈、刘舒慧、方文成、韩旭、许润泽、杨志伟、吴宇翔、张飘	2020.09	省部级	一等奖
12	2020第五届全国大学生工业设计大赛吉林赛区	便携式UV双用消毒棒	李佳怡、王泽琼、孙景华、谭骞、黄瑞	2020.09	省部级	金奖
13	2020第五届全国大学生工业设计大赛吉林赛区	基于公共场合突发事故快速救援的智能化公交站台设计	李丽慧、王泽琼、黄瑞、孙景华、陈格格	2020.09	省部级	金奖
14	2020第五届全国大学生工业设计大赛吉林赛区	电动智能购物车	谭骞、李姿锐、郎雪鉴、王泽琼、李雪慈	2020.09	省部级	金奖
15	2020第五届全国大学生工业设计大赛吉林赛区	概念智能新风口罩	谭骞、李姿锐、郎雪鉴、王泽琼、陈格格	2020.09	省部级	金奖
16	2020第五届全国大学生工业设计大赛吉林赛区	车载空气净化器设计	李松、李贺、葛莹莹、付一栋、赵家晖	2020.09	省部级	金奖
17	2020第五届全国大学生工业设计大赛吉林赛区	宠物智能陪伴机器人	胡文鑫、冯畅、郎雪鉴、邵春月	2020.09	省部级	金奖
18	2020第五届全国大学生工业设计大赛吉林赛区	家用有氧健身产品设计	袁凤阳、林静瑶、苏洪伟、刘佳琪、陈芷玲	2020.09	省部级	金奖
19	2020第五届全国大学生工业设计大赛吉林赛区	家用智能衣物烘干器设计	刘永明、孙景华、李雪慈、王宝民、韩旭	2020.09	省部级	金奖
20	2020第五届全国大学生工业设计大赛吉林赛区	概念型急速雪地跑车设计	林静瑶、王泽琼、黄瑞、谭骞、孙景华	2020.09	省部级	金奖

续表

序号	竞赛名称	作品名称	学生姓名	获奖时间	获奖类别	获奖等级
21	2020第五届全国大学生工业设计大赛吉林赛区	儿童多功能口罩设计	孙畅、袁铭、葛莹莹	2020.09	省部级	金奖
22	2020第五届全国大学生工业设计大赛吉林赛区	便携哮喘吸入器	杜宇琦、余臣俊、李姿锐、方文成	2020.09	省部级	金奖
23	2020第五届全国大学生工业设计大赛吉林赛区	基于疫情的手持多功能发雾式消毒器设计	刘永明、孙景华、赵梓硕、张倩、郭倩男	2020.09	省部级	金奖
24	2020第五届全国大学生工业设计大赛吉林赛区	"伊"人食智能加热便当盒设计	李姿锐、李雪慈、孙景华、刘浩、谭骞	2020.09	省部级	银奖
25	2020第五届全国大学生工业设计大赛吉林赛区	智能草莓采摘机器人	刘浩、曹俊、李姿锐、孙宝宇、宋彰卓	2020.09	省部级	银奖
26	2020第五届全国大学生工业设计大赛吉林赛区	机场智能行李车	杨希达、郎雪莹、余臣俊、郭宇鹏、赵家晖	2020.09	省部级	银奖
27	2020第五届全国大学生工业设计大赛吉林赛区	智能婴幼儿监护器设计	赵家晖、杨希达、宋彰卓、黄瑞、刘浩	2020.09	省部级	银奖
28	2020第五届全国大学生工业设计大赛吉林赛区	智能折叠跑步机	黄瑞、王泽琼、程心茹、张小燕、张姗姗	2020.09	省部级	银奖
29	2020第五届全国大学生工业设计大赛吉林赛区	可拆卸安检消毒仓设计	孙景华、王泽琼、谭骞、郎雪莹、陈格格	2020.09	省部级	银奖
30	2020第五届全国大学生工业设计大赛吉林赛区	大棚智能移动巡检机器人	张姗姗、程心茹、王浩、黄瑞	2020.09	省部级	银奖
31	2020第五届全国大学生工业设计大赛吉林赛区	自消毒式护目镜设计	陈格格、孙景华、李雪慈、谭骞、李姿锐	2020.09	省部级	银奖

续表

序号	竞赛名称	作品名称	学生姓名	获奖时间	获奖类别	获奖等级
32	2020第五届全国大学生工业设计大赛吉林赛区	火灾烟雾可视AR逃生面罩	王泽琼、吕灿、黄瑞、谭骞、孙景华	2020.09	省部级	银奖
33	2020第五届全国大学生工业设计大赛吉林赛区	"大鱼"海底VR体验机	孙景华、陈格格、王泽琼、刘永明	2020.09	省部级	银奖
34	2020第五届全国大学生工业设计大赛吉林赛区	潜水侠——海洋清洁无人机设计	吴宇翔、陈格格、孙景华	2020.09	省部级	银奖
35	2020第五届全国大学生工业设计大赛吉林赛区	净灵	于东立、苏洪伟、陈格格、刘舒慧、周天一	2020.09	省部级	银奖
36	2020第五届全国大学生工业设计大赛吉林赛区	"吉翔"智能滑雪模拟器设计	张飘、孙景华、陈格格、王泽琼、刘永明	2020.09	省部级	银奖
37	2020第五届全国大学生工业设计大赛吉林赛区	智能鞋柜设计	袁凤阳、孙一铭、刘佳琪、陈格格、陈旭	2020.09	省部级	银奖
38	2020第五届全国大学生工业设计大赛吉林赛区	移动式消毒仓设计	刘永明、孙景华、王泽琼、苏洪伟、王佳慧	2020.09	省部级	银奖
39	2020第五届全国大学生工业设计大赛吉林赛区	"鄂樱风华"智能消毒盒设计	陈格格、孙景华、李雪慈、谭骞、王泽琼	2020.09	省部级	银奖
40	2020第五届全国大学生工业设计大赛吉林赛区	MAGIC智能按摩贴	陈格格、孙景华、谭骞、李姿锐、王泽琼	2020.09	省部级	银奖
41	2020第五届全国大学生工业设计大赛吉林赛区	雪地救援担架设计	苏洪伟、陈格格、孙景华、王泽琼、沈蛟龙	2020.09	省部级	银奖
42	2020第五届全国大学生工业设计大赛吉林赛区	长白雪山香台设计	孙畅、葛莹莹、袁铭、马梦强	2020.09	省部级	银奖

续表

序号	竞赛名称	作品名称	学生姓名	获奖时间	获奖类别	获奖等级
43	2020第五届全国大学生工业设计大赛吉林赛区	变脸闹钟	李雯、王泽琼、李雪慈、方文成、陈格格	2020.09	省部级	银奖
44	2020第五届全国大学生工业设计大赛吉林赛区	儿童滑道式拼装积木设计	李雪慈、李姿锐、谭骞、王泽琼、尚海涛	2020.09	省部级	银奖
45	2020第五届全国大学生工业设计大赛吉林赛区	"转运鼠"便携式UV消毒器	方文成、孙景华、王泽琼、韦锐、冯畅	2020.09	省部级	银奖
46	2020第五届全国大学生工业设计大赛吉林赛区	零	韦锐、程心茹、方文成、赵聪、张飘	2020.09	省部级	银奖
47	2020第五届全国大学生工业设计大赛吉林赛区	沉雪——便携式茶具设计	孙景华、陈格格、王泽琼、方文成	2020.09	省部级	银奖
48	2020第五届全国大学生工业设计大赛吉林赛区	手持雾化器设计	苏洪伟、陈格格、袁凤阳、刘舒慧、方文成	2020.09	省部级	银奖
49	2020第五届全国大学生工业设计大赛吉林赛区	"松江暮雪"创意灯具设计	沈蛟龙、孙景华、李雪慈、陈格格、谭骞	2020.09	省部级	银奖
50	2020第五届全国大学生工业设计大赛吉林赛区	智能仓库机器人设计	郭宇鹏、杨希达、余臣俊、赵家晖、沈雅萍	2020.09	省部级	铜奖
51	2020第五届全国大学生工业设计大赛吉林赛区	智能定时药盒设计	袁铭、盛方薇、葛莹莹、孙畅、牛建君	2020.09	省部级	铜奖
52	2020第五届全国大学生工业设计大赛吉林赛区	IP SMART智能便携桌面办公助手	郎雪鋆、杨希达、邵春月、冯畅、胡文鑫	2020.09	省部级	铜奖
53	2020第五届全国大学生工业设计大赛吉林赛区	智能居家综合药品分析仪	郎雪鋆、杨希达、李姿锐、孙景华、邵春月	2020.09	省部级	铜奖

续表

序号	竞赛名称	作品名称	学生姓名	获奖时间	获奖类别	获奖等级
54	2020第五届全国大学生工业设计大赛吉林赛区	家居智能音响	孙佳、刘凤茹	2020.09	省部级	铜奖
55	2020第五届全国大学生工业设计大赛吉林赛区	家用智能多功能血糖仪	冯畅、郎雪鋆	2020.09	省部级	铜奖
56	2020第五届全国大学生工业设计大赛吉林赛区	时尚智能随行杯设计	余臣俊、杨希达、李贺、李松、杜宇琦	2020.09	省部级	铜奖
57	2020第五届全国大学生工业设计大赛吉林赛区	无人物流车	余臣俊、杨希达、邵春月、郭宇鹏、杜宇琦	2020.09	省部级	铜奖
58	2020第五届全国大学生工业设计大赛吉林赛区	社区协助机器人	付一栋、杨潞、李松、李贺、葛莹莹	2020.09	省部级	铜奖
59	2020第五届全国大学生工业设计大赛吉林赛区	智能风扇	黄瑞、王泽琼、李雪慈、赵家晖、尚海涛	2020.09	省部级	铜奖
60	2020第五届全国大学生工业设计大赛吉林赛区	智能穿衣镜设计	王晶、张姗姗、纪晓菲、杨潞、杨双碧	2020.09	省部级	铜奖
61	2020第五届全国大学生工业设计大赛吉林赛区	女性健康护理小管家设计	韩旭、刘永明、方文成、沈蛟龙、阮美玉	2020.09	省部级	铜奖
62	2020第五届全国大学生工业设计大赛吉林赛区	魔鬼鱼智能无人机	付一栋、杨潞、李松、李贺、葛莹莹	2020.09	省部级	铜奖
63	2020第五届全国大学生工业设计大赛吉林赛区	智能手部消毒机	杜宇琦、余臣俊、程心茹、李姿锐、方文成	2020.09	省部级	铜奖
64	2020第五届全国大学生工业设计大赛吉林赛区	火灾高空缓降器设计	孙景华、陈格格、王泽琼、谭骞、李姿锐	2020.09	省部级	铜奖

续表

序号	竞赛名称	作品名称	学生姓名	获奖时间	获奖类别	获奖等级
65	2020第五届全国大学生工业设计大赛吉林赛区	"最强大脑"滑雪保护头盔	苏洪伟、陈格格、袁凤阳、林静瑶、沈蛟龙	2020.09	省部级	铜奖
66	2020第五届全国大学生工业设计大赛吉林赛区	地震救援侦察车设计	刘帅、李松、赵家晖、余臣俊、葛莹莹	2020.09	省部级	铜奖
67	2020第五届全国大学生工业设计大赛吉林赛区	智能宠物喂食器	刘舒慧、李莹、林静瑶、苏洪伟、方文成	2020.09	省部级	铜奖
68	2020第五届全国大学生工业设计大赛吉林赛区	便携式雾化治疗仪	刘舒慧、李玉凤、林静瑶、苏洪伟、方文成	2020.09	省部级	铜奖
69	2020第五届全国大学生工业设计大赛吉林赛区	"安检"消毒仓设计	赵家晖、徐佳乐、李加鑫	2020.09	省部级	铜奖
70	2020第五届全国大学生工业设计大赛吉林赛区	雌雄鸟	孙景华、陈格格、方文成、杜宇琪	2020.09	省部级	铜奖
71	2020第五届全国大学生工业设计大赛吉林赛区	自动销售及回收核酸检测试剂盒一体机	袁凤阳、方文成、刘佳琪、林静瑶、苏洪伟	2020.09	省部级	铜奖
72	2020第五届全国大学生工业设计大赛吉林赛区	"松林见鹿"可替换滤芯口罩	于东立、苏洪伟、袁凤阳、陈格格、刘永明	2020.09	省部级	铜奖
73	2020第五届全国大学生工业设计大赛吉林赛区	微型戏角暖手宝	林静瑶、刘舒慧、苏洪伟、袁凤阳、陈格格	2020.09	省部级	铜奖
74	2020第五届全国大学生工业设计大赛吉林赛区	掌上智能音箱设计	沈蛟龙、李雪慈	2020.09	省部级	铜奖
75	2020第五届全国大学生工业设计大赛吉林赛区	"颈肩"按摩仪	李贺、孙景华、葛莹莹、李松、付一栋	2020.09	省部级	铜奖

续表

序号	竞赛名称	作品名称	学生姓名	获奖时间	获奖类别	获奖等级
76	2020第五届全国大学生工业设计大赛吉林赛区	"清新四季"——居家空气净化器设计	赵家晖、杨希达、徐佳乐、郭宇鹏、宋彰卓	2020.09	省部级	铜奖
77	2020第五届全国大学生工业设计大赛吉林赛区	RETRO——便携式音箱设计	沈雅萍、王浩、郭宇鹏、陈吉宇、徐延	2020.09	省部级	铜奖
78	2020第五届全国大学生工业设计大赛吉林赛区	家庭多位健身器	王浩、沈雅萍、张姗姗、李贺、李加鑫	2020.09	省部级	铜奖
79	2020第五届全国大学生工业设计大赛吉林赛区	多功能电饭煲设计	沈蛟龙、尹余婷、苏洪伟、陈格格、孙景华	2020.09	省部级	铜奖
80	2020第五届全国大学生工业设计大赛吉林赛区	AD智能口罩	方文成、孙景华、王泽琼、韦锐、李雪慈	2020.09	省部级	铜奖
81	2020第五届全国大学生工业设计大赛吉林赛区	竹意·暖水瓶	杨志伟、孙景华、陈格格、王泽琼、刘有明	2020.09	省部级	铜奖
82	2020第五届全国大学生工业设计大赛吉林赛区	"雅器"空气净化器	杨希达、郎雪鋆、余臣俊、郭宇鹏、赵家晖	2020.09	省部级	优秀奖
83	2020第五届全国大学生工业设计大赛吉林赛区	智能感应分类垃圾桶设计	赵聪	2020.09	省部级	优秀奖
84	2020第五届全国大学生工业设计大赛吉林赛区	Corner家用灭火器设计	袁铭、盛方薇、葛莹莹、孙畅、牛建君	2020.09	省部级	优秀奖
85	2020第五届全国大学生工业设计大赛吉林赛区	益智类玩具设计——拆拆积木	王晶	2020.09	省部级	优秀奖
86	2020第五届全国大学生工业设计大赛吉林赛区	大力神挂钩	杨志伟、王泽琼、孙景华、谭骞、方文成	2020.09	省部级	优秀奖

续表

序号	竞赛名称	作品名称	学生姓名	获奖时间	获奖类别	获奖等级
87	2020第五届全国大学生工业设计大赛吉林赛区	益智组合玩具设计	李姿锐、郎雪鋆、谭骞、陈格格、李雪慈	2020.09	省部级	优秀奖
88	2020第五届全国大学生工业设计大赛吉林赛区	家居空气净化器	王浩、沈雅萍、张姗姗、李松、李贺	2020.09	省部级	优秀奖
89	2020第五届全国大学生工业设计大赛吉林赛区	简约家居空气净化器	程心茹、杜宇琦、韦锐、张姗姗、黄瑞	2020.09	省部级	优秀奖
90	全国大学生先进成图技术与产品信息建模创新大赛	团体	高文龙、夏淼、赵世琪、宋文斌、张博	2020.11	国家级	一等奖
91	全国大学生先进成图技术与产品信息建模创新大赛	团体	黄文健、刘步龙、刘存德、周健、高奇	2020.11	国家级	二等奖
92	全国大学生先进成图技术与产品信息建模创新大赛	图学基础知识	宋文斌	2020.11	国家级	一等奖
93	全国大学生先进成图技术与产品信息建模创新大赛	图学基础知识	周健	2020.11	国家级	一等奖
94	全国大学生先进成图技术与产品信息建模创新大赛	图学基础知识	夏淼	2020.11	国家级	三等奖
95	全国大学生先进成图技术与产品信息建模创新大赛	尺规绘图	宋文斌	2020.11	国家级	一等奖
96	全国大学生先进成图技术与产品信息建模创新大赛	尺规绘图	夏淼	2020.11	国家级	一等奖
97	全国大学生先进成图技术与产品信息建模创新大赛	尺规绘图	赵世琪	2020.11	国家级	一等奖

续表

序号	竞赛名称	作品名称	学生姓名	获奖时间	获奖类别	获奖等级
98	全国大学生先进成图技术与产品信息建模创新大赛	尺规绘图	黄文健	2020.11	国家级	一等奖
99	全国大学生先进成图技术与产品信息建模创新大赛	尺规绘图	张博	2020.11	国家级	二等奖
100	全国大学生先进成图技术与产品信息建模创新大赛	尺规绘图	高奇	2020.11	国家级	二等奖
101	全国大学生先进成图技术与产品信息建模创新大赛	三维建模	周健	2020.11	国家级	二等奖
102	十三届全国大学生先进成图技术与产品信息建模创新大赛	尺规绘图	张小琪	2020.05	国家级	二等奖
103	十三届全国大学生先进成图技术与产品信息建模创新大赛	尺规绘图	刘存德	2020.05	国家级	一等奖
104	十三届全国大学生先进成图技术与产品信息建模创新大赛	基础知识	刘步龙	2020.05	国家级	一等奖
105	十三届全国大学生先进成图技术与产品信息建模创新大赛	基础知识	刘存德	2020.05	国家级	一等奖
106	十三届全国大学生先进成图技术与产品信息建模创新大赛	三维建模	刘步龙	2020.05	国家级	一等奖
107	全国（吉林省）大学生工业设计大赛	针头可挤压、可发光缝衣针	张小燕	2020.09	省部级	三等奖
108	全国（吉林省）大学生工业设计大赛	反智能怀表电话	张小燕	2020.09	省部级	优秀奖

续表

序号	竞赛名称	作品名称	学生姓名	获奖时间	获奖类别	获奖等级
109	全国校园冰雪创意设计大赛	3D打印——冰雕打印机	王建明	2020.09	国家级	一等奖
110	全国校园冰雪创意设计大赛	手锥型——校园冰雪维护一体车	张湃	2020.09	国家级	三等奖
111	全国校园冰雪创意设计大赛	冰面厚度检测鞋	肖新缘	2020.09	国家级	二等奖
112	第九届全国大学生机械创新设计大赛	床椅一体化助老机器人	雷江平、郑滨、续靖杰、张勇、于振南	2020.09	省部级	一等奖
113	第九届全国大学生机械创新设计大赛	具有辅助上下床功能的助行装置	聂方成、王佳豪、刁心炫、王建国、白玉林	2020.09	省部级	一等奖
114	第九届全国大学生机械创新设计大赛	具有辅助上下床功能的助行装置	聂方成、王佳豪、刁心炫、王建国、白玉林	2020.09	国家级	一等奖
115	第九届全国大学生机械创新设计大赛	智能晾衣架	陶相宇、戚索、胡浩宇、黄安琪、刁心炫	2020.09	省部级	一等奖
116	第九届全国大学生机械创新设计大赛	具有辅助上下床功能的助行装置	王佳豪	2020.09	省级	一等奖
117	第九届全国大学生机械创新设计大赛	智能晾衣架	陶相宇	2020.09	省级	一等奖
118	第三届中国高校智能机器人创意大赛	魔方机器人	刘晓飞	2020.12	国家级	三等奖
119	第三届中国高校智能机器人创意大赛	氧气	刘成	2020.12	国家级	一等奖

续表

序号	竞赛名称	作品名称	学生姓名	获奖时间	获奖类别	获奖等级
120	2020中国工程机器人暨国际公开赛	无所谓队	刘晓飞	2020.12	国家级	一等奖
121	2021中国工程机器人暨国际公开赛	溜了队	戚索	2020.12	国家级	二等奖
122	2020吉林省机器人大赛	智能车	刁心玄	2020.12	省级	一等奖
123	2020吉林省机器人大赛	助老组	刘晓飞	2020.12	省级	二等奖
124	2020吉林省机器人大赛	智能车	刘新诗	2020.12	省级	一等奖
125	2020吉林省机器人大赛	助老组	徐戚震	2020.12	省级	三等奖
126	2020吉林省机器人大赛	人脸识别	李成雄	2020.12	省级	二等奖
127	北斗杯全国青少年科技创新大赛	无	马中明	2020.06	省部级	二等奖
128	北斗杯全国青少年科技创新大赛	无	陈斌	2020.06	省部级	二等奖
129	北斗杯全国青少年科技创新大赛	无	王哲	2020.06	省部级	三等奖
130	北斗杯全国青少年科技创新大赛	无	王明远	2020.06	省部级	一等奖
131	第十三届高教杯全国先进成图技术与产品信息建模创新大赛	基础知识	高文龙	2020.06	国家级	一等奖
132	第十三届高教杯全国先进成图技术与产品信息建模创新大赛	个人全能	高文龙	2020.06	国家级	一等奖

续表

序号	竞赛名称	作品名称	学生姓名	获奖时间	获奖类别	获奖等级
133	第十三届高教杯全国先进成图技术与产品信息建模创新大赛	计算机建模	高文龙	2020.06	国家级	一等奖
134	第十三届高教杯全国先进成图技术与产品信息建模创新大赛	尺规绘图	高文龙	2020.06	国家级	一等奖
135	第十三届高教杯全国先进成图技术与产品信息建模创新大赛	团体	高文龙	2020.06	国家级	一等奖
136	第九届全国大学生机械创新设计大赛	无	陈声耀	2020.06	省部级	一等奖
137	第九届全国大学生机械创新设计大赛	无	高文龙	2020.06	省部级	一等奖
138	第九届全国大学生机械创新设计大赛	无	王明远	2020.06	省部级	一等奖
139	第九届全国大学生机械创新设计大赛	无	王子钰	2020.06	省部级	一等奖
140	第九届全国大学生机械创新设计大赛	无	王哲	2020.06	省部级	一等奖
141	全国校园冰雪创意设计大赛	弹簧栓动式雪球枪	赵韬泽、安振楠、王世圆、焦玉龙、梁甜甜	2020.06	国家级	三等奖
142	全国三维数字化创新设计大赛	矿难探测机械装置	王鹏	2020.06	省级	二等奖
143	吉林省高校大学生机器人大赛	助老服务机器人	王宜弘	2020.06	省级	三等奖

续表

序号	竞赛名称	作品名称	学生姓名	获奖时间	获奖类别	获奖等级
144	2021吉林省第三届冰雪创意大赛	多功能模块清雪机器人	张依、陈奕名、于东立、张俊、王鑫鹏	2021.12	省部级	二等奖
145	2021吉林省第三届冰雪创意大赛	翩风回雪·独擅千秋	高盛峰、于东立	2021.12	省部级	三等奖
146	2021吉林省第三届冰雪创意大赛	全国冰雪大赛VIS设计	郭厚庆、郭倩男	2021.12	省部级	一等奖
147	2021吉林省第三届冰雪创意大赛	Ski、together!——滑雪模拟器设计	郭厚庆、郭倩男、于东立、许润泽、张依	2021.12	省部级	二等奖
148	2021吉林省第三届冰雪创意大赛	雪趣	张俊、吴宇翔	2021.12	省部级	一等奖
149	2021吉林省第三届冰雪创意大赛	"即净"多功能清雪车仿生设计	郭倩男、于东立、许润泽、郭厚庆、冯雪松	2021.12	省部级	三等奖
150	2021吉林省第三届冰雪创意大赛	儿童多功能冰雕电动工具	郭倩男、于东立、季荣陈、郭厚庆、陈奕名	2021.12	省部级	三等奖
151	2021吉林省第三届冰雪创意大赛	"踏雪寻梅"文创茶具设计	李雯、于东立、许润泽、高盛峰	2021.12	省部级	二等奖
152	2021吉林省第三届冰雪创意大赛	冰雪天地、畅享年华	吴宇翔、张俊	2021.12	省部级	一等奖
153	2021吉林省第三届冰雪创意大赛	"清车"见底——车身积雪清理机设计	吴宇翔、郭倩男、于东立、李雯、许润泽	2021.12	省部级	二等奖
154	2021吉林省第三届冰雪创意大赛	概念双人座椅雪地车设计	张俊、于东立、吴宇翔、季荣陈、张依	2021.12	省部级	三等奖

续表

序号	竞赛名称	作品名称	学生姓名	获奖时间	获奖类别	获奖等级
155	2021吉林省第三届冰雪创意大赛	仙羽——仿生概念雪地摩托设计	于东立、李雯、许润泽、郭倩男、马遥	2021.12	省部级	三等奖
156	2021吉林省第三届冰雪创意大赛	急先锋——雪地救援车设计	于东立、李雯、许润泽、郭倩男、张依	2021.12	省部级	三等奖
157	2021吉林省第三届冰雪创意大赛	"无畏冰雪、温暖随行"宠物背包设计	曹露馨、蔡歆屿、于东立、李雯、许润泽	2021.12	省部级	一等奖
158	2021吉林省第三届冰雪创意大赛	"岁寒绝色"灯具设计	蔡歆屿、于东立、曹露馨、许润泽、赵越久	2021.12	省部级	三等奖
159	2021吉林省第三届冰雪创意大赛	"曼巴MANBA"多功能冰雕电动工具设计	陈奕名、于东立、许润泽、王鑫鹏、李雯	2021.12	省部级	一等奖
160	2021吉林省第三届冰雪创意大赛	2021全国冰雪大赛VIS设计	陈奕名、于东立	2021.12	省部级	三等奖
161	2021吉林省第三届冰雪创意大赛	"雪岭熊风"雪圈模拟屋	滕昊言、于东立、蔡志祥、宋泽原、马遥	2021.12	省部级	一等奖
162	2021吉林省第三届冰雪创意大赛	淞情雪韵、魅力吉林	滕昊言、于东立	2021.12	省部级	一等奖
163	2021吉林省第三届冰雪创意大赛	"漫雪"双头造雪机设计	赵越久、赵小宝、全智慧、胡顺、于东立	2021.12	省部级	二等奖
164	2021吉林省第三届冰雪创意大赛	"轻舞飞雪"雪地电动滑板车	赵越久、赵小宝、夏炜、胡顺、于东立	2021.12	省部级	三等奖
165	2021吉林省第三届冰雪创意大赛	冰与火之灯	赵越久、王邵衡、夏炜、胡顺、于东立	2021.12	省部级	三等奖

续表

序号	竞赛名称	作品名称	学生姓名	获奖时间	获奖类别	获奖等级
166	2021吉林省第三届冰雪创意大赛	"灵鹿"电动滑雪自行车概念设计	季荣陈、许润泽、赵越久、张俊、于东立	2021.12	省部级	一等奖
167	2021吉林省第三届冰雪创意大赛	雪地搜救巡查机器人设计	季荣陈、许润泽、张依、郭倩男、于东立	2021.12	省部级	一等奖
168	2021吉林省第三届冰雪创意大赛	"鹰眼"冰雕电磨机设计	季荣陈、许润泽、于东立、高盛峰、李叶	2021.12	省部级	三等奖
169	2021吉林省第三届冰雪创意大赛	"巨蝎号"造雪车设计	王鑫鹏、于东立、许润泽、赵越久、张依	2021.12	省部级	一等奖
170	2021吉林省第三届冰雪创意大赛	冰雪大赛VISLOGO设计	王鑫鹏、许润泽	2021.12	省部级	一等奖
171	2021吉林省第三届冰雪创意大赛	雪地救援车设计	王鑫鹏、于东立、许润泽、陈奕名、郑紫月	2021.12	省部级	二等奖
172	2021吉林省第三届冰雪创意大赛	"Magic、Weapon"伸缩雪雕机设计	许润泽、于东立、郭倩男、季荣陈、李雯	2021.12	省部级	二等奖
173	2021吉林省第三届冰雪创意大赛	"傲雪寒鹰"雪地摩托设计	许润泽、于东立、李雯、王鑫鹏、张依	2021.12	省部级	二等奖
174	2021吉林省第三届冰雪创意大赛	"御龙展凤逐虎"冰雪运动设计海报	许润泽、于东立	2021.12	省部级	三等奖
175	全国三维数字化创新设计大赛13周年精英联赛龙鼎奖	手持式校园冰雪维护一体车	张思蒙	2021.04	省部级	三等奖
176	2021吉林省第三届冰雪创意大赛	户外楼梯清雪机	张思蒙	2021.04	省部级	三等奖

续表

序号	竞赛名称	作品名称	学生姓名	获奖时间	获奖类别	获奖等级
177	大学生"挑战杯"科技竞赛	多体位自主导航智能轮椅	张勇、王佳豪	2021.04	省部级	二等奖
178	大学生"挑战杯"科技竞赛	辅助老年人卧-坐-立体位变换装置	王佳豪、张勇、黄安琪、刘琦	2021.04	省部级	三等奖
179	大学生"挑战杯"科技竞赛	小型智能化清雪压块机器人	黄安琪	2021.04	省部级	二等奖
180	2021中国工程机器人大赛暨国际公开赛	对抗组	李成雄	2021.07	国家级	一等奖
181	2021中国工程机器人大赛暨国际公开赛	竞技组	王从永	2021.02	国家级	一等奖
182	2021中国高校智能机器人创意大赛	魔方机器人	郭庆东	2021.08	国家级	一等奖
183	2021中国高校智能机器人创意大赛	魔方机器人	田炜东	2021.08	国家级	三等奖
184	2021中国高校智能机器人创意大赛	智能车	刘晓飞	2021.08	国家级	二等奖
185	第十六届全国大学生智能汽车竞赛	智能车	朱兰迪	2021.08	省级	二等奖
186	全国大学生电子设计大赛	智能送药小车	朱兰迪	2021.08	省级	二等奖
187	全国大学生电子设计大赛	智能车	孙燊	2021.08	省级	二等奖

续表

序号	竞赛名称	作品名称	学生姓名	获奖时间	获奖类别	获奖等级
188	第十七届挑战杯	多体位自主导航智能轮椅	刘晓飞	2021.11	国家级	星系级
189	第十七届挑战杯	多体位自主导航智能轮椅	刘晓飞	2021.06	省级	二等奖
190	第十三届高教杯全国先进成图技术与产品信息建模创新大赛	团体	马中明	2021.06	省部级	三等奖
191	第十三届高教杯全国先进成图技术与产品信息建模创新大赛	团体	陈斌	2021.06	省部级	三等奖
192	第十三届高教杯全国先进成图技术与产品信息建模创新大赛	团体	姬雪莹	2021.06	省部级	三等奖
193	第十三届高教杯全国先进成图技术与产品信息建模创新大赛	团体	肖桐	2021.06	省部级	三等奖
194	第十三届高教杯全国先进成图技术与产品信息建模创新大赛	个人全能	马中明	2021.06	省部级	一等奖
195	第十三届高教杯全国先进成图技术与产品信息建模创新大赛	计算机建模	马中明	2021.06	省部级	一等奖
196	第十三届高教杯全国先进成图技术与产品信息建模创新大赛	个人全能	马中明	2021.06	国家级	三等奖
197	第十三届高教杯全国先进成图技术与产品信息建模创新大赛	个人全能	陈声耀	2021.06	国家级	一等奖
198	第十三届高教杯全国先进成图技术与产品信息建模创新大赛	无	陈声耀	2021.06	国家级	三等奖

续表

序号	竞赛名称	作品名称	学生姓名	获奖时间	获奖类别	获奖等级
199	第十三届高教杯全国先进成图技术与产品信息建模创新大赛	个人全能	陈声耀	2021.06	国家级	一等奖
200	第十三届高教杯全国先进成图技术与产品信息建模创新大赛	三维建模	陈声耀	2021.06	省部级	三等奖
201	第十三届高教杯全国先进成图技术与产品信息建模创新大赛	个人全能	肖桐	2021.06	省部级	二等奖
202	第十三届高教杯全国先进成图技术与产品信息建模创新大赛	基础知识	肖桐	2021.06	省部级	三等奖
203	第十三届高教杯全国先进成图技术与产品信息建模创新大赛	基础知识	姬雪莹	2021.06	省部级	一等奖
204	第十三届高教杯全国先进成图技术与产品信息建模创新大赛	三维建模	姬雪莹	2021.06	省部级	二等奖
205	第十三届高教杯全国先进成图技术与产品信息建模创新大赛	个人全能	姬雪莹	2021.06	国家级	三等奖
206	第十三届高教杯全国先进成图技术与产品信息建模创新大赛	个人全能	陈斌	2021.06	省部级	二等奖
207	第十三届高教杯全国先进成图技术与产品信息建模创新大赛	计算机建模	陈斌	2021.06	省部级	二等奖
208	全国 3D 大赛 13 周年精英联赛	无	姬雪莹	2021.06	省部级	二等奖
209	全国 3D 大赛 13 周年精英联赛	无	陈斌	2021.06	省部级	二等奖
210	全国 3D 大赛 13 周年精英联赛	无	汪子豪	2021.06	省部级	二等奖

续表

序号	竞赛名称	作品名称	学生姓名	获奖时间	获奖类别	获奖等级
211	全国3D大赛13周年精英联赛	无	高文龙	2021.06	省部级	二等奖
212	全国3D大赛13周年精英联赛	无	王明远	2021.06	省部级	二等奖
213	全国3D大赛13周年精英联赛	无	汪子豪	2021.06	省部级	二等奖
214	全国3D大赛13周年精英联赛	无	王子钰	2021.06	省部级	二等奖
215	全国3D大赛13周年精英联赛	无	陈斌	2021.06	省部级	二等奖
216	全国3D大赛13周年精英联赛	无	王哲	2021.06	省部级	二等奖
217	3D大赛	家用助老洗澡机	李向阳、孙思奇、刘恒皓、仇豪毅、崔芯铜	2021.06	吉林赛区	二等
218	全国学校冰雪运动竞赛冰雪嘉年华	雪地自行车	赵安然	2021.12	省级	一等奖
219	挑战杯	小型智能化清雪压块机器人	王鹏	2021.06	省部级	二等奖
220	互联网+	侧向举升式车辆停放装置市场化推广	王鹏	2021.09	省部级	铜奖
221	互联网+	一用一次性输液器分类回收装置	于凤淼	2021.09	省部级	铜奖
222	挑战杯	无叶飞行器	刘志辉	2021.03	省部级	三等奖

续表

序号	竞赛名称	作品名称	学生姓名	获奖时间	获奖类别	获奖等级
223	全国三维数字化创新设计大赛	基于擒纵原理的高楼循环逃生器的设计与研究	于凤淼	2021.06	省部级	一等奖
224	全国三维数字化创新设计大赛	落体法式转动惯量测试教具	王鹏	2021.06	省部级	二等奖
225	全国3D大赛13周年精英联赛	地震救援机器人	赵世琪、夏淼、黄文健、刘电浙、贾昊青	2021.06	省部级	一等奖
226	全国3D大赛13周年精英联赛	小型遥控多功能旋耕机	孟帅、张博、张锦鹏、杨政一、刘洋	2021.06	省部级	一等奖
227	全国3D大赛13周年精英联赛	智能化小型采茶机	周健、宋文斌、胡一棚、韩金龙、盛楚桥	2021.06	省部级	二等奖
228	全国大学生先进成图技术与产品信息建模创新大赛	个人全能	黄文健	2021.06	省部级	一等奖
229	全国大学生先进成图技术与产品信息建模创新大赛	个人全能	赵世琪	2021.06	省部级	一等奖
230	全国大学生先进成图技术与产品信息建模创新大赛	个人全能	韩金龙	2021.06	省部级	一等奖
231	全国大学生先进成图技术与产品信息建模创新大赛	个人全能	高奇	2021.06	省部级	一等奖
232	全国大学生先进成图技术与产品信息建模创新大赛	个人全能	张锦鹏	2021.06	省部级	一等奖
233	全国大学生先进成图技术与产品信息建模创新大赛	个人全能	王腾磊	2021.06	省部级	一等奖

续表

序号	竞赛名称	作品名称	学生姓名	获奖时间	获奖类别	获奖等级
234	全国大学生先进成图技术与产品信息建模创新大赛	个人全能	孟帅	2021.06	省部级	一等奖
235	全国大学生先进成图技术与产品信息建模创新大赛	个人全能	沈傲	2021.06	省部级	二等奖
236	全国大学生先进成图技术与产品信息建模创新大赛	个人全能	周家名	2021.06	省部级	二等奖
237	全国大学生先进成图技术与产品信息建模创新大赛	个人全能	胡一棚	2021.06	省部级	二等奖
238	全国大学生先进成图技术与产品信息建模创新大赛	个人全能	卢东阳	2021.06	省部级	二等奖
239	全国大学生先进成图技术与产品信息建模创新大赛	个人全能	夏森	2021.06	省部级	二等奖
240	全国大学生先进成图技术与产品信息建模创新大赛	个人全能	刘电浙	2021.06	省部级	二等奖
241	全国大学生先进成图技术与产品信息建模创新大赛	个人全能	盛楚桥	2021.06	省部级	二等奖
242	全国大学生先进成图技术与产品信息建模创新大赛	个人全能	贾昊青	2021.06	省部级	三等奖
243	全国大学生先进成图技术与产品信息建模创新大赛	个人全能	杨政一	2021.06	省部级	三等奖
244	全国大学生先进成图技术与产品信息建模创新大赛	三维建模	黄文健	2021.06	省部级	一等奖

续表

序号	竞赛名称	作品名称	学生姓名	获奖时间	获奖类别	获奖等级
245	全国大学生先进成图技术与产品信息建模创新大赛	三维建模	赵世琪	2021.06	省部级	一等奖
246	全国大学生先进成图技术与产品信息建模创新大赛	三维建模	韩金龙	2021.06	省部级	一等奖
247	全国大学生先进成图技术与产品信息建模创新大赛	三维建模	高奇	2021.06	省部级	一等奖
248	全国大学生先进成图技术与产品信息建模创新大赛	三维建模	孟帅	2021.06	省部级	二等奖
249	全国大学生先进成图技术与产品信息建模创新大赛	三维建模	沈傲	2021.06	省部级	二等奖
250	全国大学生先进成图技术与产品信息建模创新大赛	三维建模	夏淼	2021.06	省部级	二等奖
251	全国大学生先进成图技术与产品信息建模创新大赛	三维建模	刘电浙	2021.06	省部级	二等奖
252	全国大学生先进成图技术与产品信息建模创新大赛	三维建模	盛楚桥	2021.06	省部级	二等奖
253	全国大学生先进成图技术与产品信息建模创新大赛	尺规绘图	张锦鹏	2021.06	省部级	一等奖
254	全国大学生先进成图技术与产品信息建模创新大赛	尺规绘图	王腾磊	2021.06	省部级	一等奖
255	全国大学生先进成图技术与产品信息建模创新大赛	尺规绘图	周家名	2021.06	省部级	一等奖

续表

序号	竞赛名称	作品名称	学生姓名	获奖时间	获奖类别	获奖等级
256	全国大学生先进成图技术与产品信息建模创新大赛	尺规绘图	卢东阳	2021.06	省部级	一等奖
257	全国大学生先进成图技术与产品信息建模创新大赛	尺规绘图	胡一棚	2021.06	省部级	一等奖
258	全国大学生先进成图技术与产品信息建模创新大赛	尺规绘图	贾昊青	2021.06	省部级	二等奖
259	全国大学生先进成图技术与产品信息建模创新大赛	尺规绘图	杨政一	2021.06	省部级	二等奖
260	全国大学生先进成图技术与产品信息建模创新大赛	团体	黄文健、赵世琪、高奇、张锦鹏、孟帅	2021.06	省部级	一等奖
261	全国大学生先进成图技术与产品信息建模创新大赛	团体	韩金龙、王腾磊、周家名、卢东阳、刘电浙	2021.06	省部级	三等奖
262	全国大学生先进成图技术与产品信息建模创新大赛	个人全能	黄文健	2021.07	国家级	一等奖
263	全国大学生先进成图技术与产品信息建模创新大赛	个人全能	赵世琪	2021.07	国家级	二等奖
264	全国大学生先进成图技术与产品信息建模创新大赛	个人全能	韩金龙	2021.07	国家级	一等奖
265	全国大学生先进成图技术与产品信息建模创新大赛	个人全能	高奇	2021.07	国家级	一等奖
266	全国大学生先进成图技术与产品信息建模创新大赛	个人全能	张锦鹏	2021.07	国家级	三等奖

续表

序号	竞赛名称	作品名称	学生姓名	获奖时间	获奖类别	获奖等级
267	全国大学生先进成图技术与产品信息建模创新大赛	个人全能	王腾磊	2021.07	国家级	三等奖
268	全国大学生先进成图技术与产品信息建模创新大赛	个人全能	孟帅	2021.07	国家级	二等奖
269	全国大学生先进成图技术与产品信息建模创新大赛	个人全能	沈傲	2021.07	国家级	二等奖
270	全国大学生先进成图技术与产品信息建模创新大赛	个人全能	周家名	2021.07	国家级	二等奖
271	全国大学生先进成图技术与产品信息建模创新大赛	个人全能	胡一棚	2021.07	国家级	三等奖
272	全国大学生先进成图技术与产品信息建模创新大赛	团体	黄文健、韩金龙、陈声耀、高奇、赵世琪	2021.07	国家级	一等奖
273	全国大学生先进成图技术与产品信息建模创新大赛	团体	黄润东、刘存德、邹政、蒋志远、沈傲	2021.07	国家级	二等奖
274	全国大学生先进成图技术与产品信息建模创新大赛	图学基础知识	陈声耀、黄文健、韩金龙、孟帅、高奇	2021.07	国家级	三等奖
275	十四届全国大学生先进成图技术与产品信息建模创新大赛	三维建模	白生贵	2021.06	省部级	二等奖
276	十四届全国大学生先进成图技术与产品信息建模创新大赛	个人全能	白生贵	2021.06	省部级	二等奖
277	十四届全国大学生先进成图技术与产品信息建模创新大赛	三维建模	李晓娇	2021.06	省部级	二等奖

续表

序号	竞赛名称	作品名称	学生姓名	获奖时间	获奖类别	获奖等级
278	十四届全国大学生先进成图技术与产品信息建模创新大赛	个人全能	李晓娇	2021.06	省部级	二等奖
279	十四届全国大学生先进成图技术与产品信息建模创新大赛	三维建模	陶禹含	2021.06	省部级	二等奖
280	十四届全国大学生先进成图技术与产品信息建模创新大赛	个人全能	陶禹含	2021.06	省部级	三等奖
281	十四届全国大学生先进成图技术与产品信息建模创新大赛	尺规绘图	范赟杰	2021.06	省部级	二等奖
282	十四届全国大学生先进成图技术与产品信息建模创新大赛	个人全能	范赟杰	2021.06	省部级	二等奖
283	十四届全国大学生先进成图技术与产品信息建模创新大赛	三维建模	戴柏春	2021.06	省部级	三等奖
284	十四届全国大学生先进成图技术与产品信息建模创新大赛	个人全能	戴柏春	2021.06	省部级	三等奖
285	十四届全国大学生先进成图技术与产品信息建模创新大赛	三维建模	蒋志远	2021.06	省部级	二等奖
286	十四届全国大学生先进成图技术与产品信息建模创新大赛	个人全能	蒋志远	2021.06	省部级	一等奖
287	十四届全国大学生先进成图技术与产品信息建模创新大赛	尺规绘图	王宇迪	2021.06	省部级	二等奖
288	十四届全国大学生先进成图技术与产品信息建模创新大赛	个人全能	王宇迪	2021.06	省部级	三等奖

续表

序号	竞赛名称	作品名称	学生姓名	获奖时间	获奖类别	获奖等级
289	十四届全国大学生先进成图技术与产品信息建模创新大赛	尺规绘图	周美华	2021.06	省部级	二等奖
290	十四届全国大学生先进成图技术与产品信息建模创新大赛	个人全能	周美华	2021.06	省部级	二等奖
291	十四届全国大学生先进成图技术与产品信息建模创新大赛	三维建模	黄润东	2021.06	省部级	二等奖
292	十四届全国大学生先进成图技术与产品信息建模创新大赛	个人全能	黄润东	2021.06	省部级	一等奖
293	十四届全国大学生先进成图技术与产品信息建模创新大赛	尺规绘图	梁俪馨	2021.06	省部级	二等奖
294	十四届全国大学生先进成图技术与产品信息建模创新大赛	团体	梁俪馨	2021.06	省部级	三等奖
295	十四届全国大学生先进成图技术与产品信息建模创新大赛	尺规绘图	袁韩亮	2021.06	省部级	二等奖
296	十四届全国大学生先进成图技术与产品信息建模创新大赛	个人全能	袁韩亮	2021.06	省部级	三等奖
297	十四届全国大学生先进成图技术与产品信息建模创新大赛	尺规绘图	杨冉	2021.06	省部级	三等奖
298	十四届全国大学生先进成图技术与产品信息建模创新大赛	三维建模	杨冉	2021.06	省部级	三等奖
299	十四届全国大学生先进成图技术与产品信息建模创新大赛	三维建模	梁建华	2021.06	省部级	三等奖

续表

序号	竞赛名称	作品名称	学生姓名	获奖时间	获奖类别	获奖等级
300	十四届全国大学生先进成图技术与产品信息建模创新大赛	个人全能	梁建华	2021.06	省部级	三等奖
301	十四届全国大学生先进成图技术与产品信息建模创新大赛	尺规绘图	陈焰宇	2021.06	省部级	二等奖
302	十四届全国大学生先进成图技术与产品信息建模创新大赛	个人全能	陈焰宇	2021.06	省部级	三等奖
303	十四届全国大学生先进成图技术与产品信息建模创新大赛	尺规绘图	杨吉乐	2021.06	省部级	三等奖
304	十四届全国大学生先进成图技术与产品信息建模创新大赛	三维建模	杨吉乐	2021.06	省部级	三等奖
305	十四届全国大学生先进成图技术与产品信息建模创新大赛	三维建模	邹政	2021.06	省部级	一等奖
306	十四届全国大学生先进成图技术与产品信息建模创新大赛	个人全能	邹政	2021.06	省部级	一等奖
307	十四届全国大学生先进成图技术与产品信息建模创新大赛	尺规绘图	陈润朴	2021.06	省部级	三等奖
308	十四届全国大学生先进成图技术与产品信息建模创新大赛	三维建模	陈润朴	2021.06	省部级	三等奖
309	十四届全国大学生先进成图技术与产品信息建模创新大赛	尺规绘图	郭东	2021.06	省部级	一等奖
310	十四届全国大学生先进成图技术与产品信息建模创新大赛	个人全能	郭东	2021.06	省部级	一等奖

续表

序号	竞赛名称	作品名称	学生姓名	获奖时间	获奖类别	获奖等级
311	十四届全国大学生先进成图技术与产品信息建模创新大赛	尺规绘图	刘存德	2021.06	省部级	一等奖
312	十四届全国大学生先进成图技术与产品信息建模创新大赛	个人全能	刘存德	2021.06	省部级	一等奖
313	十四届全国大学生先进成图技术与产品信息建模创新大赛	个人全能	刘存德	2021.06	国家级	一等奖
314	十四届全国大学生先进成图技术与产品信息建模创新大赛	个人全能	邹政	2021.06	国家级	一等奖
315	十四届全国大学生先进成图技术与产品信息建模创新大赛	个人全能	黄润东	2021.06	国家级	一等奖
316	十四届全国大学生先进成图技术与产品信息建模创新大赛	个人全能	蒋志远	2021.06	国家级	二等奖
317	十四届全国大学生先进成图技术与产品信息建模创新大赛	个人全能	郭东	2021.06	国家级	二等奖
318	十四届全国大学生先进成图技术与产品信息建模创新大赛	团体	黄润东	2021.06	国家级	二等奖
319	十四届全国大学生先进成图技术与产品信息建模创新大赛	团体	邹政	2021.06	国家级	二等奖
320	十四届全国大学生先进成图技术与产品信息建模创新大赛	团体	蒋志远	2021.06	国家级	二等奖
321	十四届全国大学生先进成图技术与产品信息建模创新大赛	团体	黄润东	2021.06	省部级	一等奖

续表

序号	竞赛名称	作品名称	学生姓名	获奖时间	获奖类别	获奖等级
322	十四届全国大学生先进成图技术与产品信息建模创新大赛	团体	邹政	2021.06	省部级	一等奖
323	十四届全国大学生先进成图技术与产品信息建模创新大赛	团体	蒋志远	2021.06	省部级	一等奖
324	十四届全国大学生先进成图技术与产品信息建模创新大赛	团体	范赟杰	2021.06	省部级	三等奖
325	十四届全国大学生先进成图技术与产品信息建模创新大赛	团体	陶禹含	2021.06	省部级	三等奖
326	十四届全国大学生先进成图技术与产品信息建模创新大赛	团体	王宇迪	2021.06	省部级	三等奖
327	全国三维数字化创新设计大赛龙鼎奖	菌袋破碎分离机	吴庆雨	2021.11	省级	一等奖
328	全国三维数字化创新设计大赛龙鼎奖	滑雪板力学性能测试平台	杨光	2021.11	省级	二等奖
329	全国三维数字化创新设计大赛龙鼎奖	洗存一体化智能车库	高锶淇	2021.11	省级	二等奖
330	全国三维数字化创新设计大赛龙鼎奖	带压封堵管道机器人	王菲	2021.11	国家级	一等奖
331	2021吉林省第三届冰雪创意大赛	滑雪鞋屈曲刚度测试装置	续靖杰	2021.11	国家级	一等奖
332	2021吉林省第三届冰雪创意大赛	雪块压实制备装置	杨光	2021.11	国家级	一等奖

续表

序号	竞赛名称	作品名称	学生姓名	获奖时间	获奖类别	获奖等级
333	2021吉林省第三届冰雪创意大赛	滑雪板力学性能测试装置	王菲	2021.11	国家级	一等奖
334	2021吉林省第三届冰雪创意大赛	对抗游戏冰雪坦克	秦显龙	2021.11	省级	三等奖
335	2021吉林省第三届冰雪创意大赛	冰雕3D打印机	董晟昊	2021.11	省级	二等奖
336	第七届吉林省互联网+大学生创新创业大赛	AR智能滑雪头盔	李鹏程	2021.11	省级	二等奖
337	第七届吉林省互联网+大学生创新创业大赛	下肢康复训练机器人	秦显龙	2021.11	省级	二等奖
338	第七届吉林省互联网+大学生创新创业大赛	多功能助老系列装置	雷江平	2021.11	省级	三等奖
339	第十五届全国大学生先进成图技术与产品信息建模创新大赛	尺规绘图	蒋志远	2022.06	省部级	一等奖
340	第十五届全国大学生先进成图技术与产品信息建模创新大赛	个人全能	蒋志远	2022.06	省部级	二等奖
341	第十五届全国大学生先进成图技术与产品信息建模创新大赛	三维建模	白生贵	2022.06	省部级	二等奖
342	第十五届全国大学生先进成图技术与产品信息建模创新大赛	个人全能	白生贵	2022.06	省部级	二等奖
343	第十五届全国大学生先进成图技术与产品信息建模创新大赛	三维建模	李晓娇	2022.06	省部级	三等奖

续表

序号	竞赛名称	作品名称	学生姓名	获奖时间	获奖类别	获奖等级
344	第十五届全国大学生先进成图技术与产品信息建模创新大赛	个人全能	李晓娇	2022.06	省部级	三等奖
345	第十五届全国大学生先进成图技术与产品信息建模创新大赛	三维建模	周美华	2022.06	省部级	一等奖
346	第十五届全国大学生先进成图技术与产品信息建模创新大赛	个人全能	周美华	2022.06	省部级	一等奖
347	第十五届全国大学生先进成图技术与产品信息建模创新大赛	三维建模	邹政	2022.06	省部级	一等奖
348	第十五届全国大学生先进成图技术与产品信息建模创新大赛	个人全能	邹政	2022.06	省部级	一等奖
349	第十五届全国大学生先进成图技术与产品信息建模创新大赛	尺规绘图	袁韩亮	2022.06	省部级	一等奖
350	第十五届全国大学生先进成图技术与产品信息建模创新大赛	个人全能	袁韩亮	2022.06	省部级	二等奖
351	第十五届全国大学生先进成图技术与产品信息建模创新大赛	尺规绘图	杨吉乐	2022.06	省部级	二等奖
352	第十五届全国大学生先进成图技术与产品信息建模创新大赛	个人全能	杨吉乐	2022.06	省部级	三等奖
353	第十五届全国大学生先进成图技术与产品信息建模创新大赛	三维建模	陈炤宇	2022.06	省部级	二等奖
354	第十五届全国大学生先进成图技术与产品信息建模创新大赛	个人全能	陈炤宇	2022.06	省部级	二等奖

续表

序号	竞赛名称	作品名称	学生姓名	获奖时间	获奖类别	获奖等级
355	第十五届全国大学生先进成图技术与产品信息建模创新大赛	三维建模	梁建华	2022.06	省部级	二等奖
356	第十五届全国大学生先进成图技术与产品信息建模创新大赛	个人全能	梁建华	2022.06	省部级	二等奖
357	第十五届全国大学生先进成图技术与产品信息建模创新大赛	三维建模	董际国	2022.06	省部级	二等奖
358	第十五届全国大学生先进成图技术与产品信息建模创新大赛	个人全能	董际国	2022.06	省部级	二等奖
359	第十五届全国大学生先进成图技术与产品信息建模创新大赛	尺规绘图	杨冉	2022.06	省部级	二等奖
360	第十五届全国大学生先进成图技术与产品信息建模创新大赛	个人全能	杨冉	2022.06	省部级	三等奖
361	第十五届全国大学生先进成图技术与产品信息建模创新大赛	尺规绘图	张灵琛	2022.06	省部级	一等奖
362	第十五届全国大学生先进成图技术与产品信息建模创新大赛	个人全能	张灵琛	2022.06	省部级	一等奖
363	第十五届全国大学生先进成图技术与产品信息建模创新大赛	尺规绘图	高俊伟	2022.06	省部级	一等奖
364	第十五届全国大学生先进成图技术与产品信息建模创新大赛	尺规绘图	王蕊	2022.06	省部级	三等奖
365	第十五届全国大学生先进成图技术与产品信息建模创新大赛	尺规绘图	曾净	2022.06	省部级	三等奖

续表

序号	竞赛名称	作品名称	学生姓名	获奖时间	获奖类别	获奖等级
366	第十五届全国大学生先进成图技术与产品信息建模创新大赛	尺规绘图	张晨璐	2022.06	省部级	三等奖
367	第十五届全国大学生先进成图技术与产品信息建模创新大赛	三维建模	张晨璐	2022.06	省部级	三等奖
368	第十五届全国大学生先进成图技术与产品信息建模创新大赛	尺规绘图	黄琳婷	2022.06	省部级	三等奖
369	第十五届全国大学生先进成图技术与产品信息建模创新大赛	尺规绘图	李志耀	2022.06	省部级	二等奖
370	第十五届全国大学生先进成图技术与产品信息建模创新大赛	尺规绘图	沈飞扬	2022.06	省部级	三等奖
371	第十五届全国大学生先进成图技术与产品信息建模创新大赛	三维建模	张敬宇	2022.06	省部级	三等奖
372	第十五届全国大学生先进成图技术与产品信息建模创新大赛	个人全能	张敬宇	2022.06	省部级	三等奖
373	第十五届全国大学生先进成图技术与产品信息建模创新大赛	三维建模	寇朝辉	2022.06	省部级	二等奖
374	第十五届全国大学生先进成图技术与产品信息建模创新大赛	个人全能	寇朝辉	2022.06	省部级	三等奖
375	第十五届全国大学生先进成图技术与产品信息建模创新大赛	个人全能	蒋志远	2022.06	国家级	三等奖
376	第十五届全国大学生先进成图技术与产品信息建模创新大赛	个人全能	白生贵	2022.06	国家级	三等奖

续表

序号	竞赛名称	作品名称	学生姓名	获奖时间	获奖类别	获奖等级
377	第十五届全国大学生先进成图技术与产品信息建模创新大赛	个人全能	李晓娇	2022.06	国家级	三等奖
378	第十五届全国大学生先进成图技术与产品信息建模创新大赛	个人全能	周美华	2022.06	国家级	二等奖
379	第十五届全国大学生先进成图技术与产品信息建模创新大赛	个人全能	邹政	2022.06	国家级	一等奖
380	第十五届全国大学生先进成图技术与产品信息建模创新大赛	个人全能	陈炤宇	2022.06	国家级	二等奖
381	第十五届全国大学生先进成图技术与产品信息建模创新大赛	个人全能	杨吉乐	2022.06	国家级	二等奖
382	第十五届全国大学生先进成图技术与产品信息建模创新大赛	个人全能	梁建华	2022.06	国家级	二等奖
383	第十五届全国大学生先进成图技术与产品信息建模创新大赛	个人全能	董际国	2022.06	国家级	三等奖
384	第十五届全国大学生先进成图技术与产品信息建模创新大赛	个人全能	袁韩亮	2022.06	国家级	三等奖
385	第十五届全国大学生先进成图技术与产品信息建模创新大赛	个人全能	张灵琛	2022.06	国家级	三等奖
386	全国大学生先进成图技术与产品信息建模创新大赛	团体	高俊伟	2022.06	省部级	一等奖
387	全国大学生先进成图技术与产品信息建模创新大赛	团体	邹政	2022.06	省部级	一等奖

续表

序号	竞赛名称	作品名称	学生姓名	获奖时间	获奖类别	获奖等级
388	全国大学生先进成图技术与产品信息建模创新大赛	团体	张灵琛	2022.06	省部级	一等奖
389	全国大学生先进成图技术与产品信息建模创新大赛	团体	邹政	2022.06	省部级	二等奖
390	全国大学生先进成图技术与产品信息建模创新大赛	团体	周美华	2022.06	省部级	二等奖
391	全国大学生先进成图技术与产品信息建模创新大赛	团体	张灵琛	2022.06	省部级	二等奖
392	全国大学生先进成图技术与产品信息建模创新大赛	团体	董际国	2022.06	省部级	三等奖
393	全国大学生先进成图技术与产品信息建模创新大赛	团体	梁建华	2022.06	省部级	三等奖
394	全国大学生先进成图技术与产品信息建模创新大赛	团体	寇朝辉	2022.06	省部级	三等奖
395	全国大学生先进成图技术与产品信息建模创新大赛	团体	张灵琛	2022.06	国家级	三等奖
396	全国大学生先进成图技术与产品信息建模创新大赛	团体	周美华	2022.06	国家级	三等奖
397	全国大学生先进成图技术与产品信息建模创新大赛	团体	梁建华	2022.06	国家级	三等奖
398	全国大学生先进成图技术与产品信息建模创新大赛	团体	邹政	2022.06	国家级	二等奖

续表

序号	竞赛名称	作品名称	学生姓名	获奖时间	获奖类别	获奖等级
399	全国大学生先进成图技术与产品信息建模创新大赛	团体	陈炤宇	2022.06	国家级	二等奖
400	第十届全国大学生机械创新设计大赛	基于微创气流的自动植树机	孔令袭、张辛宁、陈勃宇、王克地、吴卓	2022.06	省赛	二等奖
401	全国大学生先进成图技术与产品信息建模创新大赛	团体	邹政、周美华、贾昊青、韩金龙、张灵琛	2022.06	省部级	二等奖
402	全国大学生先进成图技术与产品信息建模创新大赛	团体	董际国、梁建华、肖桐、牛伯轩、寇朝辉	2022.06	省部级	三等奖
403	全国大学生先进成图技术与产品信息建模创新大赛	图学基础知识	贾昊青、高俊伟、邹政、巢展翔、张灵琛	2022.06	省部级	一等奖
404	全国大学生先进成图技术与产品信息建模创新大赛	图学基础知识	牛伯轩、尹海涛、马中明、李磊鑫、张树栋	2022.06	省部级	三等奖
405	全国大学生先进成图技术与产品信息建模创新大赛	个人全能	高奇	2022.06	省部级	三等奖
406	全国大学生先进成图技术与产品信息建模创新大赛	个人全能	韩金龙	2022.06	省部级	一等奖
407	全国大学生先进成图技术与产品信息建模创新大赛	个人全能	巢展翔	2022.06	省部级	二等奖
408	全国大学生先进成图技术与产品信息建模创新大赛	个人全能	刘电浙	2022.06	省部级	三等奖
409	全国大学生先进成图技术与产品信息建模创新大赛	工程制图	刘电浙	2022.06	省部级	二等奖

续表

序号	竞赛名称	作品名称	学生姓名	获奖时间	获奖类别	获奖等级
410	全国大学生先进成图技术与产品信息建模创新大赛	产品信息建模	贾昊青	2022.06	省部级	一等奖
411	全国大学生先进成图技术与产品信息建模创新大赛	产品信息建模	巢展翔	2022.06	省部级	二等奖
412	全国大学生先进成图技术与产品信息建模创新大赛	工程制图	韩金龙	2022.06	省部级	一等奖
413	全国大学生先进成图技术与产品信息建模创新大赛	产品信息建模	周家名	2022.06	省部级	三等奖
414	全国大学生先进成图技术与产品信息建模创新大赛	个人全能	王腾磊	2022.06	省部级	三等奖
415	全国大学生先进成图技术与产品信息建模创新大赛	个人全能	周家名	2022.06	省部级	三等奖
416	全国大学生先进成图技术与产品信息建模创新大赛	工程制图	王腾磊	2022.06	省部级	一等奖
417	全国大学生先进成图技术与产品信息建模创新大赛	产品信息建模	高奇	2022.06	省部级	三等奖
418	全国大学生先进成图技术与产品信息建模创新大赛	产品信息建模	张树栋	2022.06	省部级	三等奖
419	全国大学生先进成图技术与产品信息建模创新大赛	个人全能	贾昊青	2022.06	省部级	一等奖
420	全国大学生先进成图技术与产品信息建模创新大赛	工程制图	韩继贤	2022.06	省部级	三等奖

续表

序号	竞赛名称	作品名称	学生姓名	获奖时间	获奖类别	获奖等级
421	全国大学生先进成图技术与产品信息建模创新大赛	个人全能	牛伯轩	2022.06	省部级	三等奖
422	全国大学生先进成图技术与产品信息建模创新大赛	产品信息建模	牛伯轩	2022.06	省部级	二等奖
423	全国大学生先进成图技术与产品信息建模创新大赛	工程制图	牛旭峰	2022.06	省部级	二等奖
424	全国大学生先进成图技术与产品信息建模创新大赛	个人全能	张吕康	2022.06	省部级	三等奖
425	全国大学生先进成图技术与产品信息建模创新大赛	工程制图	张吕康	2022.06	省部级	二等奖
426	全国大学生先进成图技术与产品信息建模创新大赛	团体	邹政、巢展翔、韩金龙、陈炤宇、张吕康	2022.08	国家级	二等奖
427	全国大学生先进成图技术与产品信息建模创新大赛	3D打印	邹政、韩金龙、张吕康、梁建华、崔芯铜	2022.08	国家级	三等奖
428	全国大学生先进成图技术与产品信息建模创新大赛	制图基础知识	张灵琛、韩金龙、周美华、巢展翔、梁建华	2022.08	国家级	三等奖
429	全国大学生先进成图技术与产品信息建模创新大赛	个人全能	韩金龙	2022.08	国家级	二等奖
430	全国大学生先进成图技术与产品信息建模创新大赛	个人全能	贾昊青	2022.08	国家级	二等奖
431	全国大学生先进成图技术与产品信息建模创新大赛	个人全能	张吕康	2022.08	国家级	二等奖

续表

序号	竞赛名称	作品名称	学生姓名	获奖时间	获奖类别	获奖等级
432	全国大学生先进成图技术与产品信息建模创新大赛	个人全能	刘电浙	2022.08	国家级	三等奖
433	全国大学生先进成图技术与产品信息建模创新大赛	个人全能	牛伯轩	2022.08	国家级	三等奖
434	全国大学生先进成图技术与产品信息建模创新大赛	个人全能	王腾磊	2022.08	国家级	三等奖
435	全国大学生先进成图技术与产品信息建模创新大赛	个人全能	巢展翔	2022.08	国家级	一等奖
436	全国大学生先进成图技术与产品信息建模创新大赛	个人全能	周家名	2022.08	国家级	三等奖
437	第八届"互联网+"大学生创新创业大赛	冰雪娱乐产品的市场化推广计划	黄鹏春、李志峰、宿卫卫、王申伊	2022.10	省部级	铜奖
438	第十届全国大学生机械创新设计大赛	螳螂冰车	黄鹏春、李志峰、孙智民	2022.08	国家级	一等奖
439	全国三维数字化创新设计大赛14周年精英联赛	小型智能化清雪压块机器人	孙智民、宿卫卫	2022.07	国家级	二等奖
440	全国三维数字化创新设计大赛14周年精英联赛	玉米秸秆去叶髓硅化物蜡质疏解机	李志峰、黄鹏春	2022.07	省部级	一等奖
441	全国三维数字化创新设计大赛14周年精英联赛	蜂王浆拣虫机	宿卫卫、黄鹏春、孙智民	2022.06	省部级	二等奖
442	全国三维数字化创新设计大赛14周年精英联赛	多体位自主导航智能轮椅	黄鹏春、崔珂	2022.07	国家级	二等奖

续表

序号	竞赛名称	作品名称	学生姓名	获奖时间	获奖类别	获奖等级
443	全国三维数字化创新设计大赛14周年精英联赛	多体位自主导航智能轮椅	崔珂、黄鹏春、刘琦、宿卫卫	2022.06	省部级	特等奖
444	全国三维数字化创新设计大赛14周年精英联赛	具有辅助上下床功能的助行装置	黄鹏春、黎明、孙智民	2022.06	省部级	一等奖
445	第二届ICAD国际当代青年美术设计大赛	螳螂冰车	黄鹏春、李志峰、孙智民、	2022.07	国家级	一等奖
446	第十届全国大学生机械创新设计大赛	仿虎甲虫六足爬行机器人	王佩、丁荣焘、杨航、王和韬、谷想	2022.06	省级	一等奖
447	吉林省第四届冰雪创意大赛	除雪车	丁荣焘、刘博、白芸昊、邢益昊、刘子豪	2022.06	省级	一等奖
448	2022中国高校计算机大赛——人工智能创意赛	基于EasyDL餐具污渍检测及清理系统	赵雅轩、王宏翔、李明宽	2022.06	省部级	一等奖
449	第十届全国大学生机械创新设计大赛	仿生蜣螂推球	符泽旭、潘泽峰、朱铁彬	2022.06	省部级	二等奖
450	2022中国工程机器人大赛暨国际公开赛	无	陈园林	2022.02	国家级	一等奖
451	2022中国工程机器人大赛暨国际公开赛	无	刘伊凡	2022.02	国家级	一等奖
452	2022中国工程机器人大赛暨国际公开赛	无	孙燊	2022.02	国家级	一等奖
453	2022年吉林省高校大学生机器人大赛	无	孙燊	2022.02	省级	一等奖

续表

序号	竞赛名称	作品名称	学生姓名	获奖时间	获奖类别	获奖等级
454	2022年吉林省高校大学生机器人大赛	无	平彦兴	2022.12	省级	一等奖
455	2022年吉林省高校大学生机器人大赛	无	刘伊凡	2022.12	省级	一等奖
456	2022年吉林省高校大学生机器人大赛	无	刘思睿	2022.12	省级	一等奖
457	2022年吉林省高校大学生机器人大赛	无	郭锦华	2022.12	省级	二等奖
458	全国大学生机械创新设计大赛	自主导航沙障铺设机器人	霍志林	2022.06	省级	一等奖
459	2022吉林省中国高校智能机器人创意大赛	无	平彦兴	2022.08	省级	二等奖
460	2022吉林省中国高校智能机器人创意大赛	无	吴含林	2022.08	省级	二等奖
461	2022吉林省中国高校智能机器人创意大赛	无	刘思睿	2022.08	省级	三等奖
462	2022吉林省中国高校智能机器人创意大赛	无	刘伊凡	2022.08	省级	三等奖
463	第十七届全国大学生智能汽车竞赛	无	刘伊凡	2022.08	省级	二等奖
464	中国大学生机械工程创新创意大赛	无	霍志林	2022.12	国家级	二等奖

续表

序号	竞赛名称	作品名称	学生姓名	获奖时间	获奖类别	获奖等级
465	中国大学生机械工程创新创意大赛	无	霍志林	2022.12	国家级	二等奖
466	中国大学生机械工程创新创意大赛	无	霍志林	2022.12	国家级	三等奖
467	2022中国高校智能机器人创意大赛	无	平彦兴	2022.08	国家级	二等奖
468	2022中国高校智能机器人创意大赛	无	吴含林	2022.08	国家级	三等奖
469	第十届未来设计师·全国高校数字艺术设计大赛	越级——楼梯平地两用式自动消毒机器人	张依、王鑫鹏、郑紫月	2022.08	省部级	二等奖
470	第十届未来设计师·全国高校数字艺术设计大赛	一人食多功能料理机设计	张俊、季荣陈、高盛峰	2022.08	省部级	二等奖
471	第十届未来设计师·全国高校数字艺术设计大赛	救援无人机概念设计	王鑫鹏、张依、郑紫月	2022.08	省部级	三等奖
472	第十届未来设计师·全国高校数字艺术设计大赛	孕检B超机一体化设计	许润泽、王鑫鹏、高盛峰	2022.08	省部级	三等奖
473	第十届未来设计师·全国高校数字艺术设计大赛	紫外线光疗仪概念设计	高盛峰、郭厚庆、张依	2022.08	省部级	二等奖
474	第六届全国大学生工业设计大赛	越级——楼梯平地两用式自动消毒机器人	张依、于东立、许润泽、王鑫鹏、王菲	2022.10	省部级	金奖
475	第六届全国大学生工业设计大赛	蔚蓝——城市概念交通工具设计	张依、于东立、许润泽、王鑫鹏、武泽	2022.10	省部级	金奖

续表

序号	竞赛名称	作品名称	学生姓名	获奖时间	获奖类别	获奖等级
476	第六届全国大学生工业设计大赛	一炷香拖延症候群督促产品	张依、于东立、许润泽、王鑫鹏、郑紫月	2022.10	省部级	金奖
477	第六届全国大学生工业设计大赛	傲雪寒鹰——概念雪地摩托设计	张俊、张依、季荣陈、李叶、郭馨璐	2022.10	省部级	金奖
478	第六届全国大学生工业设计大赛	乡村净水器设计	蔡歆屿、赵越久、李雯、许润泽、于东立	2022.10	省部级	铜奖
479	第六届全国大学生工业设计大赛	自由出行辅助设备设计	蔡歆屿、曹露馨、张依、高盛峰、张俊	2022.10	省部级	银奖
480	第六届全国大学生工业设计大赛	"清车见底"——车身积雪清理机设计	高盛峰、梁绮、李莉、董清宇、王俊丽	2022.10	省部级	铜奖
481	第六届全国大学生工业设计大赛	全息投影健身拳击游戏产品设计	高盛峰、郭厚庆、张依、曹露馨、郑紫月	2022.10	省部级	银奖
482	第六届全国大学生工业设计大赛	"一出好戏"灯具设计	季荣陈、郭倩男、高盛峰、张俊、郑紫月	2022.10	省部级	优秀奖
483	第六届全国大学生工业设计大赛	乡月渐明——创意灯具设计	张俊、郭倩男、高盛峰、蔡歆屿、李叶	2022.10	省部级	铜奖
484	第六届全国大学生工业设计大赛	茶韵天坛文创茶具设计	李雯、张依、许润泽、高盛峰、陈奕名	2022.10	省部级	金奖
485	第六届全国大学生工业设计大赛	宝马概念车设计	李雯、赵跃南、张依、高盛峰、董雪	2022.10	省部级	铜奖
486	第六届全国大学生工业设计大赛	制肥培植一体化智能机	郭倩男、郭厚庆、吴宇翔、梁绮、高盛峰	2022.10	省部级	铜奖

续表

序号	竞赛名称	作品名称	学生姓名	获奖时间	获奖类别	获奖等级
487	第六届全国大学生工业设计大赛	自动美式咖啡机	郭倩男、郭厚庆、吴宇翔、梁绮、张俊	2022.10	省部级	铜奖
488	第六届全国大学生工业设计大赛	停云落雨——公共避雨亭设计	郭厚庆、吴宇翔、郭倩男、王俊丽、张依	2022.10	省部级	银奖
489	第六届全国大学生工业设计大赛	一人食多功能料理机设计	郑紫月、于东立、许润泽、张依、伍泽	2022.10	省部级	金奖
490	第六届全国大学生工业设计大赛	踏雪寻梅——文创茶具	郑紫月、李雯、张依、董雪、李超	2022.10	省部级	银奖
491	第六届全国大学生工业设计大赛	家用食物品质检测仪设计	郑紫月、吴宇翔、梁绮、李莉、董清宇	2022.10	省部级	银奖
492	第六届全国大学生工业设计大赛	PIONEER——救援无人机概念设计	于东立、许润泽、张依、赵越久、伍泽	2022.10	省部级	铜奖
493	第六届全国大学生工业设计大赛	紫外线光疗仪概念设计	于东立、许润泽、张依、伍泽、杜文慧	2022.10	省部级	金奖
494	第六届全国大学生工业设计大赛	UMO——胰岛素注射器设计	于东立、许润泽、张依、陈奕名、伍泽	2022.10	省部级	铜奖
495	第六届全国大学生工业设计大赛	隔离区医用代步工具	吴宇翔、王宣皓、王建明、梁绮、李莉	2022.10	省部级	金奖
496	第六届全国大学生工业设计大赛	健身家具	吴宇翔、赵越久、李雯、许润泽、于东立	2022.10	省部级	银奖
497	第六届全国大学生工业设计大赛	再生造纸机设计	吴宇翔、郭倩男、张俊、季荣陈、郭馨璐	2022.10	省部级	铜奖

续表

序号	竞赛名称	作品名称	学生姓名	获奖时间	获奖类别	获奖等级
498	第六届全国大学生工业设计大赛	模块化便携消毒工具	李龙洋、郭倩男、张依、李超、郑紫月	2022.10	省部级	铜奖
499	第六届全国大学生工业设计大赛	风之灵保时捷概念车设计	李龙洋、许润泽、张依、郭倩男、伍泽	2022.10	省部级	优秀奖
500	第六届全国大学生工业设计大赛	飞碟人	李龙洋、许润泽、于东立、张依、伍泽	2022.10	省部级	铜奖
501	第六届全国大学生工业设计大赛	多功能宠物背包设计	曹露馨、于东立、许润泽、张依、伍泽	2022.10	省部级	铜奖
502	第六届全国大学生工业设计大赛	家用台式洗碗机再设计	曹露馨、吴宇翔、季荣陈、张俊、郭馨璐	2022.10	省部级	铜奖
503	第六届全国大学生工业设计大赛	模块化成长型儿童床设计	曹露馨、张依、蔡歆屿、郑紫月、于东立	2022.10	省部级	铜奖
504	第六届全国大学生工业设计大赛	雪地摩托设计	李叶、于东立、许润泽、张依、伍泽	2022.10	省部级	三等奖
505	第六届全国大学生工业设计大赛	乐园电动观光车设计	许润泽、于东立、张依	2022.10	省部级	二等奖
506	第六届全国大学生工业设计大赛	小福禄——智能监护老人陪伴机器人	许润泽、于东立、张依、季荣陈、高盛峰	2022.10	省部级	二等奖
507	第六届全国大学生工业设计大赛	孕检B超机——一体化设计	许润泽、于东立、张依、王鑫鹏、郭厚庆	2022.10	省部级	二等奖
508	第六届全国大学生工业设计大赛	轻舞飞扬——雪地电动滑板车	任龙润国、赵越久、王新荣、王建明、赵小宝	2022.10	省部级	一等奖

续表

序号	竞赛名称	作品名称	学生姓名	获奖时间	获奖类别	获奖等级
509	第六届全国大学生工业设计大赛	快递消毒柜设计	任龙润国、梁琦、李莉、董清宇、王俊丽	2022.10	省部级	三等奖
510	第六届全国大学生工业设计大赛	伸缩雪雕机	郭馨璐、许润泽、李叶、张依、郑紫月	2022.10	省部级	二等奖
511	第六届全国大学生工业设计大赛	即净	郭馨璐、郭倩男、李叶、张依、郑紫月	2022.10	省部级	三等奖
512	第六届全国大学生工业设计大赛	儿童冰雕电动工具	谢思锐、郭倩男、赵越久、王新荣、王建明	2022.10	省部级	二等奖
513	第六届全国大学生工业设计大赛	WALNESS 宠物喂食器	王鑫鹏、于东立、许润泽、张依、郑紫月	2022.10	省部级	一等奖
514	第六届全国大学生工业设计大赛	商务清洁机器人	王鑫鹏、于东立、许润泽、张依、郑紫月	2022.10	省部级	一等奖
515	第六届全国大学生工业设计大赛	UR－VOL1 智能消杀机器人	王鑫鹏、张依、陈奕名、张耀波、贾东升	2022.10	省部级	一等奖
516	全国三维数字化创新设计大赛14周年精英联赛	模块化全自动病理免疫组化染色机外观设计	张依、曹露馨、郭厚庆	2022.06	省部级	三等奖
517	全国三维数字化创新设计大赛14周年精英联赛	桌面暖风机	郑紫月、董雪	2022.06	省部级	三等奖
518	全国三维数字化创新设计大赛14周年精英联赛	牙科综合治疗机设计	于东立、徐佳硕、信泽阳、南涵	2022.06	省部级	三等奖
519	全国三维数字化创新设计大赛14周年精英联赛	仙羽——仿生概念雪地摩托设计	于东立、李雯、蒲泓林、包文彬、苏洪伟	2022.06	省部级	二等奖

续表

序号	竞赛名称	作品名称	学生姓名	获奖时间	获奖类别	获奖等级
520	全国三维数字化创新设计大赛14周年精英联赛	无畏冰雪，温暖随行——多功能宠物背包设计	曹露馨、蔡欹屿	2022.06	省部级	一等奖
521	全国三维数字化创新设计大赛14周年精英联赛	便携式智能控温宠物箱	李叶、郭馨璐	2022.06	省部级	二等奖
522	中国好创意（第十六届）暨全国数字艺术设计大赛	概念仿生摩托车外观设计	张俊、李叶、郭馨璐	2022.08	国家级	二等奖
523	中国好创意（第十六届）暨全国数字艺术设计大赛	制肥 培植一体智能机设计	郭倩男、吴宇翔、郭厚庆、梁绮	2022.08	省部级	三等奖
524	2022年（第十五届）全国大学生计算机设计大赛	方寸——可拆卸式汉字家具设计	季荣陈、吴宇翔、郭馨璐	2022.05	省部级	二等奖
525	第六届全国大学生工业设计大赛	牙科综合治疗机设计	季荣陈、于东立、许润泽、陈奕名、伍泽	2022.10	省部级	三等奖
526	第十五届"高教杯"全国大学生先进成图技术与产品信息建模大赛	三维建模	肖桐	2022.06	省级	二等奖
527	第十五届"高教杯"全国大学生先进成图技术与产品信息建模大赛	个人全能	肖桐	2022.06	省级	二等奖
528	第十五届"高教杯"全国大学生先进成图技术与产品信息建模大赛	三维建模	肖桐	2022.06	国家级	三等奖
529	第十四届全国大学生数学竞赛	数学竞赛	陈本昊	2022.06	国家级	二等奖
530	2022吉林省第四届冰雪创意大赛	冰雪创意大赛	贾婧华	2022.06	省级	一等奖

续表

序号	竞赛名称	作品名称	学生姓名	获奖时间	获奖类别	获奖等级
531	2022吉林省第四届冰雪创意大赛	冰雪创意大赛	贾婧华	2022.06	省级	二等奖
532	2022吉林省第四届冰雪创意大赛	冰雪创意大赛	贾婧华	2022.06	省级	二等奖
533	第十五届"高教杯"全国大学生先进成图技术与产品信息建模大赛	三维建模	尹海涛	2022.06	省级	二等奖
534	第十五届"高教杯"全国大学生先进成图技术与产品信息建模大赛	尺规绘图	牟吉猛	2022.06	省级	二等奖
535	第十届全国大学生机械创新设计大赛吉林省赛区	仿生水母	尹海涛	2022.06	省级	一等奖
536	第十四届全国大学生数学竞赛	数学竞赛	尹海涛	2022.06	国家级	一等奖
537	全国大学生先进成图技术与产品信息建模创新大赛	尺规作图	崔芯铜	2022.06	省级	一等奖
538	全国大学生先进成图技术与产品信息建模创新大赛	个人全能	崔芯铜	2022.06	省级	三等奖
539	全国大学生先进成图技术与产品信息建模创新大赛	3D打印	崔芯铜	2022.8.2	国家级	三等奖
540	机械创新设计大赛	一次成型草方格沙障铺设装置	徐博	2022.06	省级	特等奖
541	挑战杯	气泡吸附过滤式海洋微塑料处理装置	王鹏	2022.06	省级	一等奖

续表

序号	竞赛名称	作品名称	学生姓名	获奖时间	获奖类别	获奖等级
542	第二届 ICAD 国际当代青年美术设计大赛	"落无雪"雪山烟灰缸	孙洪凯	2022.04	国家级	优秀奖
543	第二届 ICAD 国际当代青年美术设计大赛	大雪压青松	孙洪凯	2022.04	国家级	优秀奖
544	全国三维数字化创新设计大赛14周年精英联赛龙鼎奖	"雪行侠"——冰雪体感车	王丁宇	2022.04	省部级	二等奖
545	全国三维数字化创新设计大赛14周年精英联赛龙鼎奖	烟头收集回收处理机器人	吴佳琪	2022.04	省部级	三等奖
546	第二届 ICAD 国际青年美术设计大赛	轮椅平衡车	郑金茹	2022.04	国家级	三等奖
547	第二届 ICAD 国际青年美术设计大赛	"蜻蜓"侦测取样无人机	王赛男	2022.04	国家级	优秀奖
548	第二届 ICAD 国际青年美术设计大赛	"人体侍卫"雪地专用外骨骼	王赛男	2022.04	国家级	优秀奖
549	第二届 ICAD 国际青年美术设计大赛	两用式犬类后肢	张湃	2022.04	国家级	优秀奖
550	第二届 ICAD 国际当代青年美术设计大赛	蜻蜓侦测取样无人机	王赛男	2022.04	国家级	优秀奖
551	第二届 ICAD 国际当代青年美术设计大赛	人体侍卫雪地专用外骨骼	王赛男	2022.04	国家级	优秀奖
552	吉林省冰雪创意大赛	长白明月	王赛男	2022.04	省部级	二等奖

续表

序号	竞赛名称	作品名称	学生姓名	获奖时间	获奖类别	获奖等级
553	全国三维数字化创新设计大赛	仿生设计——侦测取样无人机设计	王洋	2022.04	省部级	二等奖
554	全国(吉林省)大学生工业设计大赛	仿生冰雪检测无人机	王洋	2022.04	省部级	优秀奖
555	全国(吉林省)大学生工业设计大赛	敦煌系列灯具设计	王洋	2022.04	省部级	优秀奖
556	第二届ICAD国际青年美术设计大赛	共享单车停车厅	王洋	2022.04	国家级	三等奖
557	2021吉林省第三届冰雪创意大赛	"雪行侠"——冰雪平衡车	王洋	2022.04	省部级	二等奖
558	2022(第六届)全国大学生工业设计大赛	现代科技馆观光体感车	何自豪	2022.04	省部级	三等奖
559	2021吉林省第三届冰雪创意大赛	ROBOT-S雪地救援机器人	何自豪	2022.04	省部级	二等奖
560	全国三维数字化创新设计大赛	家庭净化大师	张思蒙	2022.04	省部级	二等奖
561	全国三维数字化创新设计大赛14周年精英联赛龙鼎奖	户外楼梯清雪机	张思蒙	2022.04	省部级	一等奖
562	吉林省冰雪创新设计大赛	智能避障清雪机	刘勇杉、秦跃垚、高雪、关雅楠	2022.04	省级	一等奖
563	全国3D大赛14周年精英联赛(2021—2022)龙鼎奖	滑雪板疲劳性能测试装置	续靖杰	2022.04	省级	一等奖

续表

序号	竞赛名称	作品名称	学生姓名	获奖时间	获奖类别	获奖等级
564	全国3D大赛14周年精英联赛（2021—2022）龙鼎奖	医用头部针灸按摩仪	陈天洋	2022.04	省级	二等奖
565	全国3D大赛14周年精英联赛（2021—2022）龙鼎奖	滑雪鞋硬度测试装置	王菲	2022.04	省级	三等奖
566	全国3D大赛14周年精英联赛（2021—2022）龙鼎奖	单足双臂跳跃机器人	牛双印	2022.04	省级	三等奖
567	全国3D大赛14周年精英联赛（2021—2022）龙鼎奖	冰雪一体化场地维护车	杨光	2022.04	省级	二等奖
568	全国3D大赛14周年精英联赛（2021—2022）龙鼎奖	床椅一体化助老机器人	高锶淇	2022.04	省级	特等奖
569	全国3D大赛14周年精英联赛（2021—2022）龙鼎奖	床椅一体化助老机器人	高锶淇	2022.04	国家级	三等奖
570	第十届全国大学生机械创新设计大赛	沙袋沙障装填车	杨光	2022.04	国家级	一等奖
571	2022年挑战杯吉林省大学生创业计划竞赛	下肢步态康复训练装置	董晟昊	2022.04	省级	一等奖
572	2022年挑战杯吉林省大学生创业计划竞赛	小型冰雪场地维护车	王菲	2022.04	省级	三等奖
573	全国三维数字化创新设计大赛	沙袋沙障装填车	董晟昊	2022.04	国家级	一等奖
574	全国三维数字化创新设计大赛	"后东奥"时代——智慧冰雪坦克	王菲	2022.04	国家级	三等奖